基督教文化研究丛书

主编 何光沪 高师宁

九编 第**7**册

基督教五年运动与民国社会（上）

张德明 著

花木兰文化事业有限公司

国家图书馆出版品预行编目资料

基督教五年运动与民国社会（上）／张德明 著 —— 初版 —— 新
北市：花木兰文化事业有限公司，2023〔民 112〕
序 4+ 目 2+194 面；19×26 公分
（基督教文化研究丛书 九编 第 7 册）
ISBN 978-626-344-222-1（精装）
1.CST：基督教 2.CST：传教史 3.CST：中国
240.8   111021867

ISBN-978-626-344-222-1

9 786263 442221

基督教文化研究丛书
九编 第七册   ISBN：978-626-344-222-1

基督教五年运动与民国社会（上）

作　　者 张德明
主　　编 何光沪、高师宁
执行主编 张　欣
企　　划 北京师范大学基督教文艺研究中心
总 编 辑 杜洁祥
副总编辑 杨嘉乐
编辑主任 许郁翎
编　　辑 张雅淋、潘玟静　美术编辑 陈逸婷
出　　版 花木兰文化事业有限公司
发 行 人 高小娟
联络地址 台湾 235 新北市中和区中安街七二号十三楼
　　　　 电话：02-2923-1455／传真：02-2923-1452
网　　址 http://www.huamulan.tw 信箱 service@huamulans.com
印　　刷 普罗文化出版广告事业
初　　版 2023 年 3 月
定　　价 九编 20 册（精装）新台币 56,000 元

基督教五年运动与民国社会（上）

张德明 著

作者简介

张德明(1985-),山东青州人,北京大学历史学系博士,中国社会科学院近代史研究所博士后,现为中国社会科学院历史理论研究所海外中国学研究室副主任,副研究员,中国社会科学院大学历史学院硕士研究生导师,中国历史研究院左玉河工作室成员,主要研究方向为中国基督教史、海外中国学、中西文化交流史;曾出版专著《基督教与华北社会研究(1927-1937)》(2018年),在《近代史研究》《"中研院"近代史研究所集刊》《世界历史》《史学月刊》《中共党史研究》《抗日战争研究》《世界宗教研究》《史林》《安徽史学》《史学史研究》等权威及核心刊物发表文章30余篇,被《新华文摘》、人大复印报刊资料《历史学》《中国现代史》等全文转载多篇;主持中国博士后基金面上资助、国家社科基金青年项目、国家社科基金后期资助项目、国家社科基金重大项目子课题、中国社会科学院青年学者计划项目、中央社会主义学院统一战线高端智库课题及中国历史研究院项目等课题多项。

提　　要

"五年奋进布道运动"(简称"五年运动")为1930年代中国基督教史上的头等大事。该运动于1930年1月由中华全国基督教协进会发动,意图振兴在非基督教运动中受到冲击的在华教会,希望在五年内使教徒人数翻番,运动到期后又继续推行,但于1937年因抗战的全面爆发而被迫停止。当时在华基督教面临重重困难,五年运动发动后,在华各教会积极参与其中,各项活动开展地颇有声色,一定程度上推动了教会事业的复苏,特别是带动了教会的自治、自养及自传,这也是民国时期基督教中国化进程中的重要运动。

本书主要利用欧美差会档案、年度报告及中英文基督教报刊、图书等史料,探讨基督教五年运动在全国各地教会的活动实况,关注中国基督教在非基督教运动、1929年世界经济危机等内外因素影响下的具体应对,考察该运动在开展过程中,与民国社会的融合及增进本色化的探索。本书以教会振兴与本色为主线,重点探讨五年运动中的扩大布道、基督化家庭、宗教教育、青年事业、受托主义、基督化经济关系、乡村建设、识字运动等八大事工,进而考察基督教与民国地方社会的互动关系。此外,本书还将特别关注五年运动在农村地区开展的情况及中国基督徒在运动中的表现,并分析地方政府及民众对该运动开展各项事工的反应,探讨教内外对五年运动的看法。

本书是国家社会科学基金青年项目《五年运动与 1930 年代基督教中国化研究》（项目号：17CZJ013）的结项成果。

"基督教文化研究丛书"总序

何光沪 高师宁

基督教产生两千年来，对西方文化以至世界文化产生了广泛深远的影响——包括政治、社会、家庭在内的人生所有方面，包括文学、史学、哲学在内的所有人文学科，包括人类学、社会学、经济学在内的所有社会科学，包括音乐、美术、建筑在内的所有艺术门类……最宽广意义上的"文化"的一切领域，概莫能外。

一般公认，从基督教成为国教或从加洛林文艺复兴开始，直到启蒙运动或工业革命为止，欧洲的文化是彻头彻尾、彻里彻外地基督教化的，所以它被称为"基督教文化"，正如中东、南亚和东亚的文化被分别称为"伊斯兰文化"、"印度教文化"和"儒教文化"一样——当然，这些说法细究之下也有问题，例如这些文化的兴衰期限、外来因素和内部多元性等等，或许需要重估。但是，现代学者更应注意到的是，欧洲之外所有人类的生活方式，即文化，都与基督教的传入和影响，发生了或多或少、或深或浅、或直接或间接，或片面或全面的关系或联系，甚至因它而或急或缓、或大或小、或表面或深刻地发生了转变或转型。

考虑到这些，现代学术的所谓"基督教文化"研究，就不会限于对"基督教化的"或"基督教性质的"文化的研究，而还要研究全世界各时期各种文化或文化形式与基督教的关系了。这当然是一个多姿多彩的、引人入胜的、万花筒似的研究领域。而且，它也必然需要多种多样的角度和多学科的方法。

在中国，远自唐初景教传入，便有了文辞古奥的"大秦景教流行中国碑颂并序"，以及值得研究的"敦煌景教文献"；元朝的"也里可温"问题，催生了民国初期陈垣等人的史学杰作；明末清初的耶稣会士与儒生的交往对话，带来了中西文化交流的丰硕成果；十九世纪初开始的新教传教和文化活动，更造成了中国社会、政治、文化、教育诸方面、全方位、至今不息的千古巨变……所有这些，为中国（和外国）学者进行上述意义的"基督教文化研究"提供了极其丰富、取之不竭的主题和材料。而这种研究，又必定会对中国在各方面的发展，提供重大的参考价值。

就中国大陆而言，这种研究自 1949 年基本中断，至 1980 年代开始复苏。也许因为积压愈久，爆发愈烈，封闭越久，兴致越高，所以到 1990 年代，以其学者在学术界所占比重之小，资源之匮乏、条件之艰难而言，这一研究的成长之快、成果之多、影响之大、领域之广，堪称奇迹。

然而，作为所谓条件艰难之一例，但却是关键的一例，即发表和出版不易的结果，大量的研究成果，经作者辛苦劳作完成之后，却被束之高阁，与读者不得相见。这是令作者抱恨终天、令读者扼腕叹息的事情，当然也是汉语学界以及中国和华语世界的巨大损失！再举一个意义不小的例子来说，由于出版限制而成果难见天日，一些博士研究生由于在答辩前无法满足学校要求出版的规定而毕业受阻，一些年轻教师由于同样原因而晋升无路，最后的结果是有关学术界因为这些新生力量的改行转业，后继乏人而蒙受损失！

因此，借着花木兰出版社甘为学术奉献的牺牲精神，我们现在推出这套采用多学科方法研究此一主题的"基督教文化研究丛书"，不但是要尽力把这个世界最大宗教对人类文化的巨大影响以及二者关联的方方面面呈现给读者，把中国学者在这些方面研究成果的参考价值贡献给读者，更是要尽力把世纪之交几十年中淹没无闻的学者著作，尤其是年轻世代的学者著作对汉语学术此一领域的贡献展现出来，让世人从这些被发掘出来的矿石之中，得以欣赏它们放射的多彩光辉！

2015 年 2 月 25 日
于香港道风山

序

郭卫东

该著作者张德明 2010 年至 2014 年在北京大学历史学系由鄙人指导攻读博士学位，教学相长；毕业后仍多有交往。回念一想，十余年了，可以说是相交甚密、相知甚深。嘱我作序，愧不敢当！又理当应命。

仅从做学问来说，德明给我留下那么些深刻印象：非常的勤奋，总是想方设法积沙成塔地广泛搜罗资料，孜孜汲汲苦思冥想地全力投入，日复一日年复一年地笔耕不辍，加上笔头还来得快，这些年来，出版刊布的学术论文已达数十篇。他从 2007 年读硕士期间即长年凝心聚力于来华基督教会史的研究，在时间上，聚焦于民国年间；空间上，偏向于中国北方；领域上，侧重于基督教的新教来华差会。这就使其有限的精力放在精准主攻方向。治学者的由博返约是一定之规，在特定领域厚实基础是必要的，否则行而不远。但在学科细化知识爆炸的今天，对已经是"博士"或"博士后"，"专"的要求（专业、专门、专研、专心）更为重要，须力戒"打一枪换一个地方"式的研究法，若此，科学探索难以持续深入，难出陈酿已久的高质量成品，难以营造让外界了解的学术"自留地"；应当提倡"打井式"的研究法，惟有开口不大，方能深挖钻研，然后，由点及面逐渐扩大"根据地"。德明在这方面就深得其窍。诸如两卷本的著作《基督教与华北社会研究（1927-1937）》，以及《鼎革前后的博弈与调适：1949 年燕京大学的多重面相》《在地教育与福音传播：华北基督教中学立案后的宗教教育调适》《宗教与政治之间：从华北基督教看 1927-1937 年的政教关系》《教育与改良：20 世纪 30 年代华北基督教教会学校乡村建设述论》《福音与政治：从 1931 年山东德福兰案看传教士与地方社会》等论文均围绕主题作文，使得研究焦点集中成果延续推进。

该著依然用功于上述主题，作为国家社科基金青年项目以"良好"等级结项的成果，是作者多年精心打磨的心得之作。20 世纪以降，教会在先前的非基督教国家和地区所进行的主要工作便是"在地化"。"五年奋进布道运动"的旨趣正在于此，其为 1930 年代中国基督新教教会史上的头等大事。运动于 1930 年 1 月由中华全国基督教协进会发动，1937 年因日本侵华战争全面爆发而被迫停止。此乃教会内部自觉革新和图谋振兴的重大努力，旨在为扩大传播基督福音与建设中国本色教会服务。检点下来，学术界对此重要事项的研究成果有限，至于系统性研究甚至可以说是尚未破题，该著以此立论，具有重要的学术开拓价值。

该著或可称为信史。突出表征便是史料的丰沛扎实。当说，该议题所涉及的资料分散而稀见，搜集难度极大。但作者劳心费力线上线下多方搜罗，仅原始未刊档案便包括来华的欧美差会藏档、耶鲁大学神学院藏档、上海市档案馆藏档、山东省档案馆藏档、北京大学档案馆藏档等等，凡 30 余种，其中尤以中华全国基督教协进会、美国美以美会、英国圣公会、英国伦敦会学等教会机构的原始档案格外珍稀；另参阅英、日文图书期刊 40 余种；还有《教务杂志》《兴华》等大量的中英文教会报刊杂志；兼及若干地方史志、资料汇编、时人著述及今人作品和学位论文等。在民国基督教史资料的搜集与利用上，本书可谓言之有据的上乘之作。该书始终坚持为马克思主义宗教观与唯物史观以指导，有关基督教五年运动的论点、论据、考订有着翔实可靠的材料、数据、史实支持，对民国基督教在华活动有客观公允的评价，为史与论的结合奠定了厚重基础，为述史与逻辑的自洽打下了实证缘起，从而增强了全著的可信度。

该著亦可视为良史。一方面着眼于系统研究，探讨了五年运动时期为振兴教会而开展的扩大布道、宗教教育、基督化家庭、识字运动、受托主义、青年事业、基督化经济关系及乡村建设等八项事工；全面总结了五年运动的成效和特色，并对基督教会与民国社会的关系进行了不乏深刻的论述；细致分析了五年运动期间的传教组织结构、传教方式、教区拓展、经费来源的变化以及本色化努力等；对五年运动进行了多角度多层次的分析，如布道、教徒皈依、文字宣传、家庭信教、城乡事工等，力图全面勾勒出运动的历史脉络及发展过程，并循此考察中国教会与外国教会的复杂关系，研判教会在社会基层的活动，考究中国基督徒与本土教会的国族性表现，进而阐释中国本色教会在外来教会发展受阻时异军突起的前因后果。该著主线明晰一以贯之，就是通过五年运动中的在地化举措遂而起复教会势力。外来宗教导入本具深厚文化积淀的吾国吾民，异质文化间的碰撞、搏弈、消长必不可免，西方教会只有在中国落地生根，才能开花结果。该著详细梳理了基督教五年运动的基本史实，通过对五年运动与民国社会的关系进行多角度的分析，浓墨重彩地全面再现了 1930 年代基督教中国化的演进历程，给后人提供了一个西教东渐突变时中方因应变迁的良好分析样本，为国内该研究领域中较为全面系统的代表性著作，具有较强的学术创新价值。

另一方面瞩目于典型个案的解析，力求做到既有"面"上的铺陈，又有"点"上的深入。在五年运动的"起点"上：斯时恰处民族情绪的炽热爆发期，"五卅"运动后，中国的民族主义狂飙突进，反帝成为国人共识，摆脱和清除与列强有关的事物成了那个时代人们的追求，教会自立运动、非基督教运动、收回教育权运动、收回租界和关税权运动等此起彼伏。西方在华教会面临庚子事变之后另一次大冲击，北伐战争期间，整个华西教区只有 5 名外籍教士留在了成都；[1] 而原本有八千多名在华传教士，"只有约五百位愿意冒着生命危险，继续留在中国，其余都由内陆各地撤来沿海港口，陆续搭船返国了。"[2] 九一八事变后，中华民族的危机意识和反抗意识愈发加剧。面对中国反帝情绪的高涨和西方教会在华遭受的顿挫，教会的"本色化"成为势所必然，只有使西方教会摆脱鸦片战争以还即不断侵略中国的"异族外人"面孔，成为中国人自己的教会，教会在中国才会有复苏之机。五年运动因而发轫。

在五年运动的"特点"上：首先，关注于乡村。1920 年代中期以降，各方人士不约而同注目"三农"问题，这在农民占人口基数绝大多数的中国显得格外重要。五年运动期间，"到乡村去"成为教中人士的辛劳践行，此举拉近了与中国最广大群体——农民的距离，也为教会振兴提供了人力资源保证，教会重心亦从单纯布道向乡村建设等多元化转移。其次，关注于社会福音。这是教会的本职。前此某些差会似乎更看重个人福音，较为忽略社会福音。作为运动发起人的基督教协进会原本就具有浓厚的社会福音色彩，故特别注意社会福音与个人福音的共举并传。再次，关注于教会管理体制改革。此间在华教会管理体制有了重要转变，一是本地化，在华教会逐渐由前此的西方教士主

---

1 文志忠著，李国林等译：《文幼章传》，四川人民出版社，1983 年，第 138-139 页。
2 查时杰：《民国基督教史论文集》，宇宙光传播中心出版社，1994 年，第 210 页。

理，改为向中方人员放权，形成中西共治的局面。二是组工下移，除了受托主义、农村建设、基督化经济因需花费较多人力、物力，仍旧放在较高层次的全国性计划内进行；其余工作大多因地制宜下放到基层堂会组织，如布道讲经、发展信徒、识字运动、青年事业、学校团契及基督化家庭运动等。又次，关注于教派"合和"。来华教会宗派林立，合作较少，势单力薄，通过五年运动事业，各教派逐渐走向某种程度上的联合，在共同推进运动的同时，差会整合步履加速。

在五年运动的"终点"上：正如该书所引用的 1922 年基督教全国大会曾设定西体中用的目标所称："一方面仍与世界各宗基督教会，在历史上有连续不绝的关系；一方面是要实在适合中华民族本有的文化和精神上的经验。"[3]通过五年运动，后一目标更多实现。在自传、自治、自养的运作下，教势也出现衰而复振的些许变化，这与教会有意淡化外国色彩，拉开与西方教会的关系，以愈发适应中国语境等有直接关系。五年运动作为新尝试，在推行中也存在诸多弊病。表面上轰轰烈烈，实效却大打折扣，运动主要在教内进行，于世俗社会的影响甚为有限，其发展信徒远未实现翻番的原初预计便是明证。待至抗日战争全面爆发，国难当头，中华民族到了最危险的时候，国际与国内社会的主要关切点已不在此，而转移至战胜法西斯，挽救国家危亡，争取民族解放的方向。即或如喋喋不休鼓吹"中国归中国人，中国人的归基督！"的雷鸣远（Vincent Lebbe）神甫也宣称"我的脸虽是外国的；但我的心是中国的。我们抗要抗到底！"[4]五年运动旋因不合时宜戛然而止。

2022 年 7 月 30 日于北京

3　王治心：《中国本色教会的讨论》，《青年进步》1925 年第 79 期，第 12 页。
4　《一个至死不老的青年人》，《大公报》（天津），1936 年 8 月 18 日，第 4 版。

目

次

下　册

绪　论

一、研究缘起

基督新教[1]自 1807 年由英国传教士马礼逊（Robert Morrison）传入中国，更于鸦片战争后凭借不平等条约的庇护，掀起了入华传教高潮。西方传教士肩负传播基督教的宗教使命来到中国，在中华大地广为布道，发展信徒，兴办学校、医院、慈善等社会事业，在近代中国社会转型与早期现代化过程中曾起到特殊作用，当然也有部分传教士参与了西方国家的对华侵略。近代基督教在华的种种世俗活动为其传教提供了诸多便利，但其最为看重的宗教活动的实际效果却是不佳，这也是基督教在华活动面临的两难境地。

目前国内学界对近代中国基督教史研究的主题日趋广泛，大多重视对来华传教士及基督教在华社会事业的考察，但对其最为基本的传教工作与中国基督徒的关注却相对薄弱。而且从研究时间段上看，学界目前对南京国民政府前期的在华基督教史多是宏观叙述，微观实证性考察仍有待深化。1930 年代为基督教在华发展一个特殊时期，其传教事业也经历了从非基督教运动时期的消沉到逐渐复苏的过程。这段特殊时期的历史，适合于观察中国近代的文化交流、民族主义成长、基督教与中国社会关系等复杂历史问题。

基督教自近代来华传教后，因中西文化冲突、民族主义因素等影响，且在华教会经费多由西方差会提供，传教士掌握教会领导权，故常被当做"洋教"并引发了晚清时期的诸多教案，特别是义和团运动中达到反教最高峰。故到民

1　基督新教与东正教、天主教并列为基督宗教的三大派别之一，为叙述方便，除特殊说明外，本书中的基督教都是指基督新教。

国时期，在华基督教会更加注重基督教的本色化，希望融入中国社会，获得民众的认同，并试图实现教会的自养、自治及自传，而 1930 年代的基督教"五年奋进布道运动"（简称"五年运动"或"五运"）即为基督教中国化的典型表现。

1930 年开始的五年运动，是中国基督教面临非基督教运动及 1929 年世界经济危机的双重冲击，被迫采取的教会内部自救运动，其根本目的是希望通过该运动带动教会走出低潮期，加速教会的本色化进程。同时，该运动在开展过程中并不是单纯进行宗教活动，也重视基督教与民国社会的融合，从当时社会改革的需要出发，积极参与世俗活动，故具有重要的研究价值。

二、学术史研究综述

（一）国内学界研究

1. 大陆学界研究

大陆学界的中国基督教史研究[2]经历了从文化侵略到文化交流、现代化及全球地域化等研究范式的转变，虽然研究的内容与主题呈现多元化趋势，且吸引了多学科学者的参与，但对五年运动的研究相对较少。

以笔者所见，徐炳三的《福建圣公会与五年布道奋进运动》（《宗教学研究》2005 年第 3 期），关注了福建圣公会参与五年运动的历史；段琦的《奋进的历程：中国基督教的本色化》（商务印书馆，2004 年）一书，有专节论述五年运动的背景及其实施过程，但缺乏对教会活动的关注；拙作《挫折与复兴：民国基督教五年运动之布道事业初探》（《民国档案》2012 年第 3 期），则从宏观上分析了五年运动的布道事业。王治心的《中国基督教史纲》（青年协会书局，1940 年）、顾长声的《传教士与近代中国》（上海人民出版社，1981 年）、顾卫民的《基督教与近代中国社会》（上海人民出版社，1996 年）、罗伟虹的《中国基督教（新教）史》（上海人民出版社，2014 年）等基督教通史著作中，皆涉及到 1930 年代中国基督教的活动，但对五年运动的提及较少。此外，刘家峰的博士后出站报告《诚静怡与中国教会本色化运动》（中山大学，2004 年）中则简单提及了诚静怡与五年运动的发动。

---

2 详情可参见陶飞亚、杨卫华：《基督教与中国社会研究入门》（复旦大学出版社，2009 年）与赵晓阳：《当代中国基督宗教史研究》（中国社会科学出版社，2016 年）两书。

除了对五年运动的直接研究外，大陆学界与之相关的研究多集中于基督教乡村建设等问题，但对五年运动中的乡村建设仍然论述不足。刘家峰的《中国基督教乡村建设运动研究（1907-1950）》（天津人民出版社，2008 年）一书，该书即以基督教的乡村建设为对象，对五年运动中乡村建设有所涉及，但在资料及史实上还需挖掘。另刘家峰的文章《基督教与民国时期的乡村识字运动》（《民国研究》第 15 辑，2009 年）与《中国基督教中学的农业教育与乡村建设》（尹文涓编：《基督教与中国近代中等教育》，上海人民出版社，2007 年），都涉及到了五年运动中基督教的识字运动与乡村建设；李传斌的《教会·乡村·医疗：南京国民政府时期的基督教乡村卫生建设》（《晋阳学刊》2015 年第 3 期）一文，对部分教会大学与教会实验区的卫生建设有所介绍；杨卫华的《民国自由派基督徒乡村改造思想中的几个问题》（《中国农史》2013 年第 6 期）则涉及到 1930 年代基督徒的乡村改造的主张；蓝希峰的《民国时期基督教社会服务研究：以江西基督教农村服务联合会黎川实验区为个案》（宗教文化出版社，2010 年）则是对黎川实验区进行了专门考察。

在与五年运动事工相关的其他问题上，徐以骅的《教会大学与神学教育》（福建教育出版社，1999 年）则有专门部分讨论了在华教会大学兴办宗教学院的兴衰问题；党洁的《二十世纪三十年代中国基督教夏令儿童会初探》（福建师范大学硕士论文，2009 年），秦武杰的《基督教与近代工业改良》（华中师范大学硕士论文，2009 年），王杰的《民国时期的基督化家庭运动研究》（山东大学硕士论文，2010 年），徐燕的《中国基督教学生运动初探》（华中师范大学硕士论文，2008 年）及张丽霞的《20 世纪 20-30 年代中国基督教学生运动的兴起》（《澳门理工学院学报》2018 年第 2 期）等论文，则对与五年运动有关的夏令儿童会，工业改良，基督化家庭运动与基督教学生运动有所研究，但对这些活动在五年运动中的开展情况论述不多。

2. 港台学界研究

港台学界的基督史研究起步较早[3]，但对五年运动的着墨不多。从香港学界的研究看，仅有萧楚辉的《奋兴主教会——中国教会与奋兴布道运动初探》（福音证主协会证道出版社，1989 年）、洪君保的《五年运动》（《中国与教会》1981 年第 18 期）等论著对五年运动由直接涉及，均侧重事实叙述，且较为简

---

3 详情可参见杨卫华：《港台中国基督教史研究 60 年》（《安徽史学》2014 年第 1 期）一文。

略，尤其五年运动各项事工的具体开展情况仍有深入挖掘分析的余地。汤清的《中国基督教百年史》（道声出版社，1987 年）、梁家麟的《福临中华：中国近代教会史十讲》（天道书楼，1995 年）及林荣洪的《中华神学五十年（1900-1949）》（中国神学研究院，1998 年）等基督教通史著作中，对 1930 年代基督教在华活动都有关注，但对五年运动的叙述较少。

在专题性研究著作中，香港学者吴梓明长期从事中国教会大学史的研究，在其所著《基督教华人大学校长研究》（福建教育出版社，2001 年）及《基督宗教与中国大学教育》（中国社会科学出版社，2003 年），涉及到燕京大学、金陵大学等教会大学在南京国民政府立案后的宗教教育开展情况。徐松石编著的《华人浸信会史录》第一册（浸信会出版部，1972 年），为大陆地区浸礼宗各宗派在华活动的介绍，其中对 1930 年代的活动有所论述；邢福增的《寻索基督教的独特性：赵紫宸神学论集》（建道神学院，2003 年）则探讨了著名基督徒赵紫宸对民国时期教会本色化的看法及贡献；陈智衡的《合一非一律：中华基督教会历史》（建道神学院，2013 年）一书对中华基督教会参与五年运动的活动也有所介绍；赵天恩的《诚静怡与中国教会自立》（橄榄出版有限公司，2017 年）则关注到诚静怡为推动民国时期教会自立所作的贡献。

台湾地区学界从研究教案史开始关注中国基督教，但对五年运动的研究却比较薄弱。杨森富的《中国基督教史》（台湾商务印书馆，1968 年）虽为通史性的基督教著作，但对五年运动提及较少；邵玉铭主编的《二十世纪中国基督教问题》（正中书局，1980 年）收录了王治心、赵紫宸、谢扶雅等基督徒所写的有关中国基督教问题的文章，部分内容涉及到 1930 年代的基督教本色化；卢孝齐在其硕士论文《中国基督教乡村建设运动——以华北地区为例（1922-1937）》（台湾中国文化大学，1985 年）中，论述了华北基督教的教会与学校开展乡村建设的具体活动，但许多重要史实仍需挖掘。

林治平主编的《基督教与中国本色化国际学术研讨会论文集》（宇宙光传播中心出版社，1990 年）、《中国基督教大学论文集》（宇宙光传播中心出版社，1992 年）及《基督教中国本色化论文集》（今日中国出版社，1994 年）中，部分文章涉及了民国基督教本色化、燕大基督徒团契等问题。查时杰的《民国基督教史论文集》（宇宙光传播中心出版社，1994 年）专门有一节叙述 1928-1937 年间的基督教会发展情况，但是侧重从政教关系的视角进行考察。杨森富主编的《中华基督教本色化论文集》（宇宙光传播中心出版社，2006 年）中，部分文章涉及了 1930 年代基督教的本色化进程。王成勉主编的论文集《将根扎好：基督教在华教育的检讨》（黎明文化出版社，2007 年）中，涉及到 1930 年代教会学校的宗教教育调整问题。

（二）国外学界研究

国外学界特别是欧美学界对中国基督教史的研究成果较多[4]，大多利用来华教士寄回国内的书信、报告、差会档案，考察传教士及传教运动对中国的影响，有明显的西方中心倾向，对中国基督徒及本土教会的研究有所忽略，且早期成果还有浓厚的神学色彩。

美国学界有多部论著涉及到五年运动时期的基督教，相比国内学界研究更加深入具体，但多是差会的个案考察，对五年运动整体研究却未有相关论著。从现有成果看，美国学界多本论著涉及了中华基督教会、美国公理会、基督教青年会、美国信义会、美国北长老会等在华活动的差会，对 1930 年代的基督教情况有所介绍。如摩文（W.C.Merwin）1999 年出版的《合一之旅：中华基督教会》（Adventure in Unity: the Church of Christ in China, 1999）是专门研究"中华基督教会"的著作，也涉及了该会参与五年运动情况；海宁格（Janet E.Heininger）1981 年的博士论文《美国公理会在中国：传教士的经验和态度（1911-1952）》（The American Board in China: the Missionaries' Experiences and Attitudes, 1911-1952, 1981）；邢军（Xing Jun)的《革命之火的洗礼：1919-1937 年美国的社会福音与在华基督教青年会》（Baptized in the Fire of Revolution: The American Social Gospel and the YMCA in China, 1919-1937, 1996)；奥斯的（Roger K.Ose）的《美国信义会在中国（1890-1949）》（A History of the Evangelical Lutheran Church of Americans Mission Policy in China, 1890-1949, 1970)；布朗的（G.Thompson Brown）的《东方之旅与超然力量：美国北长老会在中国（1837-1952）》（Earthen Vessels and Transcendent Power: American Presbyterians in China, 1837-1952, 1997）等论著，多是对美国差会在华活动的研究，其中也部分介绍了 1930 年代在华传教的历史，但涉及五年运动开展情况的较少。

除了差会个案研究外，美国学者还探讨了 1930 年代的基督教乡村建设、

4　关于美国的中国基督教史研究，可参见聂资鲁：《百余年来美国的基督教在华传教史研究》（《近代史研究》2000 年第 3 期）及王德硕：《北美的中国基督教史研究述论》（上海人民出版社，2016 年）一书。

在华教会学校、教会本色化、基督教在华传教方式等问题。如费尔顿的（R.A.Felton）的《基督教与远东乡村建设》(Christianity and Rural Reconstruction in the Far East, 1938)、郭爱理（Alice H.Gregg）的《中国与教育自主：基督新教在华教育传教士的角色变化（1807-1937)》(China and Educational Autonomy: The Changing Role of the Protestant Educational Missionary in China, 1807-1937, 1946)、斯特（K.K.Reist）的博士论文《中国的教会：一个自我认同问题（1919-1937)》(A Church for China: A Problem in Self Identification, 1919-1937, 1983)、连熙（Lian Xi）的《传教士的转变：美国在华新教传教活动中的自由主义（1907-1932)》(The Conversion of Missionaries: Liberalism in American Protestant Missions in China, 1907-1932, 1997)；姚西伊（Yao, Kevin Xiyi）的《基督新教在华基要主义（1920-1937)》(The Fundamentalist Movement among Protestant Missionaries in China, 1920-1937, 2000)、裴士丹（Daniel H.Bays）的《中国基督教新史》(A New History of Christianity in China, 2012)与贝德士（M.S.Bates）的《贝德士中国基督教史著述选译》(上海社会科学院出版社，2017 年）等。以上著作虽然涉及到了 1930 年代基督教在华活动情况，但对五年运动情况关注不多。此外，何凯立（Herbert Hoi-Lap Ho）的《基督教在华出版事业（1912-1949)》(Protestant Missionary Publications in Modern China, 1912-1949, 1988)一书，提及了五年运动时期基督教文字事业的成绩。

在英国学界也有相关研究涉及到 1930 年代的中国基督教。古德尔（Norman Goodall）的《英国伦敦会活动史（1895-1945)》(A History of the London Missionary Society, 1895-1945, 1954)的一书，有专节叙述了英国伦敦会 1930 年代在中国活动的历史，但对五年运动的叙述省略；英国魏礼模的（H.R.Williamson）《英国浸礼会在中国（1845-1952)》(British Baptists in China, 1845-1952, 1957)一书，为系统叙述浸礼会在华活动历程的著作，对五年运动期间该会在山东、山西及陕西的活动也有所叙述；英国威斯敏斯特神学院李俊关的博士论文（Lee, Chun Kwan）《中国基督教会的复兴神学（1900-1949)：它的起源与影响》(The Theology of Revival in the Chinese Christian Church, 1900-1949: Its Emergence and Impact, 1988)，则有专门一节宏观上叙述了五年运动的发动过程及结果。

此外，日本学者山本澄子（Yamamoto Sumiko）《基督新教在华本色化史》(History of Protestantism in China: the Indigenization of Christianity, 2000)，则

宏观上探讨了 1930 年代中国教会本色化问题。

三、研究反思及思路

　　纵观上文的国内外学界研究情况，除对五年运动中的基督化家庭、乡村建设活动、基督徒学生运动等具体个案有简单涉及外，对五年运动各项活动的整体性研究甚少，许多基本史实需要澄清，资料也需进一步发掘。故本书试图吸取文化交流、现代化、全球地域化等各种基督教史研究范式之长，着重理清中国基督教五年运动的基本情况，首次全面系统的研究五年运动的历史。五年运动时期基督教的具体境况值得重点考察，如此时期基督教会的扩大布道情况，各地宗教教育在立案后如何实施？教会如何开展青年事业？教会及学校医院在经济危机形势下如何调整？教会乡村建设及识字运动的开展等问题，需要通过考证中西史料，理清其基本历史事实，还原此时期教会发展的原貌，特别是考察五年运动与民国社会及基督教本色化的关系。而且现有研究在史料挖掘上，未能充分利用各类外国在华差会档案、年度报告、中华全国基督教协进会资料及教会报刊，通过对此类的史料解析，也能更加完整的展现五年运动的实况。

　　为此，本书将利用宗教学、历史学、社会学等多学科的方法，力图摆脱单一研究范式束缚，充分使用基督教协进会、美国美以美会、英国圣公会、英国伦敦会等教会机构的英文原始珍稀档案及年度报告，以及民国基督教中英文图书，并搜集《教务杂志》《中华基督教会年鉴》《中国差会年鉴》《真光杂志》《真理与生命》《中华归主》《兴华》《圣公会报》《总会公报》《中华基督教教育季刊》等各类中英文基督教期刊及教会学校所办期刊，辅以上海、北京、南京、台北等地档案馆所藏资料。本书在对上述资料进行解读利用基础上，对国内外学界关注较少的基督教五年运动进行整体实证研究，探索五年运动的历史脉络及发展过程，弥补学界对五年运动研究的不足。

　　五年运动是基督教受中国社会各方面影响而作出的处境化反应，并随着社会环境的变化不断作出调整。本书将从基督教本色化的视角出发，宏观叙述从 1929 年基督教协进会筹划发动五年运动开始，到 1937 年全面抗战爆发导致五年运动事实上终止这一时间段内，全国教会开展五年运动实况的基础上，着重考察基督教会在此运动中所开展的扩大布道、基督化家庭、宗教教育、青年事业、受托主义、基督化经济关系、乡村建设、识字运动等问题。本书将分析五年运动在促进 1930 年代基督教的自传、自治、自养等本色化探索中的贡献，把其放到整个近代中国基督教运动架构中研究，探究该运动在民国基督教本色化历程中的重要地位。

本书还将全面总结五年运动的成效和局限，重视对不同教会、不同地区运动开展异同的比较，对五年运动开展多角度的分析研究，并考察中国教会与外国差会的复杂关系，探讨该运动在农村基层的活动及中国基督徒、本土教会在该运动中的表现，以求全面认识 1930 年代基督教在华传播的真实境况及其与民国社会的多元融合，最终解释以传播福音与建设中国本色教会为终极目标的五年运动在民间基督教发展史中的独特贡献，在选题及研究内容上有一定创新价值。

第一章　追求本色之路：基督教五年运动概论

一、五年运动发动的背景

1930 年，中华全国基督教协进会发动的五年运动，有特定的国际、国内背景。当时中国基督教的发展面临着内外交困的局面，外有 1929 年世界经济危机导致欧美差会对华拨款减少，内有 1922 年至 1927 年非基督教运动对在华教会发展造成的严重冲击。在此不利形势下，五年运动的开展可谓迫在眉睫。

首先，从外部环境看，近代来华基督教在中国的传教经费多是由欧美差会提供，1929 年世界经济危机发生使得其资金来源受到较大影响。为此，在华各差会不得不减少对华经费拨款及来华传教士的数量，自然也对基督教在华事业产生了重要影响。如中国内地会对华拨款，由 1929 年的 40 多万美元降至 1933 年的 14 万美元；美国北长老会对华拨款由 1928 年的 142 万美元，降至 1934 年的 60 万美元；美国美以美会的拨款同期亦由 53 万余美元降至 20 万余美元。[1] 在此环境下，在华基督教被迫采取各种措施，提高教会自养能力来维持教会的正常运转，也迫使五年运动制定具体的应对之策。

其次，五年运动的发动与 1928 年在耶路撒冷召开的世界基督教大会密切相关。该大会于 1928 年 3 月 24 日至 4 月 8 日举行，中国基督教派出了由基督徒、传教士组成的 20 人的代表团参加。会上讨论的问题有基督教宣言、先

1　C.L.Boynton, *Handbook of the Christian Movement in China under Protestant: Auspices National Christian Council of China*, Shanghai: The Kwang Hsueh Pub House, 1936, p.346.

进教会与后起教会之关系、基督化经济关系、基督教教育、基督教与种族问题、基督化农村等。每个问题都有名家介绍，然后付诸讨论。[2]诚静怡、余日章等中国代表在会议召开期间多次发言，介绍了中国基督教的情况，并提出了对后起教会的发展、教会本色化建设等主张，部分建议还被大会采纳。此次大会通过的诸多议案，对中国基督教的发展影响深远，直接影响了五年运动的目标。大会上所提出的基督教使命、宗教教育、基督教与亚非二洲的工业问题关系、基督教与亚非二洲的农村问题关系、基督教与战争、保护西教士问题、教会合作问题等决议及宣扬的"灵命复兴"、"整全福音"理念，均对五年运动制定的扩大布道、宗教教育、基督化家庭、识字运动、受托主义、青年事业、乡村建设及基督化经济关系等八大事工的制定产生直接影响。

当时从美国传入的社会福音思潮也对五年运动目标制定产生了影响。该思潮呼吁基督教应该重视参与社会与国家的建设，而不是单纯的向个人布道，得到许多中国基督徒的响应，他们也成为国内社会福音派的代表。如该派基督徒指出："基督教的已往，趋重宗教与教会的本身，趋重个人修养；基督教的现在应注意生活与整个的社会，注意个人在生活中对于社会的贡献。"[3]当时部分在华传教士及教会领袖也感受到基督教必须以某种方式发起新的经济和社会重建运动，而且在建立新的与更好的社会秩序时，必须要实现基督教的精神价值。[4]五年运动时期的乡村建设与识字运动均为受该思潮影响而开展的活动。

最后，从当时国内基督教现状看，非基督教运动[5]的发生使基督教陷入了低潮，急需开展五年运动振兴教会。非基督教运动从1922年开始，到1927年结束，持续时间久、规模大、影响深远，其参与者不仅有青年学生、教育界、知识精英等群体，还有社团、政党等组织。非基督教运动爆发的直接诱因是1922年4月在北京清华大学召开的世界基督教学生同盟第十一次大会，点燃了国人特别是青年学生的反基督教情绪。该运动初期，学界曾有进行关于宗教信仰尤其是基督教问题的讨论，但很快由学术讨论转向政治运动，各地成立许

2　张坊：《在耶路撒冷举行之世界基督教会议》，《中华基督教会年鉴》第10期，中华全国基督教协进会，1928年，第25页。

3　《北平米市中华基督教会报告书》，北平，1930年，第2-3页。

4　Paul A.Varg, *Missionaries, Chinese and Diplomats, American Missionary Movement in China*, 1890-1952, Princeton University Press, 1958, p.216.

5　关于该运动详情，可参见杨天宏的专著《基督教与民国知识分子：1922-1927年中国非基督教运动研究》（人民出版社，2005年）。

多非基督教同盟。该运动在全国各地蓬勃展开，青年学生成为非基督教运动的主力军。1924 年第一次国共合作开始后，非基督教运动与国民革命运动相互推进，并针对教会学校掀起了收回教育权运动，学生纷纷上街游行示威，要求教会学校在中国政府立案。特别是国民革命军北伐途中更是直接参与到该运动中，出现许多过火的破坏教会产业的行为，传教士被迫撤离中国，教会工作大多陷入停滞状态。"传教士人数的减少意味着中国信徒自主性的增加，而这种增加与本色教会运动理论和实践上的努力形成了一种良性的互动，建构本色教会、建构本色神学的声浪此起彼伏，为中国基督教的发展带来了转机。"[6]当时一批教会人士针对非基督教运动主动进行回应，在报刊上发表多篇为基督教辩护的文章，同时亦颇能自省自反，作自我检讨。在此时期，一些基督徒呼吁谋求教会内部的改革，并且在理论上分析了基督教的自治、自养及自传及与中国文化的融合，积极探索推动基督教的本色化。如当时作为中国基督徒领袖的诚静怡提出本色教会建设目标："一方面求使中国信徒担负责任，一方面发扬东方固有的文明，使基督教消除洋教丑号。既不要稍失基督教精神，又不肯有背国人心理环境。"[7]此时期关于中国基督教本色化的探讨，也为在实践上开展五年运动提供了理论支撑。

1927 年 4 月，南京国民政府成立后，加强了对基督教的保护，非基督教运动结束。但受该运动的影响，各地教会基督徒精神不振，甚至有些心灰意冷的教徒还退出了教会，部分教会领袖也不热心教务，教会工作也是停滞不前。基督徒徐宝谦对当时教会的情况曾言："非教运动、共产党、国民革命运动三者，与基督教以重大的打击，是人所共知的。基督徒经过这几次的打击，有的冷落了，有的虽有志护教，然力不从心。"[8]许多教会人员对基督教未来发展充满迷茫与困惑，某些教徒的信仰笃诚还发生问题，"对宗教不冷不热，不进不退，于教会的规矩，则按部就班，奉公守法，于教会的事工，亦能勉励从事，无可指责，循规蹈矩，守分安常，但是缺少如火如荼的热忱，一往无前的勇气。"[9]而且当时在华传教士感觉教会生活并未引起中国人的注

---

6 唐晓峰、王帅编：《民国时期非基督教运动重要文献汇编》，社会科学文献出版社，2015 年，第 9 页。

7 诚静怡：《协进会对教会之贡献》，《真光》1927 年第 26 卷第 6 号，第 6-7 页。

8 徐宝谦：《"五年运动"目标的讨论》，《真理与生命》1930 年第 4 卷第 12-13 合期，第 2 页。

9 《灵性的准备》，《布道声》1926 年第 2 期，第 9 页。

意，如存在："礼拜日未制度化，连基督徒也只是将其视为休息日；集体礼拜对中国人似乎没有吸引力；捐赠很少，什一税几乎不存在，即使在其教徒经济能力能够承担的教区亦然；受过高等教育、才能兼备者投身神职事业的越来越少，受过培训的平信徒领导人也减少了；缺少中国基督徒思想家或神学家；学生与青年认为教会与他们的需求不相干；大众极其厌恶宗派主义的信条戒律；中国人似乎要把宗教教育和信徒培育留给传教士去做。"[10]这些问题都严重制约了教会的发展。

虽然传教士当时陆续返回中国，各地教务逐渐恢复，但整体仍陷于低潮期。对于当时教会的情形，有传教士曾称："教徒人数日见减少，基督教活动中心数目消减；教会学校就读生人数减少；基督徒学生及教徒家庭出身的学生比例也都下降；在教会医院，缩小工作范围，院中服务人员亦有撤出。"[11]故在此紧要关头，中国教会的前途命运何去何从，如何振兴教会，尽快实现教会的自治、自养及自传，成为基督教领袖们关心的话题，五年运动在此背景下应运而生。

二、五年运动始末

为了改变非基督教运动后教会的低沉局面，提升信徒的质量与数量，1929年3至5月，中华全国基督教协进会[12]先后在广州、沈阳、北平、武昌及上海举行退修会，在会上多次讨论教会振兴问题，五年运动的构想亦初具雏形。其中在北平召开的华北区退修会上，与会代表通过决议称："积极布道运动，期于最近五年之内，使现有的信徒至少增加一倍，并使加入教会的人，切实明了皈依基督的意义。"[13]在武昌的退修会上，中华全国基督教协进会会长诚静怡提出开展"五年奋进运动"号召，来华访问的世界基督教协进会会长穆德（J.R.Mott）则在会上作题为《扩大布道的呼声》专题演讲，为五年运动谋划提供建议。同年5月，全国基督教协进会第七届年会在杭州召开，正式通过决议于1930年开始"五年奋进布道运动"，简称"五年运动"。

---

10 贝德士著：《贝德士中国基督教史著述选译》，上海社会科学院出版社，2017年，第52页。

11 Frank Rawlinson, "A Five Year Adventure", *The Chinese Recorder*, January 1930, p.1.

12 中华全国基督教协进会于1922年成立，前身是1913年成立的中华续行委办会，为指导全国基督教发展的协调机构，在华基督教的16个宗派先后加入该会。

13 《各分区退修会议之议案提要》，《中华归主》1929年第99期，第9页。

　　基督教协进会决定发动五年运动后，向全国各公会去信征求五年运动开展意见，在华各教会也积极响应，筹备参加该运动。如 1929 年 10 月 9 日至 18 日，中华基督教会全国总会续行委员会第二届年会在上海举行，会议决定对五年运动极为赞成，接纳协进会的五年运动决议案，并请全国总会续行委员会及执行委员会负责五年运动提倡工作，各大会区会组织委员会促进五年运动工作，全国总会还单独聘请五年运动干事，各大会区会则设法派出五年运动专员，并鼓励平信徒自动参与五年运动工作。[14]当时基督教青年会也积极配合五年运动开展，青年会全国协会认为"吾会与基督教会素来密切合作，对此引人归主之空前大运动，自必力加襄助"[15]，故青年会开数次会议研究该会对五年运动所负之使命，"将研究结果印成通告，分寄各市校乡会及劳工服务区，以便各地一律进行。"[16]全国青年会各市会、校会也积极与当地基督教力量联合，共同组织实行五年运动，尤其在教会青年事业中贡献颇大。再如河北基督教教育会也积极响应五年运动，希望协进会将五年运动材料随时提供，提出："于华北基督教教育界中，鼓舞精神，努力于联贯工作，以符合作之本旨。"[17]总之，当基督教协进会决定发动五年运动后，各教会为了改善教会不振境况，全力配合了运动各项事工的开展。

　　在基督教协进会的统一领导下，各地教会也成立五运委员会，并设立布道、基督化家庭运动等专门委员会，还召开会议专门讨论，积极推行各项事工。如上海基督教五年运动促进会 1929 年 11 月成立，杭州基督教各团体五年运动联合会 1930 年成立，广州、汕头，北平、福州、汉口、南京等地的教会也成立五运委员会。再如为配合运动的开展，华北公理会还设置五运执行干事部，以总干事、宗教教育干事、识字事业干事、家庭事业干事、少年事业干事及文字事业干事六人组成之，并规定总干事须以全部时间，致力五年运动。华北美以美会则针对五年布道运动，也组织五运委员会，并规定每日正午为五运祈祷；组织特别委员会；有特别干事；筹备经济；奋发信徒作个人布道的功夫等事宜。[18]

14　《全国总会续行委员部年会中之决议案》，《总会公报》1929 年第 2 卷第 1 期，第 326 页。

15　《关于基督教五年奋进布道运动之消息》，《同工》1930 年第 89 号，第 14 页。

16　《响应五年布道运动》，《女青年月刊》1929 年第 8 卷第 10 期，第 67 页。

17　《河北基督教教育会响应五运》，《中华归主》1930 年第 102-103 期，第 20 页。

18　《美以美会华北年议要讯》，《兴华》1929 年第 26 卷 36 期，第 27 页。

五年运动于 1930 年 1 月 1 日正式发动，由诚静怡等具体策划，强调要从提高信徒的灵性做起，口号是："求主奋兴你的教会，先从我入手。"[19]五年运动的目的是为教徒质量与数量之增加，在杭州年会所定具体目标为："甲，为培养信徒对于基督有更深之认识，加密之团契，以大无畏精神，贯彻基督于吾人之整个人生。乙、实行此种扩大布道运动，希望于最近五年内，使现有信徒人数至少增加一倍。"[20]五年运动原定计划有六项：宗教教育、基督化家庭、识字运动、扩大布道、受托主义及青年事业[21]，为各地教会所倡导推行。五年运动发动后，起初农工问题并未被划入，因而受到教会人士批评，他们呼吁教会应该重视中国的农民、工人群体。故到 1931 年基督教协进会第八届大会召开时，又通过决议将基督化经济关系与乡村建设列为两大事工，从而使得五年运动的八大事工定型。

基督教协进会鉴于各地教会开展五年运动需要文字材料辅助，曾编写印制了大量宣传品。如该会特编辑五运手册以应时需，内容有五年运动的缘起；五年运动与今日的中国教会；五年运动的目标；五年运动的标语；五年运动的祷文；五年运动的诗歌；五年运动的事工；五年运动的最近进行状况，如加入运动的各地教会及各地教会对于五年运动的工作计划，协进会提倡五年运动的工作与计划；五年运动的言论选载；五年运动的刊物列表；教会领袖须知的几个要点；个人布道员须知的几个要点；个人布道记事；五年日历；纪念节期表；亲友通讯簿；五年运动的问答及五运粹言辑览等。[22]与此同时，基督教协进会还组织编写了大量五年运动各大事工的书籍，供各地教会使用。如有诚静怡：《五年运动的浅近说明》、穆德：《扩大布道呼吁》、谭文伦：《个人布道》、朱立德：《对于个人布道的几个建议》及《教会与青年事业》、高伯兰：《受托主义》、陈崇桂：《个人布道的研究》、孙恩三：《祈祷与布道》、《教友识字运动的初步工作》及《基督教与平民教育运动》等书籍。[23]此外，基督教协进会印

---

19 中华全国基督教协进会：《中华全国基督教协进会第十届大会报告》，上海，1935年，第 46 页。

20 "Objectives of the Five Year Movement", *The Bulletin of the National Christian Council*, No.42, June 15, 1932, p.1, *Conference of British Missionary Societies Archives*, Asia Committee, China, Inter Documentation Co., 1984, H6027.

21 Ronald Rees,"National Christian Council", *The China Christian Year Book*, Shanghai: Christian Literature Society, 1935, p.196.

22 《五年运动手册出版预告》，《中华归主》1930 年第 109 期，第 13 页。

23 朱立德：《两年来的中华全国基督教协进会》，《中华基督教会年鉴》第 11 期，中华全国基督教协进会，1931 年，（壹）第 15 页。

发的《五运进展表》、《五运月份牌》等相关印刷品，也被各教会使用。各教会通过散发五年运动书籍与印刷品，张贴标语等大规模的宣传，组织五运讨论会，推动了各地五年运动的开展。

当时各教会纷纷制定了五年运动的工作计划，如中华基督教会关东大会、闽南大会、华东大会、广东协会、闽中大会、岭东大会都有具体的五年运动工作策略。[24]具体来看，中华基督教会广东协会的第四区会当时要求各堂组织五运促进会，会内分设祈祷组，定期为工作祈祷；会内分布道组，信徒自由加入，决志向外布道，须有自动精神；会内分设妇女服务团，信徒自由加入，决志向基督徒家庭宣传福音，并指导改良家政，教习祷歌、查经字等；会内分设主日学校，施行有组织训练，按个别需要，作分类供给；提倡识字运动：在本堂或各乡开办平校或儿童，妇女，成人识字班；策励各信徒举行家庭礼拜，使能识福音，尤贵实行基督化；会内设慕道训练班，教授简明圣道课，引导初入门信道友向基督；会内设交际股，办理大布道的善后，如记名拜访等工作，并引慕道者时常来堂听道；会内设财政股，专为五年运动需用筹款，预算工作用途，并劝解受托主义，踊跃输将，总求本堂所入敷支，并望有余补助别堂不足。[25]可见该会的布置，已涉及到了五年运动初期的所有工作。在五年运动开展期间，各教会也经常召开会议，及时改进五运工作。如1934年11月至12月，华北教会在山西太原、河北沧州、山东蒲台等地分别举行五年运动分区会议，诚静怡等应邀出席，活动有灵修演讲、分组讨论、个人谈话、与学生团体、传教士聚会讨论等，以辅助各地对五年运动有更明了认识，能更热切参加。[26]

五年运动之初，基督教协进会强调各堂会应因地制宜，集中某项事工，并设计了教会年历，使教会事工进行时能有一致性和适应性。[27]1933年5月，协进会第九届大会召开时，因受国难加剧及经济危机影响，协进会又要求五年运动加强领袖训练，并特别注重青年事业，农村事工及基督福音的社会性，制定了基督教社会参与计划。同年，协进会还对五年运动的开展进行了中期评估，

24　具体计划原文，参见《总会公报》1930年第2卷第3期。

25　刘安国：《广东第四区会成立五运促进部》，《总会公报》1931年第3卷第2期，第656页。

26　《华北五运促进会的消息》，《中华归主》1935年第152期，第17-18页。

27　"Objectives of the Five Year Movement", *The Bulletin of the National Christian Council*, No.42, June 15, 1932, p.1, *Conference of British Missionary Societies Archives*, Asia Committee, China, Inter Documentation Co., 1984, H6027.

肯定了五年运动的成绩，指出：淘汰了不少挂名的信徒；克服了基督徒对于环境的畏葸；造成新的基督化国民观、基督徒对于社会及国家改造的责任、得了一种觉悟；教会中造成比从前更积极的态度与进行的方案；教会全体增添了努力布道的热忱。[28]同时，年会也总结了各地经验，谋划了下一步工作。

为评估五年运动的效果，1934 年 6 月，基督教协进会向 19 个省份的 365 处教会派发 4 页的中英文问卷，调查五年运动的开展情况[29]，以决定是否在该运动到期后继续进行。1934 年 8 月，协进会会刊《中华归主》还征求各教会对五年运动的意见、具体活动情况及对改进工作建议，并请各教会邮寄五年运动调查表到协进会。通过各教会反馈发现，教会注重的方向多在灵性的奋兴及个人证道的热忱方面，而于量的方面：即基督徒人数的增加，则似尚未能有整个的注意。[30]五年运动到期后，基督教协进会第十届大会于 1935 年召开时，五年运动委员会建议继续推行五年运动，此决议也获得通过，各地 94% 的教会通讯员也有继续推行的要求。[31]而且此次大会鉴于五年运动各项活动仍在各地进行，且有显著贡献，故建议称："敦促国内各会团体继续五年运动期中所发起之工作，并协助促进各该工作之共同努力；请大会敦促国内各教会、各教会大学、中学等以及其他教会团体重新奉献其力量，协助现有每一受餐信徒每年最少能引导一人信教；请各教会特别着重布道训练工作及受托主义；请各教会在将来事工上认青年、家庭、学校及农村为特别工区；将五运余款全数拨作推行五工作之用费。"[32]可见，该建议实际上仍然是将五年运动开展的事工继续推行，也为各地教会所落实。会后，协进会在 1935 年委派新成立的教会生活与事工委员会致函全国教会，对于五年运动到期后的工作问题强调指出："五年运动已满期，惟此项运动，对于教会前途之发展，极关重要，务请各公会斟酌，继续进行；五年运动之数量目标，原定倍增，前经各地教会领袖表示此项规定似乎过于笼统，因此大会决定此后每个基督徒每年至少须引一人归依基督；五年运动对于堂会方面已有多少影响，惟对于学校及一般青年方面尚未普

---

28 《讨论五年运动》，《申报》1933 年 5 月 9 日，第 3 版。

29 "Fruit of Five Year Movement", *The Chinese Recorder*, January 1935, p.64.

30 《本会调查各地五运工作》，《中华归主》1934 年第 147 期，第 13-14 页。

31 Some Impressions of the Tenth Meeting of the National Christian Council of China, Shanghai, April 25-May 2, 1935, p.5, *Church Missionary Society Archive*, Section I, East Asia Missions, Part 18, Adam Matthew Publications, 2001, Reel 387.

32 《关于五年运动决议案》，《中华全国基督教协进会第十届大会报告》，上海，1935 年，第 28 页。

及，此后仍请特予注意。"[33]虽然此后协进会继续强调布道、受托主义、乡村建设及青年事业等之前五年运动中已开展的工作，并由教会生活与事工委员会负责办理，但工作重点则是提倡教会合作。后五年运动又随着1937年抗战的全面爆发而无奈终止，仅有基督化家庭等少数事工在国统区仍然维持。

33　《教会生活与事工委员会致全国教会函》，《中华归主》1935 年第 161 期，第 14 页。

第二章　教会自传之探：五年运动与基督教布道工作

一、基督教在华人员及组织

（一）教会的人员构成

　　民国时期，在华基督教会的管理人员有外国传教士与中国传教人员两大部分构成。外国传教士是欧美差会派遣来华传教者，男性称牧师，女性称教士，医务人员不论男女均称大夫。教会来华传教士初期大多为福音传教士，后陆续有专职的医学传教士、教育传教士来到中国。传教士来华后均先学习中文，后分派至各重点教堂、医院及学校工作。各国在华差会的最高职务为总干事，部分差会也称主教或会督，负责在华整体教务，该职皆是由传教士担任。中国传教人员最高为牧师，下设长老、执事；另还包括经过神学教育或培训的传道人员，其主要参加讲道和教导信徒。当然不同教会人员的名称也不尽相同，如华北美以美会的初级传道工作为劝士，由牧师发给执照，授以传道职权；本处传道则是牧区议会或教区议会，接有执事会的推荐时，得给被推荐者以本处传道之执照。四年后，可被推为本地长牧，当接受长牧按手典礼后，即有施行洗礼和帮助举行圣餐的职权，再过两年后可推为本地长老。[1]就传教人员而言，外国人员终为极少数，多赖当时各支会所选出之牧师、长老、执事等相助为理。如浸礼会总堂会由一个传教士掌握，同时选拔总执事帮助传教士管理教会事

---

[1] 罗运炎：《中国美以美会》，《中华基督教会年鉴》第 11 期，1931 年，（贰）第 8-9 页。

务。各分堂会或支堂有牧师一人，没有牧师的则选拔领会师傅（后称传道先生）领导礼拜。

在华教会中人数最多的人员为普通基督徒，各教会对发展信徒入教都有一套严格的程序，需要经过多个阶段的训练后才可入教。对于各教派入教手续，据时人所称："当伊请求入教以后，须经过试验与训练之一定时期，若其信心，行为，知识，均及格，方为之施行洗礼。信徒受洗礼之后，有若干教派，即得享受教友之完全权利，与领受主圣餐之权利，又有教派，须再试验已受洗礼之人，然后再为之另外举行一种礼节，此时方认其有满足教友之地位。"[2]不同在华教会的入教程序略有差异，如中华圣公会吸收基督徒程序大约需要两三年训练，按该会习惯，一个完全的会友，必经五步训练的进程：首先为听道友，由听道友而慕道友，由慕道友而为学道友，学到相当程度，经过试验，便之举行奉教礼（有的教区为入学道班）；行过奉教礼后，又进一步预备领洗之训练，经过相当时期，考验及格，会长乃为之施行圣洗礼而为"信道友"；圣洗受过之后又进一步训练，受坚振礼者应有的宗教知识，经过考试及格，待主教为之行坚振礼，按手祝福，而成为坚振友，此后方可同领圣餐，故亦名圣餐友。[3]其他教会的程序也是大同小异，而且会定期淘汰不合格的基督徒。

（二）教会的组织体系

近代基督教在华传教有其独特的组织结构和建制，尽管组织形式混乱且常变化，但总起来看，大都分大区教会（总堂会）、县区教会（堂会或支会）和布道所这样自上而下的三个层次。而且各组织成立都有严格规定，如华北公理会教会组织：凡设堂布道，有驻堂先生者，可为传道所；要成立堂会，必须有执事，司库，书记等职。[4]同时，各教会还定期召开会议，研讨教务工作。如华北美以美会会议有总议会四年召集一次，年议会每年开会一次，教区议会每年开会三次，牧区议会则每年不定期召开。[5]

在基督教中国化过程中，因急为缺乏经费与人才，自治为其中最难者。而自近代基督教入华传教后，"往往是管之者西人，教之者西人，一切习惯几无

2　莫思道：《基督教在中国之概况》，中华圣公会书籍委员会，1941年，第69页。

3　彭鸿恩：《陕西宗教教育断片》，《圣公会报》1935年第28卷第15-16期，第15页。

4　王学仁编：《教友须知大纲》，上海广学会，1933年，第27页。

5　罗运炎：《中国美以美会》，《中华基督教会年鉴》第11期，1931年，（贰）第7-8页。

不西化"[6]，导致基督教被国人攻击为"洋教"。1927 年，非基督教运动结束后，传教士陆续返回，恢复工作，但受困教会财政危机影响，来华传教士数量减少，差会也迫使教会开始向中方人员放权，改变以前多为传教士掌握教会实权的状况，形成了中西共治的教会管理体系，也利于促进中国本色教会的建立。而且当时华人信徒与外籍传教士也形成共识，认识到"传教士的角色正在变化当中，而在未来的时期，他们不再多以指导者和管理者的身份出现，而是从华人那里获取自己的任务。"[7]在此形势下，在华各教会也纷纷增加中国基督徒在教会管理中的职权。如华北公理会 1929 年通过决议，规定中外人员有平等的权力和责任，华北公理会促进董事部代表从之前每个众议会中西人员各派一名，而改为每一众议会的布道、教育、医务三个主要委员会各派一名代表。代表或中或西，但选择权在中国本土教会手里，特别是将工作及资产完全交由中国人管理。[8]从具体实施效果看，1935 年，华北公理会促进董事部的成员中，"三分之二为华人，众议会代表几全为华人，各机关之董事亦几全为华人，各机关之行政人员，大部为华人，各项委员亦大部为华人，其中西人仅负责执行之责而已，甚至总干事、宗教教育干事、学生事业干事，亦均有华人任之。"[9]在华其他差会，也陆续增加了管理机构中的华人比例，逐渐向本土人员放权。

但是中西人员比例的转换，并不意味着外籍教士作用的根本削弱，当时中国教会仍然急需外籍教士发挥作用。如 1929 年北平教会退修会通过的决议即称："我们坚信中国教会无论在教务还是财政上仍需要传教士的帮助，他们在训练中国基督徒领袖及开展传教工作上都有丰富经验。我们也坚信传教士会在未来的中国教会中占有一席之地，因为教会为国际性组织。"[10]基督教协进会希望传教士继续辅助中国教会，在差会方面，也要求传教士与中国布道人员密切合作，作为联系中西教会的重要渠道。如 1931 年美国长老会总会的决议指出："鉴于传教士数量比 1925 年减少 15%，总会决定与中国教会密切合作，

---

6 伦李志爱：《家庭归主》，《道风》1936 年第 3 卷第 1 期，第 28 页。

7 K.S.Latourette, *A History of Christian Missions in China*, New York: The Macmilian Company, 1929, p.810.

8 *The One Hundred and Nineteenth Annual Report of the American Board of Commissioners for Foreign Missions*, Boston: The American Board, 1929, p. 79; "China Now Control North China Mission", *The Christian Century*, Vol.XLVI, No.35, August 28, 1939, p.1068.

9 麻海如编，赵鸿祥译：《公理会小史》，天津，1935 年，第 16 页。

10 E.C.Lobenstine, "Regional Retreat Conference", *The China Christian Year Book*, Shanghai: Christian Literature Society, 1929, p.219.

扩大布道，要求传教士全力支持。"[11]但从各教会实际情况看，传教士只是适当放权，加之当时中国人员受过教育训练可以担当管理的人才不足，大部分教会真正的管理实权还是掌握在传教士手上。而且在教会内部中西人员权力移交中过程中也存在矛盾，正如美国平信徒调查团 1930 年来华调查后称："东方教会领袖既有急于收回教政主权的热忱，西方传教士又有不甘引退的心理，互相冲突，举止失当"[12]，也延误了教会管理权的真正移交，从而形成了中西共治的妥协局面。且由于中国教会在人力，财力方面的力量有限，"有的地方，宣教会也不放心把这种责任放在中国教会肩上，所以他们不愿意放弃这种管理之权。"[13]即使脱离西方差会自立的中国教会，也常借助西方教士的指导。

（三）教会合一的增强

五年运动时期，在华教会逐渐打破宗派、区域限制，教会合一趋势加强，出现了许多教会联合组织。该现象的出现，究其根本在于来华教会在反教运动及经济危机影响下，更加认识到教会合一的重要，曾有基督徒指出："若要将福音传遍到地之极，要建立天国于人间，要使世界和平，非教会合一不可。"[14]在五年运动之前，来华教会已经酝酿在同一宗派之间的合一，如英国圣道公会、循我会、圣经基督会等三宗派于 1907 年组成英国循道合会，美、英、加等圣公宗派 1912 年组成的中华圣公会；在华美、加等长老会宗派于 1918 年组成的中国长老会全国总会，在华美国、挪威等信义宗各宗派于 1920 年成立的中华信义会等。

五年运动开始后，多数在华教会也加入到教会合一组织中，尤以中华基督教会最为显著。1927 年，中华基督教会全国总会成立，意在促进各宗派的合一，加入的各公会"除承认信仰大纲外，仍可自由保守其信条"，在组织上设有总会、大会、堂会及区会四级机构。[15]当时各教会陆续加入，如 1928 年，华北地区的美国北长老会与山东长老会分离，与加拿大长老会一起合组为河

---

11 "Presbyterian Policy in China", *The Missionary Review of the World*, Vol. LIV ,No.2, February 1931, p,228.

12 *Re-thinking Missions: A Laymen's Inquiry after one Hundred Years*, New York: Harper & Brothers Publishers, 1932, p.305.

13 方约翰：《教会与差会》，《中华基督教会年鉴》第 12 期，中华全国基督教协进会，1934 年，第 26 页。

14 施云英：《中国教会应当合一的理由》，《金陵神学志》1934 年第 16 卷第 2 期，第 7 页。

15 《中华基督教会典章》，《总会公报》1929 年第 2 卷第 1 期，第 328-329 页。

北大会；1929 年山东的英国浸礼会与美国北长老会组成中华基督教会山东大会；1930 年，华北地区的伦敦会则改组成为华北大会；1933 年，山西的英国浸礼会则改为山西大会。实际在组织管理上，总会仅起指导规划功能，各大会仍自主管理教务。在各大会内部也有区会合一，以利联合事业开展，如原属长老会的河北大会北平区会与属伦敦会的华北大会北平区会，经多次协商后，于 1932 年 10 月 25 日组成中华基督教会北平区会，但仍信守各自教义。[16]当然，各教派的名称虽然不再使用了，但原差会的人事经济等关系丝毫未变，各差会组成的基督教会仍是分散的团体。虽然中华基督教会名义上是一个统一的组织，是教会的最高团体，但各差会的组织系统并未改变，教会的一切大权，仍掌握在各差会手中，该组织实际上仍为松散的联盟。与中华基督教会情况类似的中国内地会也是在经济、组织上实现了统一，但各地的组织原则及管理制度仍不相同。即便涵盖 16 个教会宗派的中华全国基督教协进会，也是顾问性的协调机关，对各教派并无实际管理权限。

当时美国美以美会、美国公理会、圣会会、美国南浸信会等部分在华差会并未加入中华基督教会，这也在于其不认同该会的理念。如当时中华圣公会即认为其是普世安立甘宗的一部，须与该宗同行同止，不能自由行动。[17]但这些差会也通过采取相同宗派进行联合的方式推进教会合一。1930 年 8 月 28 日，全国浸礼宗联合会议在上海沪江大学召开，瑞华浸信会、美国南浸信会等浸会宗派均加入基督教浸会中华全国联合会。每两年举行代表大会一次。1931 年又加入世界浸会联合会[18]。1931 年，英国的圣道公会、循道会等 7 教区的循道宗宗派为实现合一，当年在华循道宗各派也召开预备合一会议，决定名称定为"中华循道公会"，到 1933 年又召开了中华循道公会正式成立大会。[19]中华圣公会也曾于 1935 年、1937 年召开合一会议，邀请中华基督教会、华北公理会等教派代表，商讨不同宗派教会在组织上的合一[20]，但未达成实质结果。涵

16　萧时民：《北平区会成立之经过》，《总会公报》1933 年第 5 卷第 1 期，第 1198-1199 页。

17　《中华圣公会第七届总议会对于"合一"的态度与议案》，《总会公报》1931 年第 3 卷第 6-7 期合刊，第 765 页。

18　《中华基督教浸会全国联合会近讯》，《真光杂志》1931 年第 30 卷第 5 号，第 79-80 页。

19　万福林：《循道宗合一的经过》，《金陵神学志》1934 年第 16 卷第 2 期，第 11-12 页。

20　《第二届教会合一新闻》，《圣公会报》1937 年第 30 卷第 11 期，第 14-15 页。

盖美国的美以美会、美普会、监理会三大在华卫理宗派时也在筹划合一，但直到 1939 年才成立联合的组织：卫理公会。当时成立的本土教会也参与到合一进程中，如 1912 年成立的北平中华基督教联合会于 1931 年加入到中华基督教会。真耶稣教会 1930 年开临时全体大会，曾通过决议开南北合一代表大会。翌年 4 月，在上海召开南北合一会议，山东、山西、天津、河北等派代表参加，统一南北各教会事工筹划。部分在教义上保守的在华宗派也加入合一进程中，如 1929 年，美国长老会在华北神学院聚会之际，决定正式成立基督教联合会，当时加入的公会除部分地区的长老会外，还有山东福音会、泰安浸信会、上海伯特利布道会、河南内地会等，后清洁会、通圣会等宗派陆续加入。[21]该联合会宣称坚守纯正的福音信仰，对于加入各公会有指导协助之责，但各会内政，仍由各会自理。[22]

除了教派的合一外，在教会的具体事业上，也多有联合组织管理。如教会教育方面有中华基督教教育会，医疗事业方面有中华博医会，圣经发行出版则有中华圣经公会等联合组织，乡村建设方面则有华北基督教农村事业促进会。各教会联合组织的成立，也打破了教派门户之见，利于发挥各教会的优势资源进行互补，统一谋划基督教在华社会事业，这也说明在华教会逐步适应中国社会及国情需要，调整传教策略。

二、教会扩大布道

（一）布道背景

非基督教运动后，受到冲击的中国教会，布道工作处于停滞不前的状态，除了外部环境影响外，还与传教士与本土布道员素质有关。如 1930 年美国平信徒调查团在华调查时，发现来华传教士"无创造能力，东方教会如何守旧落伍，只贩运西洋的教父的思想，呆板的，模型的，灌输于东方民族思想之中，无丝毫效力，不感受兴趣。牧师所讲之道理，纯是洋化的，不能应付学生之问题，及乡村农民之需要。"[23]从基督徒情况看，部分信徒也因各种原因退出教会，导致该群体人数减少。而且部分基督徒在灵性生活上意识淡薄，没有彻底了解基督，在礼拜上重仪式，不重虔诚，责人不责己，因受刺激而反教等，严

---

21 道雅伯：《基督教联合会之缘起及其恒持之态度》，《晨光》1931 年创刊号，第 11-12 页。

22 《联合会之信条及典章》，《晨光》1931 年创刊号，第 55 页。

23 任百川：《读宣教事业平议的感想》，《鲁铎》1935 年第 7 期，第 21 页。

重影响了基督徒在教外人中的形象。当时中国教会内部更出现了"神形不一的基督徒"，他们虽然受洗入教，却不愿进入教堂，参加教会礼拜等宗教仪式，只是挂个基督徒的虚名而已，实际是所谓的"吃教"。同时，非基督教运动的冲击也造成基督徒在教会生活上的低沉，如当时美国平信徒调查团报告也指出中国教会的信徒退出教会，"并不是因为被教会斥革的太多或教会的规矩太严，而是因为对于他们对教会没有兴趣或缺乏热忱，同时又为世俗所引诱的缘故。"[24]在此形势下，五年奋进布道运动决定推行扩大布道工作，追求基督徒数目翻倍同时，同时提高其灵性生活。

为推动扩大布道，基督教协进会的布道与退修委员会规定布道工作的职责："在研究最有实效的方法将基督福音与基督徒的生活宣传于非基督徒，以及信仰渐趋薄弱或致完全抛弃的基督徒。同时，该会建议设法按近各种社会团体征求个人布道工作人员，并使布道工作成每个基督徒团体生活之寻常表现。"[25]根据此种要求，布道委员会通过印行布道单张，促进个人布道，提高教会灵性生活，谋求教会在布道上合作等方式推动了布道工作开展。协进会大会举行时都会安排布置五年运动布道工作。如1931年4月，基督教协进会第八届大会通过布道工作决议案：建议调查各地信徒情况，组织分区布道研究会，在1932年召集全国布道会议，请各地布道领袖协助教会布道工作，敦请国外素有资望之领袖来华协助等。[26]在此次大会上，协进会还将"布道与退修委员会"改称为"灵修与布道委员会"，作为指导布道工作的专门机构。1933年协进会第九届大会召开时，关于布道工作通过决议案规定："吾人深信布道之目的，应向整个人生各年级及各方面注意，如幼童、青年、壮年、老年各年级以及教会、学校、家庭、社会各方面，深信应以教育之原则与方法用在布道之上，使其更能收效。"[27]同时，该会还提出使牧师与平信徒对于实行教育式的布道具有热情与新见地，提倡团体之契、结队之布道、训练班，并加强牧师及其他工作人员之训练。[28]该布道委员会于1935年又改称"教会生活与事工

---

24 *Report of the Commission of Appraisal of the Laymen's Foreign Missions Inquiry*, New York, 1932, p.V-11.

25 《本会组织布道委员会》，《中华归主》1930年第102-103期，第12页。

26 *The Eighth Meeting of the National Christian Council of China*, Hangchow, April 10-17, 1931, p.18.

27 《关于布道及灵修决议案》，《中华全国基督教协进会第九届大会报告》，上海，1933年，第17页。

28 《关于布道及灵修决议案》，第18页。

委员会"，为五年运动时期管理布道工作的领导组织。协进会还组织全国五年布道的常备委员，由协进会向各公会征募人员，组织干事部，与奋兴布道团推行布道运动；刊发专门的布道文字以助进行；筹募布道特款，以作宣传之用；通告国内外信徒，特为此项运动祈祷。[29]

在协进会的统一筹划下，在华各教会都组织了类似的布道委员会，作为各地布道工作的指导管理机构，并通过关于推进布道的决议。如 1933 年 10 月，中华基督教会全国总会第三届常会在厦门举行时，对于布道工作则规定："总会事工委员会应特设布道股，以领导全国布道事工，并负指导各大会（协会）区会关于布道工作的相当计划，因地制宜，运用施行，以收事半功倍的效果；总会应增聘布道工作干事，以资专责；总会应派员到各大会或协会指导有计划的退修与奋兴会；大小规模的对外布道及有组的流动布道。"[30]再如 1934 年 2 月，四川美以美会华西大会在重庆集会时决定加快五年运动布道工作，决议规定："传道及平信徒应积极加紧布道工作；属会（小团契）为本会美会政策之基础，每个教堂均应切实举办；组织布道应注重信徒们自己之研究及向外布道；本会信徒多农民，应积规划实际有效之乡村布道；信徒家庭应一律实行家庭礼拜；广征青年予以发展机会准备承担布道工作。"[31]此类建议也在各地教会普遍实行，助推了布道热潮。

当时各教会的布道委员会一般由 10 人左右组成，主要任务是传教，除在县城总教堂主持每周一次的礼拜和其它一些宗教活动外，还须派出布道游行干事，在各布道所巡回领礼拜、讲经和发展教徒。如 1932 年，山东浸礼会将布道部改为布道委员会，由区联大会公推，中西限制取消，女布道工作一并收入，布道事工由此统一，完全由区联大会主持。[32]华北圣公会教区则设传道部，有主教，议会会计员，男圣品 2 人，女会吏或女诲道者一人，男女信徒各 2 人组成。[33]就布道的人员看，近代基督教入华后，无论是当时向社会传教还是组

---

29 《今后五年的布道计划》，《兴华》1929 年第 26 卷第 23 期，第 12 页。

30 中华基督教会全国总会：《中华基督教会全国总会第三届常会议录》，厦门，1933 年，第 2 页。

31 《美会华西大会关于五运事工之决议案》，《中华归主》1934 年第 146 期，第 18 页。

32 《山东中华基督教浸礼宗教会情况》，《真光杂志》1936 年第 33 卷第 8 号，第 53 页。

33 《中华圣公会华北教区宪法规例及附则附录》，北平，1934 年，第 8 页，上海市档案馆藏，U104-0-50-1。

织教徒的活动，初期都要靠一批职业的传教士来完成，但外籍教士数量有限，且语言不通，故着力培养本土助手。到了民国时期，随着各地神学校培养学生的增多，本土布道员逐渐构成布道骨干，数量相对较少的传教士转而退为指导地位。故在五年运动时期，在提倡教会自传的背景下，多数教会中的专职布道员与平信徒也都成为了布道的主力，此时期来华传教士的人数减少，其数量也低于本土布道员。如据 1935 年统计，美国南浸信会在华有传教士 143 名，中国布道员 1107 名；中华圣公会有传教士 569 名，中国布道员有 970 名。[34]在五年运动发动后，中国布道员发挥重要作用，与传教士合力推进扩大布道。

（二）个人布道工作

近代早期的中国教徒"在教会中，除了作礼拜，捐款，学习祈祷以外，就算尽了教友的本份。"[35]信徒之所以不肯做传道，也在于："他以为我不是当传道的，又没有牧师的本分，教会又没有请过我，怎可以传道呢？"[36]为培养教徒的自传意识，五年运动非常重视教徒的灵性修养，1929 年出席基督教协进会第七届大会的教会领袖一致认为："任何的进步必须基于基督徒本身灵性的复兴，而与会者皆有特殊的责任，藉有更勇敢的基督徒生活去传扬福音。"[37]美国著名布道家穆德在华演讲中也认为必须发动平信徒参与布道，"在平信徒的教会内，尤当给以一种解放，所以有此迫不及待之需要的。因为专靠少数的领袖，推广教会的事业，其力量究属有限。"[38]

基督教协进会发动五年运动，也看到单纯依靠传道人布道的弊端，范围太狭，效果不大，故强调平信徒有责任宣传福音，而非单是在教会挂名。同时，此时期随着民众受教育水平提高，基督教布道也面临着普通民众思想变化的新形式。"乡间一般青年，思想与前大不相同。无神思想甚是普遍，其中尤以高小及中学生中毒最深，而壮年人染金丹白丸之癖者甚多"[39]，故传统的庙会、

---

34 C.L.Boynton, C.D.Boynton (ed), *The Handbook of Christian Movement in China under Protestant Auspices*, Shanghai: Kwang Hsueh Publishing House, 1936, pp.4-86.

35 戴淑明：《我对于基督徒应任义务布道的几句话》，《金陵神学志》1932 年第 14 卷第 3 期，第 24 页。

36 倪必礼：《个人传道》，《真光》1940 年第 39 卷第 6 号，第 47 页。

37 E.C.Lobenstine, "Regional Retreat Conferences", *The China Christian Year Book*, Shanghai: Christian Literature Society, 1929, p.216.

38 穆德：《扩大布道的呼声》，中华全国基督教协进会，1929 年，第 29 页。

39 雷海峰：《华北教区教士退修会纪略》，《圣公会报》1930 年第 23 卷第 22 期，第 14 页。

集市布道的效果甚微，急需发动个人布道力量感化民众。故五年运动也希望所有平信徒都参与布道，每个信徒每年至少能引导一人皈依基督教。诚静怡也对五年运动充满憧憬，寄予厚望，"务求每一个堂会及每一位信徒，都能有贡献于这全国性的属灵复兴。"[40]中华基督教会全国总会在致各堂会公开信中对个人布道给予形象比喻："个人布道的方法，好比强国的征兵制，常备之外还有后备，一旦有事，动员令下，可以全国皆兵，向前杀敌致果。"[41]1933年5月，基督教协进会第九届大会举行时，灵修布道委员会对于个人布道还提出：本委员会深感欲有真正复兴的教会，必先由每个教友有奋兴的决志，不然布道工作就不能有最大的效果。为此，该委员会要求干事在旅行及赴各种区会议退修会时均尝竭力提倡基督徒个人灵修功夫。[42]五年运动除了呼吁平信徒参与个人布道外，对于宣教师也提出更高要求，希望他们少说多做，"不要光坐在办公处，告诉人应当布道及如何布道，或一味的劝勉别人为何当布道及如何布道"[43]，而是多应到下层去从事布道工作。

个人布道作为传教的有效方法，"亦有抱牺牲之精神，随时随地为主作证，获得不少之效果也。"[44]五年运动时期的个人布道，注意祈祷与退修，并训练信徒，通过实行个人证道然后再相机进行扩大之组织宣传，灵性修养、个人修养、个人奋兴、小组活动、退修会等皆是布道形式。协进会刊行关于个人布道之单行本，如《个人布道的研究》《对于个人布道事工的几个建议》及《个人布道》等书，各地教会均已采用，各书均再版三四次之多，足见其对个人布道之注意。教会人士还针对个人布道方法、步骤及注意事项进行详细说明，发表于基督教协进会主办的《中华归主》期刊上，以供教徒参考。当然教会注重个人布道也有改善教徒成分的考虑，当时城市或乡村教会礼拜堂信徒大多为下层民众，"教会单用个人布道方法，方能感动在社会中最有声望之人。"[45]1935年，

---

40 C.Y.Cheng, "An Interpretation of the Five-Year Movement in China", *International Review of Mission*, Vol.20, No.1, January 1931, p.177.

41 《本总会致堂会诸公的一封公开信》，《总会公报》1929年第1卷第10期，第293页。

42 《灵修布道委员会报告书》，《中华全国基督教协进会第九届大会报告》，上海，1933年，第38页。

43 《今日宣教师应有的态度》，《真光杂志》1931年第30卷第5号，第61页。

44 孙恩三：《五年运动之发轫与进程》，《中华基督教会年鉴》第12期，1934年，第3页。

45 罗聘三：《五运成功端赖个人布道》，《兴华周刊》1933年第30卷第4期，第5页。

因各地教会领袖对五年运动之翻倍数量目标表示此项规定似乎过于笼统，协进会决定此后每个基督徒，每年至少须引导一人皈依基督[46]，进一步推动个人布道工作。

　　五年运动时期，为推进对不同群体的布道，上海美华浸会书局还于1932年推出了《商人谈道录》《无神派谈道录》《军人谈道录》《女人辩道录》《和尚辩道录》《政客辩道录》《儒家辩道录》等系列丛书[47]，介绍不同的宣教福音之法，以方便信徒学习，从而有针对的布道。如救世军山西分会的刘锡霖曾在军人中布道，最初其劝导太谷的一陆军士兵信教，后逐渐在部队中推广，导致驻太谷的陆军部分连队士兵入教，并自行组织聚会。[48]1934年，基督教协进会第十届大会决定仍然推行五年运动时，还通过决议提倡："现有每一受餐信徒，在此后二年之内，最少能引导一人归主"[49]，实际上仍是在继续推行个人布道工作。由于基督徒毕竟不同于布道员，在布道时未接受专业的训练，因此中华基督教会全国总会还对个人布道提出了许多要求。如该会建议称："布道者在其可能的范围内有忠告，启导的职责，对受道者当行其辅助方面种种的努力。从反面言之，万不可超越可能的范围以外，希冀成功，而施以非耶稣所常用之正当方法。任何非正当方法，倘有一点成功，亦不过暂时之事也。"[50]

　　当时在华各教会成立许多个人布道团，布道的对象即个人，其布道的方法是每日对人谈道，引人到教堂听福音，送福音单张及刊物等等，其工作较有成效。具体个人布道方式而言，又分奋兴式、表证式、教育式三种，尤以表证式为平信徒广泛采用。"表证式的布道，是把个人灵性经验对个人或群众亲切说明，语语有力，深入人心。此法注重布道者的表证与受道者的决志，较奋兴布道更有力量。"[51]从教会的具体个案看，广东东石浸信会从1929年开始组织多个导人归主团，从事个人传道，并且举行祈祷团，每周三晚举行，专为导人

46　《教会生活与事工委员会致全国教会函》，《中华归主》1935年第161期，第14页。

47　广协书局编刊：《中华基督教文字索引》，1933年，上海，第69页。

48　《陆军方面工作》，《救世报》1932年第172号，第3版。

49　《中国基督教协进会五年运动之建议案》，《金声月刊》1935年第5期，第15页。

50　中华基督教会全国总会：《中华基督教会全国总会第四届总议会议录》，青岛，1937年，第160页。

51　中华基督教会全国总会编刊：《中华基督教会全国总会第四届总议会议录》，青岛，1937年，第160页。

信教，并为教会各事业祷告。[52]福州基督教会则在 1931 年 2 月 22 日至 28 日举行"个人布道运动周"，期间布道人员拜访信徒，各信徒在训练后再拜访友人进行布道。总题为基督徒与个人布道，22 日举行运动周礼拜，唱特别布道歌；23 日至 24 日，主任与职员拜访本堂信徒，并散发个人布道志愿单；25 日下午开公祷会，主任召开本堂立志作个人布道之信徒，同聚本堂作敬虔的祷告；26 日下午开训练会，地点在纪念堂；27 至 28 日，立志作个人布道之信徒，分头拜访友人，实行工作。[53]1932 年，中华基督教会广东第七区会举办了慕道会，各堂男女宣教人员，按月必须前往各信徒家庭，劝勉、慰问、祈祷或联同热心信徒往慕道友处，研经、歌诗，以坚他们的信心。每于圣餐前四天，会集全体男女信徒和道友，祈祷预备一切，并奋兴他们灵性。[54]福建金井堂会则在 1932 年设立逐一得人会，入会者共百余人，设有总会分会，合共九个团体，各会均有执行部；该会印就志愿词，分给会员签认，此外印制一份备忘录，其中有两项记述：对人谈道记录，内分日期、与何人谈道、谈何道、该人态度如何等；引人到室礼拜记录，内分日期、引何人到堂礼拜、该人听道后态度如何、有何疑问等。[55]福建圣公会 1932 年也发起"一得一"运动，呼吁教会牧师、职员、教友等争取每人引一人信教，当年参加该运动教会人员达到 416 人，最终引得信徒 191 人。[56]上海教会则将 1932 年 5 月 1 日至 15 日定为个人布道扩大运动时期，呼吁男女信徒参加，因之信教者甚多。中华基督教会关东大会在制定五年运动方法时，则强调个人布道还应联成团体，可以事半功倍，"因作个人布道的人，彼此联络，或一个团体，可得着互相的帮助。"[57]值得注意的是，宋尚节、王明道等本土布道家在此时期还在各地主领奋兴布道，虽然不属于五年运动的范畴，但也同样推动了教会布道工作。

各教会还对信徒的个人布道做出了具体要求。如河南开封中华圣公会三一座堂为鼓励信徒配合五年运动布道，编写了《五运决志书》，内称："我对

52 《捷足先登之广州东石浸信会》，《中华归主》1934 年第 144 期，第 13 页。
53 《福州之个人布道运动》，《总会公报》1931 年第 3 卷第 5 期，第 742 页。
54 《广东第七区会一年来的布道经过》，《总会公报》1932 年第 4 卷第 3 期，第 1074 页。
55 黄葆真：《金井堂会五运进行概况》，《总会公报》1932 年第 4 卷第 4 期，第 1132 页。
56 徐炳三：《福建圣公会与"五年布道奋进运动"》，《宗教学研究》2005 年第 3 期，第 180 页。
57 《关东大会之"五运"进程》，《总会公报》1930 年第 2 卷第 3 期，第 391 页。

于这五年运动，决志努力工作，并尽心力行下列各事，以尽基督徒天职：每日必读经，祈祷，自省；每主日必到堂礼拜；实行家庭归主工作；常领戚友来堂参观礼拜；尽力乐捐。"[58]中华基督教会广东协会则要求信徒协助各堂布道工作，探望有病信徒，探问冷淡信徒，请其亲近教会；带人赴礼拜堂叙集，自己勤到圣堂赴会；做个人布道工作，以引人信教为己任。[59]广东协会的第四区会还规定："凡属信徒，每晚七时须专心五运祈祷；凡信徒，每日均须适机宣传主道；凡属信徒言行动作均须持重谨慎，期成基督化，使人因而景仰基督教，起信皈依。"[60]山东教会曾在信徒中散发五年加倍运动志愿证，要求教徒不论对于亲戚，邻舍人家，在五年之内，至少要领一人信主，更要为此恒切祈祷。[61]天津伦敦会的个人布道则注重个人的生活与所谈论的宗教相符合，"并随意摘取圣经文或富于宗教经验之人生的写真等作品，以供给其需要，务在理智与情感两方面使人感觉满足。至人发生信仰后，再依照入教程序进行。"[62]北平远东宣教会提倡个人布道的办法则是：若在聚会时，当讲道完了，无论传道人或信徒总是在讲堂或客厅，做个人的布道。该会谈到效果时说："多少时候用讲台上的讲道不能打动人心，然而做个人布道时，一切的问题皆得容易的解决。个人布道，无论任何人都能会做。一般平信徒或者不能站在讲台上讲一篇道理，若有他明确的属灵经验，却能做个人布道。"[63]华北救世军个人布道则规定军官每日作 3 小时拜访，工作分两种，一为到望道人家中作短时的谈道、读经、祈祷；二是到非信徒家中作个人布道，约请被访之家，来堂听道，往访非基督徒及看护病人等。[64]

58 《开封中华圣公会三一座堂五运决志书》，《中华归主》1930 年第 106 期，第 19 页。

59 中华基督教会全国总会：《中华基督教会全国总会第二届常会纪念册》，广州，1930 年，第 133-134 页。

60 刘安国：《广东第四区会成立五运促进部》，《中华归主》1931 年第 3 卷第 2 期，第 656 页。

61 《山东五年加倍运动志愿证》，《总会公报》1930 年第 2 卷第 3 期，第 379 页。

62 中华基督教会全国总会：《中华基督教会全国总会第四届总议会议录》，青岛，1937 年，第 78 页。

63 周维同：《远东宣教会的布道法如何（二）》，《暗中之光》1934 年第 5 卷第 3 期，第 6 页。

64 袁永晟：《救世军华北区域工作概况》，《中华基督教会年鉴》第 9 期，中华全国基督教协进会，1927 年，第 164 页；《救世军在华成立》，《救世报》1933 年第 179 号，第 8 版。

从当时个人布道相关工作人数的规模看，也相当可观。如华北美以会京兆教区 1933-1934 年同工拜访信徒 1580 次，个人谈道 1372 次。[65]因面对的布道对象不同，时教会也因人而宜，制定了不同的布道方法。如华北伦敦会对于思想智识简单的人，少讲理论，不识字的人更是如此，"多注重耶稣基督之热烈情感或藉快字或千字课引其得到读圣经的兴趣。其余各种方法皆随机应变，以期达到使人信仰耶稣，作其忠诚信徒为目的。"[66]此外，在教会学校中也有个人布道工作，如天津中西女学曾发起"个人归主的小团体运动"，鼓励学生劝人信道。具体到个人布道成绩而言，基督教协进会干事孙恩三在五年运动初期调查的 16 个省 57 间教会中，参与个人布道和因之而加入教会的人亦为数不少。而在问卷内公开布道一项，"填上听道人甚多之教会，占总数 67%。这些听众一般于会后留下名字和购买圣经书刊，而其中填问卷表示乐意听道者占总数百分之 57%，一般而言，这类布道的反应是不俗的。"[67]

在五年运动中，还有艾迪（Sherwood Eddy）、龚斯德（E.Stanley Jones）、贺川丰彦（Toyohiko Kagawa）等著名的国外布道家来华布道。如 1931 年 9 月至 1932 年 1 月，基督教青年会邀美国布道家艾迪在华进行巡回布道，布道对象仍以青年人为主，颇有成效。艾迪"在 21 个城市举行布道聚会 300 次，与会人数超过 70 万，决志及慕道者 8373 人次，演讲期间售出其著作超过 10 万册。"[68]1934 年 9 月至翌年初，艾迪再次来华布道，演讲内容为中国及世界危机、个人及社会罪恶、上帝与基督、宗教修养等，带动许多青年听众信道。然而当时有王明道等本土布道家批评艾迪并不是传福音，而只是在演讲迎合听众心理的论调。他们认为艾迪演讲取得的引人入教，"不过使教会中更多增加一些不信基督的基督徒，使教会更加世俗化得快一些罢了。"[69]1931 年 1 月，日本著名奋兴布道家贺川丰彦应邀来上海讲演，主题涉有"福音和社会秩序""十字架和社会""城市问题"等，宣传其基督教社会主义思潮，在

---

65 华北美以美会：《华北美以美会四十二次年议会议录》，天津，1934 年，第 379 页。

66 中华基督教会全国总会：《中华基督教会全国总会第四届总议会议录》，青岛，1937 年，第 78 页。

67 孙恩三：《五年运动之发轫与进程》，《中华基督教会年鉴》第 11 期，1931 年，（肆）第 3 页。

68 Fu Liang Chang, "Progress of the Five Year Movement", *The Chinese Recorder*, July 1933, p.431.

69 《艾迪博士是传福音的么》，《灵食季刊》1934 年第 32 册，第 68 页。

中国教会内部引起强烈反响。[70]贺川丰彦还曾到齐鲁大学及山东潍县等地讲道，宣扬社会福音。印度著名布道家龚斯德 1932 年应协进会邀请来华，在沈阳、北平、济南、汉口等城市布道，主要是与教会领袖讲演布道方法，与普通青年学生进行布道演讲，"4 个月之久，游行 12 城市，决志者 3021 人，得着复兴的人亦多。"[71]龚斯德来华布道后亦发表谈话，谓："当兹机会犹在，教会宜善利用之，否则其他主将乘机深植，而教会将蒙不利。"[72]外国布道家的来华布道，也带动了中国教会的复苏，振兴了信徒低沉的情绪，推动了他们参与布道。

　　与个人布道相关的工作，还有对基督徒情况的调查。鉴于当时全国各教会自 1922 年中华续行委办会调查特委会推出的《中华归主》一书对信徒进行统计后，再无统一的相关调查，故协进会要求各教会进行信徒调查工作。如华北公理会要求调查信徒的方面有：各会堂名册从新登记信徒确数；信徒家庭调查涉及职业，识字，不识字信徒，非信徒，有无家庭礼拜，教会供献；个人调查则涉及职业，捐款，守礼拜，信主年限等内容。[73]为了保证教会的纯洁，各教会还加强了对基督徒的约束与管理。当时新申请入教的人，按规定需经过记名、立约、受洗才能成为正式教徒。如济南中华基督教会成立稽查委办，凡入会者，必先考察品行如何，实行学习会员不到会者，可除名。[74]美国北长老会顺德区会也规定收新基督徒须明白本会信条；须知耶稣一生历史；40 岁以下，须识字，能读圣经；须至少领 1 人学道；须有保证人；须在 3 个月前报名张贴堂壁，以备调查品格。[75]华北伦敦会则为慕道者预备了两种课程，全用简易经文，把耶稣一生事迹说明，帮助他们详细了解。而且同时考查他们的品行，如果合适，就给他们施洗，由记名至领洗时期至少一年。[76]当时各教会根据规章要求，对于教徒中的鱼目混珠者，违反教会规条者，则坚决辞退。如美国美以

70 Ids Belle Lewis, "Kagawa: Prophet of Radiant Abandon", *The Chinese Recorder*, March 1931, pp.180-181.

71 崔宪详：《布道》，《中华基督教会年鉴》第 12 期，1934 年，第 48 页。

72 《五年运动报告书》，《中华全国基督教协进会第十届大会报告》，上海，1935 年，第 50 页。

73 《华北公理会筹备五运》，《中华归主》1930 年第 105 期，第 14 页。

74 诲：《济南东关中华基督教勉励会典章》，《通问报》1925 年第 26 号，第 6-7 页。

75 《顺德区之聚集》，《总会公报》1930 年第 2 卷第 4-5 合期，第 469 页。

76 中华基督教会全国总会：《中华基督教会全国总会第三届常会议会录》，厦门，1933 年，第 108 页。

美会曾规定信徒存在不道德及犯法行为，反对教会，不遵守教会纲例及规章等，将被教区主理审判，而教会司法议会为最高审判机关，重则开除出教会，或交由政府部门审判。[77]各教会通过对信徒的重新调查及约束，对了解信徒的数量及现状，加强信徒管理，促进布道工作的开展都非常有利。

在此需要提及的是，1930 年蒋介石加入基督教对教会的影响。蒋介石在宗教层面上与传教士的密切联系，与 1927 年蒋宋联姻及其 1930 年受洗入教有关。1927 年 12 月 1 日，蒋介石与信奉基督教的宋美龄成婚，因宋母要求其研究基督教义，并且诵习《圣经》[78]，蒋氏对基督教兴趣大增。经过数年对基督教的学习后，1930 年 10 月 23 日，蒋介石在上海正式受洗入教，著名基督徒江长川为蒋氏受洗。[79]蒋介石的受洗事件，在当时来华传教士及中国基督徒内部产生了广泛的争论。尽管有部分人质疑其入教的动机，但多数人认为这将会为基督教发展提供机会。英国的《浸礼会平信徒》杂志更对蒋氏入教之举给予高度评价称："在此动乱的年代，这将会在中国教会历史书写伟大的篇章，预示着属于基督教的时代终会到来，这也是五年奋进布道运动的成果。"[80]中国的基督徒也对蒋介石入教抱有热切希望，如山东的基督徒郭中一撰文指出："我们很希望他能继续努力实现基督徒的生活，不始劝终意，不丧气灰心，在可能而合理的范围内，辅助教会的不及，指正教会的错谬，对党对国更有新鲜永久的贡献。"[81]但蒋氏加入基督教也受到社会舆论质疑，如烟台的《芝罘日报》曾称："独是以科学时代之现在，全国之打倒教会口号，高唱入云，而国府主席，竟身入其中，于人民之趋向上，不无关系耳。"[82]但也有报刊认为不必对此举大惊小怪，称蒋氏受洗："也不过和迷信朋友的皈依三宝，或是过继给天后圣母关帝老爷做儿子，同样的一回事吗？"[83]

（三）群体性布道的开展

五年运动发动后，基督教协进会除了号召信徒引领非教徒信教，大力提倡

77 胡保罗等编：《美以美会教会纲例》，美以美会书报部，1935 年，第 156 页。

78 宋美龄：《蒋夫人言论集》，国民出版社，1939 年，第 426 页。

79 "General Chiang Kai-shek Baptized", *The Chinese Recorder*, December 1930, p.803.

80 "China's President A Christian", The Baptist Layman, No.103, January-March, 1931, p.21. *Church Missionary Society Archive*, Section I, East Asia Missions, Part 18, Adam Matthew Publications, 2001, Reel 383.

81 郭中一：《蒋主席加入教会之后》，《鲁铎》1931 年第 3 卷第 1 号，第 15 页。

82 《一段关于蒋主席受洗的怪评》，《真光杂志》1932 年第 31 卷第 10 号，第 83 页。

83 《蒋主席受洗，何必大惊小怪》，《硬的评论》1930 年第 1 卷第 7 期，第 109 页。

个人布道外，在布道方式上已突破传统的巡回布道，而是采取文字布道、新春布道、联合布道、组织布道团等多形式的群体布道，共同推进了教会振兴。

1. 文字广播布道

文字布道自近代基督教入华之始，即为教会所重视，曾在华出版有大量教会报刊及书籍，以促进教义传播。当时教会内部也认为："信道由传道而来，传道不仅专凭口舌，尤须文字鼓吹。文字宣传功效卓著，种类虽多，尤当注意圣经之解释与分散。"[84]因五年运动极力推行扩大布道、基督化家庭运动等事工，需要印刷大量相关材料，故文字工作的地位极其重要。五年运动之初，协进会即十分重视文字事工，还编印《五年运动的浅近说明》《受托主义》《五年运动与基督化家庭》等数十种小册子，其中尤以基督化家庭、布道两类书籍居多，配合布道工作的开展。如据诚静怡 1931 年报告称："基督化家庭相关册子已售出或散发 91000 册，在 23 个省的 215 个城市传播。"[85]到 1934 年，"与家庭有关的书刊单张，销售量便超过 30 万册，其中超过四分之三是在教会中售出。"[86]基督福音册子及单张销量同样可观。1934 年，基督教协进会举办布道周时，加拿大差会文字部曾要求翻印协进会福音单张，"在华西派发 25 万份，而上海一地则售出 26 万张。"[87]基督教协进会布道委员会每年还印行布道单张，特别注重文字宣传。如 1935 年布道单张主题为"耶稣"，分题如下：青年的耶稣、成人的耶稣、爱国的耶稣、四海皆邻的耶稣、探讨真理的耶稣、表明真理的耶稣、仁爱为友的耶稣及普世救主的耶稣。以上各题由国内各区著名教会领袖负责撰文，自 1933 年至 1935 年 3 月底止，销售的布道单张达 151.876 万份。[88]因祈祷在布道工作上所居之地位极为重要，教会除在《中华归主》月刊及各种印刷品上特别提倡外，并于每期月刊篇首登载祷文一篇，以利提倡。[89]鉴于当时各教会印刷五运宣传品甚多，也有教会人士提出五运宣传品不能注重数量，务必要重视编写质量，内容要适合普通民众需要，使民众

---

84 中华全国基督教协进会：《华东教会五年运动计划》，上海，1929 年，第 3 页。

85 C.Y.Cheng, "An Interpretation of the Five-Year Movement in China", *International Review of Mission*, 1931, p.185.

86 Fu Liang Chang, "Progress of the Five Year Movement", *The Chinese Recorder*, July 1933, p.432.

87 "Five Year Movement", *The Bulletin of National Christian Council*, No 51, p.9.

88 《五年运动报告书》，《中华全国基督教协进会第十届大会报告》，上海，1935 年，第 49 页。

89 *The Eighth Meeting of the National Christian Council of China*, Hangchow, April 10-17, 1931, p.75.

容易阅读理解，并批评某些宣传品"往往等于时髦的文章，是一种娱人悦目的论调，并不关救世的大道。"[90]

五年运动时期，也是中国基督教文字工作高速发展时期，当时就教会文字布道工作看，多通过撰著宗教论说、编辑宗教书报、创作宗教诗歌、印刷宗教劝世文、廉价发售圣经等多种形式[91]，以配合运动的开展。如天津基督教联合会注重宣传工作，1934 年除讲坛宣道及监狱传道外，更注重文字宣传福音，每日于《大公报》封面，登载文稿一篇，并有革心篇、重生篇、悔改篇、布道篇等刊物七八种，装订成册。[92]福建圣公会则还创造出一种名曰"福音连锁"的布道方法，即用生动的语言在纸条上写上劝人信教的内容，照录 7 份发给 7 个人，再要求这 7 个人每人再照录 7 份，每人再发给 7 人，顺次传承。这种方法文字简单，且富有刺激性，推广的很快。[93]各教会除了使用协进会编纂的著作外，内部也编有相应的书籍，供教徒使用。如山西汾州公理会编有《主日学初级儿童科》《劳工的耶稣》《对于五运的建议》《五运唱歌集》《教友光》等书籍。[94]此外，当时教会还设有宗教图书馆，供信徒学习之用。如 1935 年，济宁税务街福音堂设立福音图书馆，收藏福音书籍，报章二百余种，"翻来阅览书报者，必敬之以茶水，殷勤招待，以期引人归主。"[95]大量基督教册子的印行，也增强了教徒的自觉意识，对扩大基督教的传播大有益处。

除了印刷文字外，协进会为增强信徒兴趣，还印发了《基督化家庭图》《受托主义广告图》《求主奋兴教会乡村图》《五运祈祷图》《农人祈祷图》《儿童晚祷图》等图表，以利于五运的传播。[96]更有华北公理会、中华圣公会、中华基督教会、美以美会等六大公会组织专门人员，历时五年于 1936 年共同编纂出版了大型圣诗集《普天颂赞》，分线谱本、文字版本、数字版本共 3 种版本，共搜集 514 首圣诗，其中大部分为由西方翻译的诗歌，但有 62 首为中文原创

---

90 陈金镛：《五运宣传品的质与量》，《出版界》1930 年第 13 卷第 1 期，第 1 页。

91 林佳声：《五年布道运动对外计划（续)》，《兴华》1930 年第 27 卷第 31 期，第 10 页。

92 《天津联合会注重文字布道》，《通问报》1935 年第 2 号，第 8 页。

93 徐炳三：《福建圣公会与"五年布道奋进运动"》，《宗教学研究》2005 年第 3 期，第 180 页。

94 林佳声：《五年布道运动对外计划（续)》，《兴华》1930 年第 27 卷第 31 期，第 9-11 页。

95 《济宁税务街福音堂概况》，《通问报》1935 第 42 号，第 14 页。

96 广协书局编发：《中华基督教文字索引》，1933 年，上海，第 148 页。

圣诗，此书初版 11 万余册，后又多次再版，发行全国各教会。[97]五年运动的一大不可忽视贡献，即为出版大量书刊，增进信徒的识字与灵修能力，使信徒和领袖都同受其益。基督教协进会 1935 年第十届大会对此曾称："过去数年中购买及采用圣经及其他教会刊物者数目激增。刊物业经证明一最好之工具，以促进基督徒之工作，以激动宗教之热情，故于五年运动除其他基督教发行所，备有材料外，协进会更行有将近一百之小册，布道单张及标语等等……协进会独自发行的五运材料者计达 2972 余万面。"[98]然而，五年运动时期出版的基督教书刊内容上"多是偏重于对内的，基督徒方面的，令非基督徒阅之，每致感觉茫然无头绪，兴味索然"[99]，故在非基督徒中影响不大。

五年运动中，在各类布道的推动下，也是民国时期中国圣经销售量最多时期。根据 1935 年基督教协进会的调查报告中指出：有 82% 的教会称买《圣经》及用《圣经》之人数有稳定增加，称无增加者仅 16%。其中新旧约全书销售数在国内逐年增加，其中 1930 年为 43593 本，1931 年为 61190 本，1932 年为 63224 本，1933 年为 63921 本，1934 年为 74841 本，5 年期间增长近 3 万余本。当时各教会信徒中未有《圣经》者占 16%。[100]到 1935 年，三大圣经会统计售出《圣经》总数 928 万 4562 本，其中有 83389 本为新旧约全书，为历年最高。1936 年售出《圣经》902 万 5991 本，其中新旧约全书售出 76740 本。[101]另据基督教协进会 1934 年底调查，对于信徒买《圣经》，应用《圣经》及各项教会刊物有无退步问题，357 堂报告有进步，70 堂报告无进步；置有《圣经》之教友问题，计 195 堂报告一半以下有《圣经》，270 堂报告一半以上有《圣经》；设法使每个信徒购置《圣经》问题，316 堂报告有设法，67 堂报告无法。[102]由此可见当时教友购买并使用《圣经》的热潮。

---

97 中华基督教会等六公会编：《普天颂赞》，上海广学会，1936 年，序言：第 1-4 页；Earle H.Ballou, *Dangerous Opportunity: The Christian Mission in China Today*, New York: Friendship Press, 1940, pp.110-111.

98 《五年运动报告书》，《中华全国基督教协进会第十届大会报告》，上海，1935 年，第 48 页。

99 单伦理：《五运进程中的基督教宣传问题》，《真光杂志》1932 年第 31 卷第 2 号，第 18 页。

100 《五年运动报告书》，《中华全国基督教协进会第十届大会报告》，上海，1935 年，第 49 页。

101 《圣经会报告》，《中华全国基督教协进会第十届大会报告》，上海，1937 年，第 82 页。

102 《五年运动工作调查结果》，《中华归主》1935 年第 152 期，第 16 页。

五年运动时期，在华教会内部还出现了圣经公会的组织，专门售卖圣经。1932 年 7 月，英国圣书公会、美华圣经会、苏格兰圣经会等在华三大圣经会开会决定组成中华圣经公会，后又在各地相继成立圣经公会分会。该会以联合其他各国基督教圣经公会共同推销圣经为宗旨，活动有鼓励信徒每日研读圣经，注重救世工作；资助译印圣经事工；协助售书人推销经本并指导其售书方法等。[103]如中华圣经公会北平分会捐助圣经赠给穷人，每日于当地日报登载经句，章节，还有借无线电台，广播福音。1933 年 12 月，北平分会售书员刘顺和沿津浦线赴济南作长途售书，"往返五个月之久，徒步跋涉，经过城镇 170 余处，徒步 2900 余里，售出单本福音 19200 余册，全部圣经 50 余部。"[104]与此同时，三大圣经会仍在活动，如当时美华圣经会在华北、华中、华西、华南多地也相继成立分会，有许多男女信徒加入为会员，售卖圣经。1935 年时，该会在华西售出《旧约全书》1022 部，《新约全书》1481 部，单行本福音书 64 万 9727 本。[105]从圣经销售数量看，中华圣经会的数额也是逐年递增，如以华北区为例来看，1934 年时售出各类圣经、布道册子 456554 份，到 1936 年增加到 642137 份。[106]

由于当时乡民文化水平较低，对布道员散发的宗教册子真正理解者甚少，而且很多的宗教宣传品晦涩难懂，更多的单子会被民众用作废纸处理，对知识分子而言，"惜其新旧约与他宣传品译文不能达意，故为上流人士所鄙视，终不能行其志耳。"[107]当地民众对于售经员的售买宗教册子的活动也并不支持，甚至对外来基督教有敌视态度。如曾有山东的售经员记述自己的遭遇，曾有村民告诉他说："你离开这里走吧，我们这里在早时没有在外国教的，自从你常来卖书，叫他们看得都痴了。"[108]此外，1931 年 2 月，中华万国读经会在上海成立，专门提倡信徒读经，每年译刊逐日读经表一本，每季出版逐日的经课要旨供会员学习，到 1936 年已发展到会员 1.8 万余人。[109]

五年运动时期，在华圣经会组织还经常向社会各界提供《圣经》。如圣经

---

103 《济南中华圣经公会章程》，《圣经公会报》1935 年第 10 期，第 17 页。

104 《北平分会要闻》，《圣经公会报》1934 年第 7 期，第 19 页。

105 《六十年来的美华圣经会事业的检讨》，《出版界》1936 年第 72 期，第 9 页。

106 China Agency，1936,上海市档案馆藏，档案号：U125-0-5。

107 牛占城等修：《茌平县志》，1935 年铅印本，卷四：教育志，第 70 页。

108 万承绪：《传道售经的奇遇》，《兴华》1936 年第 33 卷第 29 期，第 25 页。

109 陆思诚：《中华万国读经会》，《中华基督教会年鉴》第 13 期，中华全国基督教协进会，1936 年，第 131 页。

会得英国某君之助，特备许多新约《圣经》，分赠各医院使许多肉体感病者亦能得精神上之安慰。1931 年长江水灾时，圣经会还准备大量单本福音书赠与灾民，并备《圣经》赠予受灾信徒之家庭。1932 年上海"一·二八事变"后，亦有灾民由圣经会供给以单本福音，另还赠送各孤儿院《圣经》使用。1933 年初，山海关抗战时，圣经会亦特备新约全书赠送军界。[110]

当时部分教会还设有售书处及售经员，到各地出售宗教书籍，推动了福音的传播。如北平远东宣教会 1932 年在北平成立，到 1935 年时，"三年来散送福音单 8 万余篇，赠售福音书 4 千余本。"[111]在山西地区，1935 年，"太谷公理会布道东区售经员共走过 5 县 200 余村，到数十家中讲道，共卖出小本福音书 3180 本，新旧合约 22 部，各样单张不计其数。结果记名学道者 6 位，注意谈道者五六十人。"[112]天津青年会也于 1935 年 12 月 21 日至 1933 年 1 月 20 日举行了推行《圣经》运动，由男女青年会及各教会共 16 个单位参加，举行了演讲会以广为宣传，结果共售出 2986 本《圣经》，超额完成任务。[113]由于中国乡村区域广阔，正是靠售经员长年的旅行布道售经，才扩大了基督教的传播区域。

在此时期，随着无线广播的推广，各教会还发起广播福音。福音广播每日节目内容有英文宗教讲道、国语读经、圣经研究、人格训练、儿童故事、传记、医学卫生、布道、晨祷及晚祷，便于扩大训练中国牧师。如 1930 年，华北公理会在潞河中学设有广播站，收听范围 120 里，有助于布道工作，该会传教士更是指出："这预示着我们广播福音和圣乐的那一天将会到来。"[114]天津青年会也利用电台布道，于每周日晚 9 时宣讲主道，介绍基督教给一般听户，讲员有 4 位牧师轮流主讲，时间以 1 小时为限，秩序有唱诗、祈祷、读经及讲道。[115]1934 年，上海也成立福音广播社，进行无线电布道，北至河北、察哈尔，

---

110 力宣德：《圣经会在华的概况》，《中华基督教会年鉴》第 12 期，1934 年，第 169 页。

111 耿子华：《北平远东宣教会中华圣洁教会三周年纪念会志略》，《通问报》1935 年第 50 号，第 11 页。

112 冯玉显：《1935 年售经布道概况》，《谷声季刊》1935 年第 41 期，第 25 页。

113 天津基督教青年会：《天津基督教青年会事工报告》，天津，1936 年，第 2 页，上海市档案馆藏，档案号：U120-0-256-69。

114 "This Is Station Lu HO", *The Missionary Herald*, February 1931, p.85.

115 天津基督教青年会《天津基督教青年会事工报告（1934 年）》，天津，1934 年，第 28 页，上海市档案馆藏，档案号：U120-0-256-1。

南至广东、广西都能收听到其广播。[116]1935 年，李观森在北平开办华北福音广播社，由华北教会领袖主讲，每日广播宗教和教育节目，并用会员费和信徒捐助以资维持。然而由于政府限制该社不能使用更大的发送器，故广播社只能在周日晚上播送福音节目。[117]美国北长老会在上海的总办事处则利用西教士自装之无线电播音机，"将各项有用消息传播于其属下之乡间远处教会，俾能随时增益其智识。"[118]中华基督教会河南协会也开展空中布道，如 1937 年利用 17 架无线电收音机，于每分区设置一架，在乡间进行布道，听者甚众。基督徒可借此收听天津青年会、上海福音广播电台、汉口电台每周日的宗教演讲，不但信徒自觉新颖，外人也愿听此讲道。河南彭城教会利用此机会在 1937 年正月的两个礼拜布道，总计男女听道不下数千人。[119]福音广播也利于扩大布道的传播范围，当时有听众表示"他们虽不能离开家中，但由于福音他们已经寻获了基督教的喜乐与团契。"[120]

2. 新春布道

教会在每年旧历新年第一周都举行新春布道，利用这段时间，将基督福音用各种方法向一般人宣讲，还有些城市教会的信徒，组织小布道团，在城市中心地点布道。新春布道时，也将宣传福音的出版品分发一般民众。新春布道所用单张，大都为协进会、圣教书会、广学会等教会出版机关所供给。如 1933 年，基督教协进会根据已往经验，深觉乡民和一般知识程度较低的人需要浅白的布道刊物，所以该会就出版两种单张，"每套 7 张，一为城市民众，一位乡村民众。题旨就是中国新年的联语，先后散布 17.29 万份，比去年增加一倍。"[121]每年的布道材料也设定总题，如 1932 年新春布道宣传品以"高举基督"为总题，各主题涉及基督教与个人、基督与青年、基督与家庭、基督与社会、基督与贫民、基督与中国的灾难及基督教为人类之救星等，在各教会散发。再如 1935 年，新春布道印行的单张总题为"耶稣基督"，每套 8 种；1936 年单张总题则为"耶稣的使命"，每套 4 种，两年来散布单

---

116 赵锡恩：《福音广播社之小史》，《中华基督教会年鉴》第 13 期，1936 年，第 103 页。

117 "Christian Broadcasting In Peiping", *The Chinese Recorder*, June 1936, p.382.

118 《无线电播音普及乡村教会》，《兴华周刊》1935 年第 32 卷第 20 期，第 26 页。

119 《中华基督教会全国总会第四届总议会议录》，青岛，1937 年，第 102 页。

120 魏礼模：《今日中国的布道工作》，《真理与生命》1938 年第 11 卷第 7 期，第 447 页。

121 崔宪详：《布道》，《中华基督教会年鉴》第 12 期，1934 年，第 47 页。

张 5933 套。[122]新春布道因时间集中，计划得当，也收效颇大。当时协进会也提到五年运动时期，新春布道"平信徒之参加者，平均约占 20%，其结果亦属甚好。"[123]

　　在教会新春布道的具体活动上，浙江梅溪监理会于 1931 年 2 月 22 日至 27 日举行新春布道工作，先期张贴各色广告标语，每日上午在堂前分售单本福音并露天布道，下午祈祷会，晚间 7 时起整队出发导引，然后在礼拜堂唱诗开会。此次布道期间，每晚听众 200 余人，此次听道者总有千人之上，最终入教者不下十余人。[124]湖北汉口教会 1932 年农历新年举行新春布道一周，特请 5 个区布道会协助，同日开堂 5 处，演讲 70 余次，记名学道班 90 人，因布道所得之效果，受洗入教者 176 人。[125]陕西公理会的榆林教会，因偏处陕北，民众对于传统旧俗均未脱掉，而封建迷信更盛，因此榆林教会于 1933 年春节组织新春布道运动，"宣扬盛教，以启民众迷信之愚。"[126]再如 1935 年 2 月 8 日起，河南彭城中华基督教会也举行新春布道一周，布道所用的工具为协进会的新春布道单张，其中有图的最受欢迎。布道员进行游行布道，每日要走五六个村庄，在一周内走过 41 个村庄，并注重开荒布道，所去的多数村庄没有信徒。总计听见福音的人约有 6610 余人，共贴散布道单子 1500 余张，福音书也售去 100 余木。此次布道的工作人员计有 47 名之多，每日工作人员至少 10 人，至多 20 人。[127]1936 年，天津教会也联合组织新春布道，提醒乡民去掉迷信，并宣讲救世福音。该会在正月初六到二十日，举行家庭联祷会并往各村布道，每日往各信徒家聚会，请四邻人听道，人数很多，往各村布道，分送各种道理篇子，每天听道人数 100 多位。布道员每晚还在信徒家查经讲道，轮流述说自己入教经过及心得。[128]该会布道时，女布道员专作逐家布道，男团员则担任布道及以上诸问题演讲，每晚还开全城归主布道运动大会，宣扬破除迷信及

---

122 鲍哲庆：《布道》，《中华基督教会年鉴》第 13 期，1936 年，第 67 页。

123 孙恩三：《五年运动之发轫与进程》，《中华基督教会年鉴》第 12 期，1934 年，第 3 页。

124 《浙江梅溪新春布道消息》，《中华归主》1931 年第 115 期，第 18 页。

125 《汉口区会五运报告》，《中华归主》1932 年第 128 期，第 61 页。

126 《陕西榆林教会新春布道》，《华北公理会月刊》1933 年第 2 期，第 28 页。

127 王志士：《彭城中华基督教会新正布道记述》，《中华归主》1935 年第 155 期，第 20 页。

128 张郁文：《天津五处联合布道大会》，《兴华周刊》1936 年第 33 卷第 15 期，第 30- 31 页。

基督福音与国难关系。各教会在新春布道除了传播教义外，还宣讲公共及家庭卫生、平民教育、乡村自治等知识，以提高听众兴趣。

因布道时间较短，新春布道还注意善后工作，实行会后劝道，"每一次会毕休息或散会的时光，不论五分钟，十分钟，或一刻钟，或一点钟都好，就在这个时间设法作个人劝道功夫。"[129]同时，为了保持效果，教会对"凡与宗教和教会特别有兴趣的人，用个人的情感和交际，竭力去联络他们，和他们接近"[130]，并邀请他们参加礼拜，或为他们组织查经班。如1930年，广州基督教联会举行春令布道，要求所属各堂成立春令布道委员会组织实行，于是年2月3日至7日布道五天，讲题每天分别为神、人、罪、救、信。该会特别注重善后工作，各堂每布道会如有签名查道或决志入会者，在布道会结束后，每周会为他们举行一次或两次查经课；此后探访工作仍不可缺少，每周或半月探望一次是必要之任务。[131]除新春布道外，各教会特别利用其他节期积极举行布道运动，如耶稣受难节、复活节、圣灵降临节及圣诞节等，同时于协进会月刊《中华归主》上极力提倡，并刊印各种布道之文字。

3. 联合布道与布道大会

五年运动时期，各教会合一趋势加强，还打破宗派限制，共同举行联合布道。因五年运动之前，各教派门户之见颇深，都各自在本会举行布道，不同教会之间甚少联系，"不请他公会有能力的牧师和传道到自己的公会领聚会，或自己公会中有能力的传道，亦不到他公会去领会。"[132]为此，五年运动中也积极倡导教会打破门派之见，联合布道。1932年灵修与布道委员会曾决议："建议全国各地教会，请于每年之中，至少须有2次联合大布道运动，冀取事半功倍之效。"[133]

联合布道系同一城市之各教堂，同时在本堂举行布道，使行人无论经过何处，均有听道之机，在各地时有举行。如上海教会曾于春秋两季联合举行布道，每次有数万人听道，记名慕道者亦属甚多。1933年3月19日，"成都之美道会、圣公会及美以美会、公谊会等联合举行布道一月，听者达2.2万余人，散

---

129 崔宪详：《对于民国二十一年新春布道的建议》，《中华归主》1932年第122期，第5页。

130 崔宪详：《再谈新春布道》，《中华归主》1932年第123期，第6页。

131 《广州基督教联会举行春令布道会》，《中华归主》1930年第105期，第15页。

132 蒋时叙：《中国教会急需合一》，《兴华周刊》1932年第29卷第40期，第6页。

133 《为建议全国教会举行联合大布道通告》，《中华归主》1932年第122期，第9页。

劝世文两万余张，此亦可名之为合作布道。"[134]1932 年，河北邢台内地、长老两宗派首次联合举行奋兴会，翌年夏又举行联合退修会，促进教会合作。1934 年，山西太原的浸礼会、友爱会、内地会等基督教会也举行联合布道，各会讲员，皆俱热忱，更有救世军之鼓号，临街招人，座为之满。"太原东浦村之烟民照片，罗列门首，观者如堵；友爱会之图画，悬挂满堂；青年会之标语，各处张贴。"[135]联合布道的举行，利于各教会打破门派之别，最大限度宣传福音。

布道大会也是五年运动时期的重要布道形式。如江苏震泽监理会举行1930 年举行大布道 3 次，分别为 9 月 16 日至 22 日，10 月 3 日至 5 日及 12 日至 15 日，由各牧师演讲布道。在大布道期间，听众每晚均有 200 人左右，讲者能引经摘典，多方讲解，听者都是有始有终静坐领悟，进而对基督教产生兴趣者实不乏人，当得自愿记名慕道者共计 17 位，已加入查经班研究《圣经》。此次布道共分发《圣经》单张 700 余张，新约全书 16 本。[136]广州东石浸信会每年举行布道会 4 次，聘该市及远方布道名家演讲，计 5 年内由布道会感动信教者占 1/3。[137]福建安海堂会则每月定期召集各堂领袖及热心门徒，轮流到各堂各友会开布道会 3 日，分队赴各乡村宣传福音。夜间则在礼拜堂聚会或用电影相辅而行。[138]1933 年秋，山西招贤镇中华基督教会还举行秋季布道大会，成绩颇佳。该会于 11 月 25 日开灵修会，男女信徒到会者 20 余名；26 日开讲演大会，男女到会听讲者一百五六十名；27 日则开领洗圣餐会，受洗者男女14 名，到会男女达 200 名之多。后该会派 6 名布道员逐日下乡布道，持续四天轮流讲演，听讲者每村不下百余人，共计受洗男女 14 名，立约 15 名，记名人 10 名。[139]1936 年 5 月 10 日至 16 日，天津青年会也组织青运布道大会，邀请齐鲁神学院牧师彭彼得等主讲，在天津各堂轮流讲道，"所讲各题均符合一般青年之灵性需要，藉使青年对于宗教信仰，有清晰之认识及研究之启示。听众多系青年学生，综计约 5000 人左右。"[140]但布道大会进行过程中，也遇到

---

134 崔宪详：《布道》，《中华基督教会年鉴》第 12 期，1934 年，第 44 页。

135 苏活泉：《新春布道》，《革新月刊》1934 年第 1 卷第 3 期，第 7 页。

136 《震泽监理会五运工作近讯》，《兴华》1930 年第 27 卷第 42 期，第 35-36 页。

137 《捷足先登之广州东石浸信会》，《中华归主》1934 年第 144 期，第 13 页。

138 《福建安海堂会五年运动之第一步》，《中华归主》1930 年第 110 期，第 18 页。

139 高祉斋：《招贤镇中华基督教会秋季布道大会志略》，《兴华》1934 年第 31 卷第 1期，第 33-34 页。

140 《天津青年会青运布道大会概况》，《同工》1936 年第 153 期，第 27-28 页。

颇多困难。因部分听众宗教意识淡薄，多为"非基督徒，入座之后，听了 15 分钟觉得无甚意味，竟掉头不顾的退出了。张三去李四来，流水式的听众，穿梭般的往来，怎样能使之受感呢。"[141]故当时各教会在布道时，也强调布道员需要注意使自己的演词生动风趣，能打动听众的心怀。对于各地兴起的布道会，基督教协进会曾称："以往数年中国国内负有声望之布道家在各地举行多数的布道会，据调查所得竟遍达 22 省，各大城市亦有经到不止一次者，他们的布道方法及言论，我们虽不必尽与赞同，然不能不承认其对于建设教会有一部份之贡献。因五年计划之推进及各布道家之努力，中华教会大有复兴之势。"[142]

此外，教会有时为响应五年运动的号召，还举办特别布道，"特别布道会有一年举行四五次或一二次者，以单独举行者为多，联合举行者甚少。"[143]现以中华基督教会陕西大会为例说明：1933 年 11 月 7 日，该会在西安崇道中学召开特别布道运动筹备大会，决定在 1934 年达到："在一年中鼓励教友达到一人引一人归主的目的；本年中对学友方面，特别加以训练，使他们在最近的将来，能成为名实相符的基督徒。"[144]此次布道的目的在获得各信徒之合作及训练已有之慕道友，希望于此布道大会期间慕道友能受相当宗教教育，而各信徒均行个人布道，信徒组成若干小分派各地工作。[145]此次运动分为播种、培养、灌溉、收成四时期，专门从中国布道人员中选 10 人为组长，负责组成 10 个特别布道区，每组中有男女信徒各二人为组员，连同组长共五人，将全会 110 处支会分为 10 区负责。1934 年 1 月 15 日至 25 日，又在西安东关崇德女校召开 10 个组长及 40 个组员参加的布道运动研究会，讨论布道材料、各地布道征友会、教诗歌等事项，并为各小组进行授旗礼。此后相继成立布道征友会 90 余处，会员 1700 人，凡在教友中宣布引人归主，并按时赴会均可入会。经过近一年特别布道运动的开展，成效显著。渭北区会收得教友 543 名，学友 706

---

141 单伦理：《布道会与奋兴会》，《真光》1938 年第 37 卷第 8 号，第 29 页。

142 《五年运动报告书》，《中华全国基督教协进会第十届大会报告》，上海，1935 年，第 50 页。

143 孙恩三：《五年运动之发轫与进程》，《中华基督教会年鉴》第 12 期，1934 年，第 3 页。

144 朱晨声：《陕西中华基督教会五运布道会概况》，《中华归主》1935 年第 152 期，第 18 页。

145 《五年运动报告书》，《中华全国基督教协进会第十届大会报告》，上海，1935 年，第 50 页。

名，渭南区会新教友 140 名，学友 160 名，总计教友 683 名，学友 866 名。[146]

4. 布道团之流行

受五年运动激励，富有布道责任的基督徒除了力行个人布道外，"无论牧师、会长、教士、执事、长老以及平信徒，大家热心联合起来"[147]，举行各种布道团，或到乡下，或赴城市，出外布道。布道团的目的，"对内可以使教会免除依赖布道士的习惯，而达自立自养的目的；对外可以宣传福音于没有教会的区域以期达到推广的目的。"[148]在华教会布道团多是由本土布道员组成，他们利用各自便利条件，组织了各种不同形式布道团，遍布城乡。

从各教会组织的布道团活动看，大多较有成效。美国北长老会设有自助布道团，农暇时间按所住的村庄由近及远布道，竭力引人入教，新添信徒 60% 是因各地自助布道团吸引来的。[149]如美国北长老会湘南区会曾组有三个游行布道团，每团有男女传道三五人，并有义务领袖数人襄助布道。对内工作有训练望道友、鼓励冷淡信徒、提倡家庭礼拜；对外工作有逐家布道、市场布道、零售圣经、教授儿童故事及唱诗等。[150]英国循道公会浙江温州区会组织的布道团，定每周三晚 7 至 9 时在城西小礼堂举行布道会，并派有义务领袖等演讲圣道。售经员乘此机会售经及分发传单小册，听众大都为工商界人士。[151]广州兴华自立教会设立专门的五年运动团，由该会信徒作为团员，以协助信徒推广基督道理，引导世人皈主，实行个人传道，于五年内增加教会人数一倍为宗旨。[152]华北伦敦会组织有贾氏布道团，该团一般先选 12 人左右准备担任布道工作，一般为 11 名男布道员及 1 名女布道员，并在沧州圣经学院训练 2 年。训练期满后，把他们分为 3 队，每队 4 人，往后再分为 6 队，每队 2 人。当时布道团指定冀南交河、阜城、武邑等处为布道团工作区域，以训练征求慕道友，

---

146 朱晨声：《陕西中华基督教会五运布道会概况》，《中华归主》1935 年第 152 期，第 20 页。

147 周端甫：《五年运动中基督徒应有的实际工作》，《真光杂志》1931 年第 30 卷第 3 号，第 73 页。

148 《华北公理会促进董事部 1931 年干事报告书》，《华北公理会月刊》1932 年第 6 卷第 6 期，第 23 页。

149 张学恭：《北长老会特殊发展之概况》，《中华基督教会年鉴》第 13 期，1936 年，第 20 页。

150 《长老会湘南区会五年运动之发轫》，《中华归主》1930 年第 104 期，第 12 页。

151 《循道公会浙江温州教区五运工作简报》，《中华归主》1934 第 150 期，第 11 页。

152 《广州兴华自立教会组织五年运动团》，《中华归主》1930 年第 106 期，第 20 页。

建立教会。[153]在布道的具体效果上，据 1937 年报告，该团"在华北 20 区域中，计有 8 区因无显著的结果而不得不予以放弃，此外，7 区则获有若干信友并组成小小的堂会或团契，其余 5 区则为新近开辟。"[154]中华基督教会闽北大会邵光区则成立布道团 15 队，队员 70 人，每周六下午率队出发到城厢内外布道，据 1936 年底统计，有签名慕道者 132 人，迷途回转者 11 家，因而受洗皈依基督者 23 人。[155]可以说，当时各地布道团的设立，普遍增强了布道的效果，除了提高布道员的志气和办事才干外，更加训练他们的互助、服务及合作的精神。

因华北地势平坦，鲜有山河阻隔，自行车很普遍，即小商贩皆适用[156]，部分教会的布道团开始配备自行车布道。如 1936 年春，山东烟台浸信会高级少年团即组织脚踏车旅行布道团，男女团员均可参加，在烟台及各乡村、城市布道，每月至少一次；同时，该会还组织英文查经班，每周二、四晚举行。[157]山东黄县浸信会也利用脚踏车前往远乡布道，所至之地，"妇女儿童争出围观，对之宣讲，即俯耳倾听。"[158]

还有一些教会的布道团是在特定时间组织。如 1936 年暑期，山东临沂基督教会鉴于暑期商店不甚忙迫，为向一般商人布道，特组织暑期布道团。该团自成立后，分队出发，每日工作 2 次，一次向商店布道，一次向市民布道，有时露天布道，前后工作共 65 天，收成甚大，"计所经过之商店 250 余座，清楚听见救恩者 6 千余人，分送福音单张万余张，记名学道者 150 人，组织识字查经班五处。"[159]暑期过后，该团每晚仍在中山大街福音堂召开布道大会，记名学道者陆续来听如常，延续了布道的效果。

153 North China Clark Evangelistic Band Report for 1930, p.1, *Council for World Mission Archives*, North China, 1866-1939, Box, No.10-11, Reports, 1930-31, Switzerland: Inter Documentation Co., 1978.

154 魏礼模：《今日中国的布道工作（下）》，《真理与生命》1939 年第 11 卷第 8 期，第 505 页。

155 《中华基督教会全国总会第四届总议会议录》，青岛，1937 年，第 93 页。

156 魏荣之：《参观萧张布道团的报告与牛津团契运动之仿行》，《汉口中华基督教会月报》1933 年第 81 期，第 48 页。

157 张子良：《烟台浸会高级少年团消息》，《真光杂志》1937 年第 36 卷第 5 期，第 68 页。

158 田道一：《山东黄县布道团工作揭要》，《全国基督教布道团团刊》1936 年第 3 期，第 29 页。

159 赵春霆：《临沂基督徒暑期布道团布道》，《通问报》1936 年第 35 号，第 8 页。

值得一提的是，当时在沿湖地区，还因地制宜地出现了湖河布道团。1932年，英国戴、孙二位女教士购置大船，名为福音船，行驶于山东洛口黄河，对黄河两岸居民宣传福音，也吸引了部分民众入教。如1933年，"王长太牧师在黄河内为男17人，女2人受洗，回教徒徐履中也受洗。"[160]1934年，济宁长老会教会为在湖河水域中传教，也购置福音船，船上有3人讲道。该福音船自1934年6月至1935年1月，在济宁及周边的二州七县沿河布道，结果有55人入教。[161]同时，福音穿还宣扬戒赌、反迷信等时代新风尚，结果导致赌博场萧条，五家焚毁偶像，二人断绝烟酒。[162]1935年，济宁教会又组织福音船在大运河、南洋湖一带布道，9月间布道4日，"约有千余人得听救恩，有24人记名学道，内有9人买去真道问答，以求前进。"[163]另滕州长老会亦建造大船，沿岸传道。浙江湖州三一社晨祷会也曾创办福音舟布道，以资宣传，在舟内备有电影机、留声机等工具，在杭州、嘉兴及湖州的各属乡镇中布道数次，成效优良。[164]

除了用船布道外，上海基督教荣耀会曾备汽车一辆，名为福音车，专到各处宣扬教会福音。该会在车内备有发电机，可随时放映圣经故事影片，又有无线电收音机能接收各地的播音、诗歌和演讲。该车曾于1936年3月9日从上海出发，到昆山、苏州、无锡、江阴、常州等地宣扬福音，听众逾万人，每晚还放映电影，观者更多。[165]但此类布道对设备要求较高，也在各地推广不易。

5. 儿童与妇女布道

五年运动期间，各教会对儿童、妇女等特殊群体也分别开展了不同的布道。因儿童被教会视为未来发展的希望，当时教会特别重视加强对儿童的宗教宣传。如山西太谷公理会每逢礼拜日组织了"孩童会"，为儿童分发宗教彩色画片，讲说圣经故事，类如"耶稣五饼二鱼救活了五千人"，"但以理入狮笼而未死"等；该会还以唱歌游戏助兴，又组织儿童礼拜。到1933年时曾成立

---

160 《黄河内施洗盛典》，《兴华》1933年第30卷第46期，第30页。

161 马鸿仁：《福音船湖河布道一年记略》，《兴华》1936年第33卷第4期，第25页。

162 马鸿仁：《福音船湖河布道概况》，《通问报》1935年第32卷第19期，第14页。

163 马鸿仁：《福音船湖河布道概况》，《通问报》1935年第32卷第43期，第20-21页。

164 鲍哲庆：《布道》，《中华基督教会年鉴》第13期，1936年，第66页。

165 鲍哲庆：《布道》，第66页。

3 个孩童会，会中教材皆自行试编。[166]还有教会组织儿童大会，如 1936 年初，河北井陉教会还举行儿童大会两礼拜，课程有福音问答、摘背经句、旧约名人故事、新约基督言行、唱歌、游戏等。受这些活动影响，"还有好几位非教徒竟肯亲自送其儿童来赴会，这也证明有很多的人，对于基督教稍微有些认识了。"[167]考虑到儿童的接受能力，儿童布道多取四福音书上的故事作材料，给儿童真切的观念，"以显明基督对于人类和万物的爱，启发儿童的爱心，使儿童的脑海中满储着圣经上的事实，故事和宝训。"[168]部分儿童也通过听道，受到宣教影响，改变听讲时的态度，从小树立了其基督信仰。如山东峄县长老会曾记叙儿童在听道时，"初来因习学礼节，不懂规矩，于听讲时，往往打架吵闹、骂街、顽愎，兼而有之，致使秩序登时大乱。及经牧师之教导劝化，日久彼等皆成循循之小羔羊，劝导之最足动人，而最有效力者。"[169]

　　近代基督教来华后，因教会认识到妇女对家庭信教影响较大，与男子相比更具有宗教灵性，需要在宗教寻找解脱，故非常重视妇女的布道工作。在华教会为了巩固传教效果，经常派女布道员到妇女家中访问，宣讲福音，并为对基督教感兴趣的妇女组织了读经班、姊妹会等宗教组织，收效甚大。如当时太谷城内有姊妹会，征求每位妇女为会员，又引其他姊妹为基督徒，每隔一星期开会，多谈家庭常识，破除恶俗，宣传宗教，藉以引人入教。妇女大会也是对妇女布道一种方式，即教会每月在各教堂举行妇女集会，将妇女们聚集在一起祈祷礼拜，相互讨论交流圣经知识与学习心得。如 1935 年 10 月 1 日至 13 日，河北顺德教区举行妇女奋兴大会，平均每次听讲有六七十人，3 位布道员主领，讲道热心，一般女信徒经此奋兴之后，积极领人皈依基督教。[170]中华基督教会广东协会妇女部则本互助、友爱的宗旨，在布道工作上有招集姊妹设研经班，招集姊妹开祈祷会；各堂主任帮助举办家庭研经会，每月或二月开会一次，均名人演说；探望各信徒家庭，劝其设立家庭叙集，每日一次集合全家老幼唱诗、祈祷及读经；在自己家庭开会召集邻里亲友赴会，以宣传福音。[171]此类妇女集

---

166 《太谷基督教会五十周年纪念刊》，太谷，1933 年，第 32 页。

167 刘谦：《井陉教会举行儿童大会》，《通问报》1936 年第 7 号，第 16 页。

168 麦沾恩著，李安息亨译，《个人传道论》，上海广学会，1927 年，第 120 页。

169 连警斋编：《郭显德牧师行传全集》，上海广学会，1937 年，第 618 页。

170 董徒生：《顺德妇女奋兴会述要》，《通问报》1935 年第 43 号，第 21-22 页。

171 中华基督教会全国总会：《中华基督教会全国总会第二届常会纪念册》，广州，1930
　　年，第 133-134 页。

会也多为各教会所推广，成为固定的宗教活动。

五年运动时期，部分在华欧美差会的女布道会还组织妇女传道团，专门针对妇女布道。如北平圣公会组织了妇女传道服务团，定期举行集会，开展各种活动以吸引妇女入教。1933 年，河北肃宁圣公会则有部分女布道员前往四个村庄进行逐家布道，"20 日签名之妇女数十人，且有 5 人望于复活节后为妇女开学道班时，来城入班。"[172]山东浸信会成立有平度女传道会，1936 年时，"会员计有 50 人左右，每日读经人数计有 20 余名，做个人之工的人数占全体会员四分之三，也有传道研究课本班。"[173]而且此时期随着女子神学教育的发达，专门的女布道员越来越多。如当时"山东浸礼会每一支会各愿自请一位女布道员，自捐薪金半数或一相当之数目，该委员会即委派一位女布道员工作。"[174]当时乡间妇女大多深居简出，思想上守旧保守，起初对基督教的布道有所排斥。如山东黄县浸信会在布道时即遇到妇女抵触，但该会布道员"闻有峻拒弗纳者，问其故，答曰：'室无人'，团员曰：'汝非人耶？'应问者语塞，俯首延入，迨听道后，往往受感，深悔前之傲慢。"[175]从五年运动时期妇女布道效果看，每年妇女入教人数也是呈增长趋势，以华北美以美会女布道会为例来看，1931 至 1932 年度该会受洗妇女 222 人，到 1934 至 1935 年度受洗妇女则达到 316 人。[176]

因当时乡村妇女封建迷信思想严重，多信仰道教、佛教及民间宗教，而基督教会也在争取她们转变宗教信仰。如山东潍县有一妇女生平最信神佛，家中且有偶像，而自听耶稣故事后，即信奉耶稣，成为虔诚基督徒。[177]但由于中西文化之间的冲突，教会在华的妇女布道工作也遇到中国传统文化带来的重重阻力。基督教的男女混杂礼拜，鼓励妇女放足，不准妇女烧香拜佛等行为，都与中国传统文化不合，为其布道工作带来重重障碍。而且在民国家

---

172 郑承裕：《华北教区肃宁教区新春布道》，《圣公会报》1933 年第 26 卷第 7 期，第 14 页。

173 《山东平度女传道会》，《真光杂志》1936 年第 35 卷第 6 号，第 61 页。

174 《山东中华基督教浸礼宗教会情况》，《真光杂志》1936 年第 35 卷第 8 号，第 53 页。

175 田道一：《山东黄县布道团工作揭要》，《全国基督教布道团团刊》1936 年第 3 期，第 29 页。

176 *Report North China Woman's Conference of the Methodist Episcopal Church*, Peiping, 1932, p.140; *Report North China Woman's Conference of the Methodist Episcopal Church*, Peiping, 1935, p.68.

177 连警斋编：《郭显德牧师行传全集》，第 581 页。

庭中，妇女多无地位，须受丈夫管辖，部分女教徒在嫁入非基督教家庭后，还被迫退教。如"济宁长老会妇女学习团中许多女子即应出嫁，出嫁之后，因是基督徒，不能宜其家室，大遭逼迫，婆家宣言，如不丢弃道理，即欲退婚。有一望道者之女，因婚事尚未备齐，因此退款。又有一女，因婆家反对基督教，从中作罢。"[178]

与个人布道相比，群体性布道的优点在于其发展教徒的数量较多，"一下子可以引领成群的信众归主，藉着布道大会的气氛和虔诚情绪，听众容易感受圣灵的催促，从心灵中情愿信主。"[179]然而，群体布道面对如此多的听众，其效果自然比个人布道差，即使信仰者也不甚坚定。正如王治心所言："耶稣尝以捕鱼比喻布道，说得人如得鱼，这里可以说群众布道是用网捕鱼，个人布道是用钓捕鱼。"[180]群体布道大多只是一时激发民众的信教兴趣，部分听众之后也渐失热情，"或公共布道以及奋兴会等，总难得恒久之效果"[181]，故各地教会非常重视对感兴趣者的后续栽培，以保证布道的真正实效。

（四）乡村布道之重视

五年运动时期，鉴于广大乡村各种神道及迷信盛行，导致基督教基础薄弱，加之此时期教会工作重心也由城市向农村转移，因此各教会也非常重视乡村布道，着力在下层民众中发展信徒。从五年运动时期的乡村布道情况看，各教会多是分队到附近乡村布道，"每队都携带图画，拿着铃铛，进了村子，把铃一摇，妇女孩童蜂拥而上，借机宣讲。"[182]

当时在华各教会组织了多个乡村布道团体到周边的乡村开展布道工作。如浙江双林教会组织乡村游行布道团，共 36 人分 3 队。1930 春，该团已出发两次，经过村庄 30 余处，每村须唱歌演讲，分售单本福音及劝世文，颇得村民民欢迎，结果立志记名慕道者 6 人。[183]广西兴安教会各堂 1930 年 10 月 28 日起联合义务信徒齐集大溶江堂，后出发到农村布道。队长苏仁品牧师带领全队共计 9 人，携有名为中华基督教布道队的旗帜，并携带手提风琴、大响铃。该队队员分成 4 小组，每组 2 人入村逐家布道，分途劝世单张、小木书箱等，

---

178 连警斋编：《郭显德牧师行传全集》，第 597 页。

179 陈健夫：《近代中华基督教发展史》，海天出版社，1989 年，第 415 页。

180 王治心：《中国基督教史纲》，上海古籍出版社，2006 年，第 221 页。

181 罗聘三：《五运成功端赖个人布道》，《兴华周刊》1933 年第 30 卷第 4 期，第 6 页。

182 张横秋：《今日乡村教会的观察》，全国基督教协进会，1926 年，第 10 页。

183 彭守仁：《双林牧境五运之工作》，《兴华》1930 年第 27 卷第 17 期，第 29-30 页。

佐以抚琴唱诗。此次布道历 2 星期之久，经过 43 村之多大演讲 34 次，送出劝世小书 580 本，单张 1.86 万张。[184]再如 1932 年正月初三、初五两日，四川仁寿教会女布道员 9 人分成 3 组，专门利用春节乡村场会时机进行布道，分散各种劝世文及卫生图画，劝导乡民破除迷信，鼓励他们送子女入学；宣讲卫生重要性，讲解各种预防病及看护病人方法，最终目的则是引导他们信仰基督教。[185]中华基督教会广东协会受伦敦会委托则于东江农村组织巡回布道队宣传福音，于 1935 年 3 月 23 日成立并开退修会，对于该团对农村有何贡献，个人传道的方法，怎样令人决意入教，善后工作当如何栽培等问题有详细讨论。该团所到各乡村散发单张，均极受欢迎，每次听道人数平均有四五百，听道后留步再做进一步研究者，亦不乏人。[186]英国伦敦会在河北萧张区则组织贾氏布道团前往乡村布道，该团每到一处或租房，或借屋，至少在当地工作两年，以能成一自立教会为标准。该布道团还考虑到乡民需要，还将布道与看病相结合，一般布道时，在活动地区设立 4 至 6 周的短期诊所，借此加强与当地民众的联系，消除他们的误解，对传教大有裨益。[187]

当时教会为适应民众喜欢观剧心理，还将基督教义贯穿到新剧中展示，出现了新剧布道团，以便吸引民众听道。如 1931 年春，保定公理会组织了新剧布道社，并于次年初招生，培训布道人员。翌年秋，保定的新剧布道社去博野、高邑、无极等十余地布道。如在无极布道时，新剧白天开演，听众有三四百人；晚上开演，听众多达三四千人以上。布道的一切花费都由该县士绅担负，并赠送横匾，题曰"唤醒民众"；无极县县长、公安局长以及各机关都赠送水红洋布。[188]保定新剧布道团新颖的形式受到民众欢迎，附近教会亦纷纷邀请其布道演出，后因经费紧张而停止。当时燕京大学、清华大学联合组成的"燕清布道新剧团"10 余人，每学期还外出演剧 3 次，剧目为"良好的邻居"，表演精彩，颇得观众好评。[189]当乡村有戏剧演出时，听众密集，教会也趁机宣教。如

---

184 《广西兴安农村布道概况》，《中华归主》1931 年第 112 期，第 20 页。

185 彭素贤：《仁寿新年妇女乡村布道之概略》，《希望月刊》1932 年第 9 卷第 3 期，第 21 页。

186 《中华基督教会全国总会第四届总议会议录》，青岛，1937 年，第 54 页。

187 W.F.Rowlands, "The Clark Evangelistic Bands of China", The *International Review of Missions*, Vol.21, No.2 April 1932, p.276.

188 王灵泉：《保定公理会新剧布道团实行布道接续报告》，《华北公理会月刊》1933 年第 7 卷第 1 期，第 28-29 页。

189 翰：《蓝靛厂新剧布道记》，《燕大团契声》1937 年第 2 期，第 17-18 页。

1931 年，河北赵各庄有演剧庆祝，教会借机讲道唱诗，售卖宗教册子，"听道者前后不下 3 千人，受感者 200 余人，立志研究圣道者 10 位，买圣书千余本。"[190]从实际效果看，因戏剧布道极其简单，浅显，"把圣经的故事，演出来使他们一看就不会忘记，并且扮演施教的感力极大，最容易感化人。"[191]

乡村布道多在农闲时期举行，并通过茶水、图书及演讲农业、卫生知识等吸引民众。如成都连环教会 1932 年 4 月组织布道员进行乡村布道时，除了散发劝世文，在戏台宣教宗教外，还演讲改良农业知识、识字运动、注重卫生等问题，颇受地方人士欢迎。[192]对于乡村儿童布道，也有教会注意。如天津青年会布道员在乡村演讲时，因儿童较多，曾组织儿童游戏，但状况却不尽人意，每当组织游戏，儿童"则骇然奔散，互相耳语，若不如闷葫芦者。"[193]

当时民众因中西冲突、民族情绪等对教会有多有误解，如有民众在面对布道员时说："又要钱来了，这群救世军，而取了观望不前的态度。"[194]部分民众甚至存在对基督教的敌视，而且多是受当地士绅所蛊惑，"有许多乡村居民最初和基督教接近时，对于所讲的道颇感兴趣，及至听了一村中视为领袖的人的反对论调，他们对于基督教的态度立刻变成冷淡，或者竟致于仇恨。"[195]因此，教会在布道中为消除民众敌视，多争取乡村中的耆老、绅董、教员等人员，请当地有名望的人事先介绍引荐，以取得他们的支持。乡村布道也考虑到农村风俗，特别是乡村男女授受不亲的礼教极严，故布道队还多设有专门的女布道员。这也在于乡间女子听道机会较少，而且闺阁积习太深，"看见面生男子，藏躲惟恐不速，若是有女布道员专向女界做工，就可免除一切隔阂了。"[196]

当时教会在乡村布道时还注意到迎合农民心理，认识到布道的话语浅显，才容易被农民接受。如燕大教授赵紫宸也认为单纯的布道对农民效果不好，而应将宗教与生活相联系，"我们要使农人用基督的向前心，用上帝的创造心去养鸡，养猪羊，去耕田，去树桑麻，把宗教变作流通在生活里的血液。"[197]由

---

190 梦：《演剧卖书收佳果》，《兴华》1931 年第 28 卷第 19 期，第 32 页。
191 徐绍华：《宗教教育与中国农民》，《青年进步》1925 年第 84 期，第 40 页。
192 《成都连环乡村布道概略》，《希望月刊》1932 年第 9 卷第 5 期，第 32 页。
193 梦蜉：《乡村布道演讲记》，《天津青年》1934 年第 65 期，第 6 页。
194 黄元镇：《本会学生部与北平区联合组的乡村布道团大事小事记》，《北平青年》1937 年第 28 卷第 20-21 期合刊，第 8 页。
195 麦沾恩著，李安息亨译，《个人传道论》，上海广学会，1927 年，第 110 页。
196 赖逸休：《乡村布道的方法》，《真光杂志》1932 年第 30 卷第 5 号，第 42 页。
197 赵紫宸：《新时代宣教法的商榷》，《真理与生命》1931 年第 5 卷第 3 期，第 7 页。

于乡民多迷信敬神，故使其转而信仰上帝，教会也注重循序渐进，如英国圣公会在泰安布道时曾实行四步布道："第一步，给人解释，大凡人类俱有敬神之心，而神为必然有的，但神有真假之辨，何以见之？凡用物质及人造者统谓之假神，刮风，下雨，及掌管宇宙及人的生死祸福只有一位，就是真神活上帝（俗称老天爷）。第二步，既分别神有真假，就当着手施行弃假归真，认识上帝。第三步，解释基督教所办的及提倡的一切，与社会之潮流一律进行，并要改造社会成为高尚的。第四步，传扬主为死而复活的精神。人若真信耶稣必获永生。"[198]

但也有少数布道员在散发福音册子时，"往往将手中小册子发完便算了事，至他们由阅读能力否，肯去阅读否，未去审察"[199]，实际农民因识字少，文化水平低，真正领会者甚少。为此，教会也注重农村布道善后工作，多开祈祷团、查经班、平民教育等，介绍初信道者，同来学习查经、祈祷或受普通学识或举行家庭礼拜，以逐步培养他们对基督教的兴趣。如1932年昌黎美以美会大布道后，慕道者不下百位，记名愿加入教会者20余位，故教会为慕名记道者特开圣经研究班、祈祷会，并专门对他们进行拜访。"第一次来入班者研经祈祷，颇形踊跃，而且诚敬，人数不下30位。"[200]因当时农民中带有功利性的求神拜佛现象严重，也有教会人士提出农民之所以信仰此种所谓"农民宗教"的目的在于："求生活的保障，环境的调剂，安宁和谐的家庭生活，求今世美满生活等寻常的需要，而基督教则应根据他们的生活和习尚，引他们得基督福音更丰富的意义，也可使得福音宣传事半功倍。"[201]此外，教会还注重进行标语布道，群众也只有因其纸张华丽或语句生动直白，才能驻足以观。

但需要注意的是，当时一些农民信仰基督教带有功利目的，而某些布道员也经常夸大信教的收益，甚至称只要信耶稣就可除病消灾，吸引了不少农民为求健康求福报而盲目加入。当时有教会人员总结农民信教原因归之为四点："把教会认为'天堂的银行'，入教之后为得是得一碗饭吃；有意施权，奈力

---

198 丁玉源：《新泰布道团工作》，《圣公会报》1934年第27卷第16-17期合刊，第11页。

199 刘铭初：《布道方法的讨论》，《真光杂志》1930年第28卷第8号，第12页。

200 李显三：《昌黎县美以美会大布道》，《兴华周报》1931年第28卷第15期，第34页。

201 队克勋：《如何改进农民宗教的错误点》，《金陵神学志》1933年第15卷第5期，第199页。

不足，偶一入教，乘机跋扈；因为受别人的压迫；因为子女的教育问题。"[202]由此也可看出，部分农民信仰基督教的动机不纯，即存在所谓的"吃教"。

此外，一些教会中学、神学院也常组织学生到乡村布道。学生布道团多分队到各村对儿童、妇女及成人等不同人群进行布道，多为露天宣讲。如北平基督徒学生联合会每年寒假组织北平教会学校的学生到乡村布道，举行儿童会、农民同乐会及演讲等活动，并开展流动式布道会。在华各教会神学院的学生，除了进行宗教学习外，还经常组队进行实习布道工作，或在周末，或利用寒暑假进行。如华北神学院在1934年划定滕南铁路之东的29个村庄，及滕南铁路之西的29个村庄为该院布道区域，后又将此地划分特别区、普通区，安排16组学生参加布道，每周六有布道祈祷会。[203]经过该院的布道，到1936年，"滕县附近200多庄村都已得闻真道，记名学道者千余人，受洗入会者100多位。"[204]

基督徒学生也通过乡村布道加深了对传教的认识，如参加北平区联乡村布道团的学生曾有感想说："不可太说教化，尤其是单纯布道，简直走不通，这当然为了他们的生活关系和吃饭第一的实际情形造成的。"[205]教会学校的学生通过到乡村布道，对乡村的体会更深，使得布道能更贴近实际，如当时齐鲁神学院学生赴乡村宣讲后感言："今后教会的工作应改变方针，多往乡间宣传福音，并要以实际改善农民的生活为福音的具体救法。"[206]正是基于此种原因，部分神学院也在五年运动时期开始投入到乡村建设中去。乡村布道可以直接地将基督教义在最短的时间内传递给广大农民，然当时农民对布道时辅助的游乐活动参与度颇高，对宗教活动兴趣却不大。如有前往乡村传教学生记叙："晚上的晚祷，大半都是成人参加，每次同乐会有200余人，一到晚祷就要减少2/3，是见农民对于真理不易接受，可是利用话剧来解说，他很觉得非

202 刘成荣：《我走的道路》，出自《乡村教会工作之文章》，北京大学档案馆藏：私立燕京大学档案，档案号：YJ1936010。

203 张学恭：《华北神学院1934-1935周年报告》，《通问报》1935年第20号，第10页。

204 张学恭：《北长老会特殊发展之概况》，《中华基督教会年鉴》第13期，1936年，第20页。

205 黄元镇：《本会学生部与北平区联合组的乡村布道团大事小事记》，《北平青年》1937年第28卷第20-21期合刊，第8页。

206 扶风子：《齐鲁神学院救国的实际工作》，《真光杂志》1932年第31卷第4-5合期，第115页。

常高兴，这样看来，兴趣布道对于乡村是很重要的。"[207]基督徒学生也认识到传教工作，"最易使人失望，不易进步，所影响的势力非常微小，在生活上似乎不能得到什么结果。"[208]

（五）场所布道

近代传教士来华后，除建立布道教堂外，还在各地陆续建立起教会学校、医院等社会机构，期望通过间接传教的方式来赢取社会认同，进而达到布道的目的。故当时在华教会机构也带有浓厚的宗教气氛，也是各教会布道的重要场所，在五年运动中继续得以继续发挥作用。而且此时期各教会不断开辟新的布道场所，特别还利用帐篷开展布道，收效颇大。因学校布道与宗教教育多有类似之处，故此类布道将在宗教教育一章中专述，本章不再涉及。

1. 教堂布道

五年运动时期，各教堂仍是教会活动的中心。每逢星期日礼拜时，传教士或牧师都会在教堂布道，讲的内容多为《圣经》中的道理，并引证新旧约全书中的故事，信徒在礼拜的仪式中还要唱诗和祷告。除了每周日布道外，各教堂还定期举行布道活动。如中华基督教会杭州区会杭余区规定：该区有教堂 12 处，规定每月轮流在一堂布道，至少开会 10 天；凡本区中西男女传道，每年须抽出 1 个月功夫，分 3 期认定 3 堂担负服务工作。如此在一堂布道时，合同工三四人之力量，对于唱诗，招待，宣讲，较易应付。[209]太原中华基督教会则在 1935 年正月初二至初六日，于每日午前对外讲道，下午 5 点用幻灯演照耶稣圣绩及圣经故事，来堂听道者，每日平均百余人。[210]北平远东宣教会曾在北新华街、地安门外、德胜门外、安定门外，昌平沙河镇，三河县峪口镇等地有多处教堂，每周都由牧师定期在堂内布道。如"1935 年 7 月至 12 月，远东宣教会华北教区曾在堂内布道 323 次，听讲人数 7600 人。"[211]关于教堂布道的实况，可从山东峄县长老会的记录观察：

---

207 《北平基督教学生团体联合会工作报告书（1936 年 7 月 1 日-1937 年 6 月 30 日）》，第 31-32 页，上海市档案馆藏，档案号：U120-0-92-1。

208 《到民间去：北平区联乡村服务特刊》，北平，1930 年，第 29 页，上海市档案馆藏，档案号：U123-0-56。

209 杨乞仁：《杭州区会分区布道农村之新工作》，《中华归主》1932 年第 4 卷第 3 期，第 1087 页。

210 太原中华基督教会布道纪要，《革新月刊》1935 年第 2 卷第 2 期，第 16 页。

211 马星格：《半年的教务统计报告》，《暗中之光》1936 年第 7 卷第 2 期，第 56 页。

> 每到下午两点钟时，即闻大街小巷群儿呼喊之声，渐向礼拜堂而来，未几充满礼堂，无插足余地，嘤嘤皇皇，不辨谁何。男儿则顿足为蔼天之乐，女儿则骑凳作俛仰之歌。未几圣经牧师来，尚未进屋，一儿高呼曰："先生来矣"。群儿乃各注意寂静，不复喧闹矣。群以鬒黑之眼，严肃之面，皱糙之手，表示敬意。五色斑驳，熏莸不一。于是牧师开始以祈祷开课，或训圣经故事，或练教会诗歌，分班就绪。各用其工夫，以欢畅之法教之进行。儿童不第乐于习学，且学习之后，不能遗忘。此种教授之法，全得之于耶稣基督。[212]

五年运动时期，教堂布道也吸引了很多非信徒入教。在教堂听道者，"愿悔改信道，既领水礼，得赦罪应许，教士必示以处世之法，事主之道，遵其教诲，必不致再犯罪过。"[213]而且教堂也是教会施洗的场所，每年教会都会为经过考察合格入教的信徒在教堂举行受洗礼。如青岛信义会胶州路礼拜堂，"1933年先后于复活节，圣灵降临节及秋收感恩节为男女信徒60人受洗。"[214]

然而，教堂的建立虽然为教徒及布道提供了活动场所，且一直为各教会长期使用。但建立教堂也会使布道员及牧师进取精神日渐丧失，主要精力用在在有限教徒之上，且教堂针对的布道人群有限，服务的区域也十分固定。为了保持教堂布道的效果，很多教会还注重善后工作。如福建金井堂会1931年组成信徒探访队，全堂会共分12队，各队均有正副队长，进行方法为备有特印的点名簿，及统计表，点名簿为查点出席礼拜的人数，如有不赴会者，队长应负责探访，然后分别登记统计。[215]

此外，部分无力建筑教堂的本土教会则多是租房布道。如1933年创立的北平基督教救恩会最初即是租房一间在每日下午宣道，晚上则开祈祷查经班，由神学生充当牧师担任指导，每日均有感化记名考道者。后因听者日多，该会又筹款租房6间，聘请义务传教士20余人，每日轮流演讲，随时记名考道者200余人，受洗者达44人。[216]

---

212 连警斋编：《郭显德牧师行传全集》，第617-618页。

213 樵公：《医院与教堂并论》，《基督号》1936年第2期，第21页。

214 《青岛信义会之秋收》，《信义报》1933年第31卷第43期，第3102-3103页。

215 黄葆真：《金井堂会五运进行概况》，《总会公报》1932年第4卷第4期，第1131页。

216 郝莫坤：《呈请赞助建筑北平基督教救恩会（1936年10月）》，台北"国史馆"藏：国民政府档案，档案号：001-054300-0002。

2. 帐篷布道

帐篷布道在 1920 年代兴起，五年运动时期更为发扬扩大。当时教会组织布道团在布道地方搭起布蓬，大者可容纳数百人，设置长凳、讲台、幻灯等，举行系列演讲，或一周或数周。在演讲前，提前贴广告在临近各村，通知届时演讲。而差会向中国布道人员提供节假日期间使用的帐篷设备及生活经费，帐篷可容纳三四百人，并配备了男女志愿工作人员。在帐篷内布道，"每日宣传使命于同样之人，愈觉有效，且人数众多，于唱诗班之奏乐，甚有感力。本地之信徒，亦乐助之，或广告群众，或引领亲友，或供给几凳。"[217]

多地教会都举行了帐篷布道，效果颇佳。如 1930 年春，陕西渭北三原城内新拓市场建成，商贩云集，三原浸礼会遂搭建能容二百余人的两处大棚，分作男、女布道使用。时每日上午 10 点至下午 4 点由布道员开讲，各界来听者，无不动容，持续两月之久，作记名学道者 46 人。[218]中华基督教会河南大会的帐篷布道则是每至一地即驻足张幕，"工作或三五日，或一星期，或至多一月，视地方众人对于福音之兴趣为何。"[219]1934 年 6 月至 7 月，北平远东宣教会也在多地搭棚布道，上午 10 至 11 时，召集儿童到棚内组织儿童会、教唱诗、风琴；下午作个人的自修时间，晚间为布道会，晚间聚会有祈祷会、讲道会。此次布道，"先后聚会共计 24 次，听道的人数共 6585 人，散福音单张约四千张，信而记名的共 155 位。"[220]鲁东信义会 1936 年 2 月也起组织大棚布道团及联合布道团，为期 44 天，"工作人员 20 余位，布道村落 100余个，听者一万余人，慕道者数十位。大棚布道演讲也大受欢迎，每日平均听道者约有四五百人之多，联合布道团则售出小本福音多至一千五六百本，各处皆有善后办法。"[221]

在帐篷布道前，教会为了减轻民众的敌视，多与当地官方或村长联系，取得他们支持。如河北南部的内地会进行帐篷布道之前，"将布道队所拟的布道

---

217 《乡村教会之前途》，中华全国基督教协进会，1926 年，第 7 页。

218 《陕西渭北三原浸礼宗协进分会五运报告》，《中华归主》1931 年第 116 期，第 24页。

219 中华基督教会全国总会:《中华基督教会全国总会第二届常会纪念册》，广州，1931年，第 195 页。

220 耿子华：《远东宣教会帐篷布道盛况》，《暗中之光》1934 年第 6 卷第 2 期，第 30页。

221 李伯诚：《鲁东信义会大棚及联合布道团汇闻》，《通问报》1936 年第 16 号，第 13-14 页。

的地方报告主管官厅，经过慎重地择定工作区域之后，须有工作人员两人前往视察所要布道的乡村并访问村长。"[222]在农村帐篷布道工作后，为保持布道的效果，传教士及牧师也在其后参观乡村继续工作。演讲结束后，"即声明凡愿查考基督教道理的，可前来报名，以后再为报名者组织一礼拜。若该村有诚笃的教友，便请他负责提倡，否则留一布道员负责办理善后。"[223]当布道会在已建立教会的地区进行帐篷布道时，教会还通过该地区的牧师和教会领导人，为学习者举办晚间学习班提供帮助，还有专门传教士保存着询问者的姓名和地址的记录，并确保把记录的副本送到附近教会领导人的手中。如青岛信义会特指示受过训练的工作人员，留在当地以观察慕道友的举动，一直等到当地教会的健全；山东长老会则在帐篷布道一周后，再度访问省内各地，并教导前次访问时所得信众。[224]还有专门布道人员在已举行了帐篷布道的地区，安排圣经学习班，花数月时间，每周一两次。从布道效果看，"听者憩息有所，自属比较安静，而布道工作，亦多收善果。"[225]听众稍微对基督教的道理有些认识，一洗从前人洋教、吃洋药、挖眼摘心的荒谬妄论，更有少数民众因之入教。如1936年青岛基督徒布道团搭棚布道时，曾有60余名民众因而受洗入教。[226]

3. 监狱布道

监狱布道最早由青年会发起，也为各教会所推行，希望通过布道唤醒犯人们的良知，使之接受福音，诚心悔改。"一般犯人拘囚日久，每有善念萌动，对他们布道，劝之悔改，信主较易。"[227]

当时在华各教会多与所在地区的监狱联系，定期组织监狱布道，并教之唱诗、祷告。山东教会监狱布道工作比较出色，如山东黄县浸信会自1921年发起监狱布道，每周日午后，男生至男监狱，女生至女监狱，先唱诗后演讲，或教注音字母，或演讲实业，多静作而听，末后领他们祈祷。每至感恩节，圣诞节，格外捐些银钱礼物，送给他们。[228]在北平，1930年4月起，救世军每周

---

222 魏礼模：《今日中国的布道工作（下）》，《真理与生命》1939年第11卷第8期，第497页。

223 金陵神学院编刊：《乡村教会事业的讨论》，南京，1926年，第23页。

224 魏礼模：《今日中国的布道工作（下）》，《真理与生命》1939年第11卷第8期，第501页。

225 崔宪详：《布道》，《中华基督教会年鉴》第12期，1934年，第45页。

226 赵翰约：《青岛消息》，《全国基督教布道团团刊》1936年第2期，第51页。

227 林佳声：《五年布道运动对外计划》，《兴华》1930年第27卷第30期，第15页。

228 臧雨亭：《华北浸信会》，《中华基督教会年鉴》第11期，1931年，（贰）第23页。

二上午 9 时至 10 时，下午 2 时至 3 时到河北省第一监狱布道，感化因徒。[229]
北平青年会 1932 年时亦曾到该监狱布道；北平远东宣教会则对羁押赌博犯，
另组布道，特为延长时间，增加次数，其讲辞带些劝善改过的意思。[230]1932
年，福建兴化的英美教会联合组织监狱布道团，定于每周三下午前往当地监狱
布道，并分送书籍，听者颇形踊跃。[231]山西基督教会自 1920 年开始赴太原监
狱布道，每周六去讲一次，男女分 2 组，宣讲福音，授以圣贤书或圣经，演讲
时间三四十分钟，并有唱诗、祷告、讲经，效果显著，"到 1933 年时，有 129
名男犯人受洗，17 名女犯人受洗。"[232]浙江杭州圣公会则是每周一下午派 2
人到浙江军人监狱布道。1937 年在杭各教会组成浙江军人监狱布道委员会，
改在每周一、五两日下午到监狱布道，1937 年 6 月前后有 20 多人受洗。[233]

教会在监狱的定期布道，使得监狱犯人中认罪悔改者颇多。如 1933 年，
北京北新华街圣洁教会每周五下午到河北省第一监狱布道，"有犯人八九百
人，曾宣讲 6 次，听者 90 余人，结果有 10 人请求领洗，为次经狱官允许，故
组织查经班，参加者快到 30 余人；切心慕道者 18 人，每日自动祈祷读经 11
人，得此重生 7 人。"[234]宁夏教会自 1934 年 11 月起每周日下午派布道员到
宁夏第一监狱布道，到 1935 年 5 月有 73 名囚犯记名信主，其中还有回教的
囚犯改信基督教。[235]出狱后的信徒，也有热心坚持宗教活动者，"如北平美以
美会 1932 年曾报告有一犯人在监狱内受洗，后出狱后仍然非常虔诚的参加教
会的各项活动，并带他的家人一同来参加聚会礼拜。"[236]

监狱布道也特别注重监狱管理人员的布道，时教会人士曾言："一位管狱
员的信仰，就可以把多数囚犯从罪恶中救起，监狱布道者，其勿忽视。"[237]当

---

229 《河北第一监狱关于救世界军于每星期二来监布道的函复》，北京市档案藏，档案
号：J191-002-14358。

230 陈载霄：《监狱布道法》，《暗中之光》1934 年第 5 卷第 1 期，第 41 页。

231 《兴化》，《同工》1932 年第 116 期，第 55 页。

232 赵恩三：《太原监狱布道概况》，《兴华周刊》1933 年第 30 卷第 50 期，第 32-33
页。

233 吕连元：《浙江军人监狱布道消息》，《圣公会报》1937 年第 13 期，第 30 页。

234 潘仰贵：《北京北新华街圣洁教会一年的概况》，《暗中之光》1934 年第 5 卷第 5
期，第 52 页。

235 《宁夏第一监狱布道盛况》，《通问报》1935 年第 17 号，第 6 页。

236 *Report North China Woman's Conference of the Methodist Episcopal Church*, Peiping,
1932, pp.36-37.

237 《监狱布道扼要的工作》，《兴华》1930 年第 27 卷第 38 期，第 2 页。

时山东济宁、阳谷监狱都有看守人员信道，教会尤为管理监狱的人员祈祷，而他们同时又对监狱中的犯人宣讲福音，收到了较好的效果。当时华北神学院对滕县监狱的罪犯布道后，曾报告效果称："这些人悔改信主，充满快乐，被释放回家后，常为主作证，述说神在他们身上所行的奇事。还有一位罪犯自信主后，天天读经祈祷，在被执行枪决时，怀着约翰福音，从容就刑。"[238]当然当时监狱的犯人入教，除了有真心悔改之意外，也在于晚清时期传教士多包庇犯罪的教徒脱罪，而此时期少数犯人也有希望通过入教进而减刑乃至释放的功利动机。如南京监狱布道团曾使模范监狱无期徒刑犯及陆军监狱军事范因闻道而悔改，由司法部令具结而得保释者计 175 人。其他如广东普宁县之监狱布道团，湖南长沙之监狱布道团等均有不错成绩。[239]

4. 教会医院布道

医院不仅是治疗的场所，也是福音工作的绝佳环境。住院病人疾病缠身，心理、生理都处于极度脆弱状态，急需精神安慰，往往从宗教中寻找寄托。五年运动时期，也是医院布道兴盛时期。如有传教士专门刊文论述五年运动与教会医院的关系，认为教会医院职员应积极配合参加当地教会的五年运动，在致力于保证信徒医疗健康的同时，更应积极参加对病人的个人布道，展现基督的博爱精神。[240]还有传教士认为五年运动为教会医院发展提供了充满希望的契机，不仅让医院追求高效的医疗水平，更让医院所有职员充满上帝带来的神圣精神，改变以往对福音不太重视的态度。[241]在华教会多建有教会医院，无一例外都开展了医疗布道工作。如美国公理会开办的汾阳医院注重"五运"工作，故对于医院诸多刷新，医务布道，倍加猛进。[242]基督教协进会在五年运动时期也呼吁各教会加强与教会医院的关系，提高教会成员的医疗布道意识，同时加强教会医院职员的宗教培训[243]，以此来推进五年运动时期的

---

238 张学恭：《华北神学院 1934-1935 周年报告》，《通问报》1935 年第 20 号，第 10 页。

239 鲍哲庆：《布道》，《中华基督教会年鉴》第 13 期，1936 年，第 65 页。

240 John A.Snell, "The Mission Hospital and the Five Year Movement", *China Medical Journal*, Vol.44, No.7, July 1930, pp.690-693.

241 Charlotte Bacon, "The Mission Hospital and the Five Year Movement", *China Medical Journal*, Vol.44, No.12, December 1930, p.1246.

242 冯健菴：《五运声中的汾阳医院》，《兴华周报》1931 年第 28 卷第 22 期，第 32 页。

243 "Strengthening The Relationship Between Hospital And Church", *The Bulletin of the National Christian Council*, No.59, June 1936, p.6.

教会医院布道工作。

对于布道工作，当时教会医院大多数医士深信从事医药的服务便是完成一种重要的使命，在答复问题："在从事医药的宣教工作，你以为用正当医药设备去照顾病人更紧要呢？还是尽力劝导病人使他们乐意归向基督比较的紧要呢？"126 位医士中有 69%这样回答：二者是同样的重要，且是不能分开的；更有 28%的答案以诊治病人是更重要，只有 3%的答案以赞助布道工作是更重要。当时教会医院中的员工也大多是基督徒。如 1934 年时，在 120 处教会医院中，有中国医师 1322 人，84%为基督徒，看护中信仰基督教的有 1792 人。[244]大多数的学徒教士以看病为传教的重要形式，并且重视引导病人相信耶稣，使其灵魂得救。当然随着医疗工作的日渐繁忙，很多医学传教士无力顾及布道工作，只能由专职布道员进行布道。而且此时期医院布道并不再强制向病人宣讲，"各宣教会医院虽在院中提倡布道工作或病人举行礼拜或作个人的谈道，但是我们也知道大多数医院对于一般不愿领受的人，往往不欲将幅音道灌输进去，这也是事实如此的。"[245]

当时在教会医院内，多设有专门的布道员向病人布道，散发宗教册子，并举办一些聚会、崇拜等宗教活动。医院的病房更是宗教气氛浓厚，大多悬挂基督教图片、教义。五年运动时期的医院布道人员，已多是由华人布道员出任。1930 年时，临清华美医院有男布道员 2 人，女布道员 2 人，"每日对病人或谈话，或讲道，或教授读书识字，或演讲耶稣言行，或教以颂主诗歌，及圣经图画引其向道入教之心，住院病人因此信道者日不乏人。"[246]1931 年，保定的长老会医院则有护士与女布道员于 3 个月时间内，在诊所与病房布道，给 3500 名治疗者讲道，部分病人还热切研究慕道者课程。[247]1931 年 6 月，在两广浸会医院听道者则有 1040 人，谈道者有 51 人。[248]当时国民政府南昌行营因"剿共"工作，导致许多的军人受伤住院，故宋美龄特请求教会人士在该地五处陆军医院中布道，以使所有病人能得福音之安慰。圣经会也应此

---

244 施尔德：《医药宣教会概况》，《中华基督教会年鉴》第 12 期，1934 年，第 147-148 页。

245 施尔德：《医药宣教会概况》，第 149 页。

246 徐以达：《山东临清华美医院 1929 年报告》，《华北公理会月刊》1930 年第 4 卷第 7 期，第 31 页。

247 *The 94th Annual Report of the Board of Foreign Missions of the Presbyterian Church, in the United States of America*, New York: Presbyterian Building, 1931, p.53.

248 《两广浸会医院传道机会》，《真光杂志》1931 年第 30 卷第 9 号，第 92 页。

种工作之需要特备新约 1000 本，赠与各院，收效颇宏。[249]1934 年，昌黎广济医院则有 2 名华人布道员，作家庭访问，与病人谈话，作最大努力使医院基督化，并体现基督的博爱精神。[250]再如中华圣公会主办的上海广仁医院内，有苏州女学道院毕业的女传道逐日在病房布道，女教士浦美麟等亦经常来院帮忙布道。[251]因牧师或布道员来病室向患者讲经说道，确实有不少教徒是因住院看病受到宗教宣传而信教。如据周村复育医院 1931 年报告该处对女病人的布道情况时提到，"经过女布道员的宣讲，已经有 30 名妇女声称加入教会，还有 67 名妇女很乐意听福音，另有 47 名也受到了一定影响，但有 30 名不愿意听福音。"[252]而且也常有基督徒病人在医院内诊疗，随时向其他病人讲道。如在美国北长老会在山东的医院除了护士医生布道外，还有另一种常见的有趣布道方式：即许多信徒病人在住院期间，抓住机会帮助其他病人了解基督福音。[253]

除了布道员宣教外，医院内宗教活动内容都紧紧围绕宣传教义的宗旨，诸如查经班、唱诗班、各类人员团契等，吸引病人参加。而且大部分医护人员甚至包括工友都是基督教徒，都在不时开展宣教。如湖北汉口的普爱医院每日上午 9 时，病楼 5 处同时有祷告会，病人一律参加；周三则有职员早祷会，由名牧轮流演讲；周日上午则在救世堂举行礼拜，周日下午则是特别礼拜，探视病人亲属也可加入。[254]再如山东德县博济医院的宗教活动针对不同群体开展，对于职员及护生有查经班、祈祷会；对于工友则有识字班、查经班、祈祷会；对于职员的眷属有家庭祈祷会、妇女识字班、妇女查经班、儿童主日学及孩童会；对于住院的病人则有识字、教诗歌、个人会晤、游戏、演讲、射影戏等活动。[255]天津马大

249 力宣德：《圣经会在华的概况》，《中华基督教会年鉴》第 12 期，1934 年，第 169 页。

250 H.Clay, "Changli General Hospital News ", *The China Christian Advocate*, Vol.23, No.9, September, 1934, p.6.

251 林步基等编：《中华圣公会江苏教区九十年历史（1845-1935）》，上海，1935 年，第 85 页。

252 *One Hundred and Forty Annual Report of the Baptists Missionary Society*, London: The Mission House, 1932, p.35.

253 John J.Heeren, *On The Shantung Front: A History of the Shantung Mission of the Presbyterian Church in the U.S.A. 1861-1940*, New York, 1940, p.223.

253 *Mackenzie Memorial Hospital Tientsin Report*, 1938, p.8.

254 花文渊：《1934 年普爱医院布道概况》，《通问报》1935 年第 7 号，第 7 页。

255 陈绍光：《德县五运声中之医院工作》，《华北公理会月刊》1931 年第 5 卷第 2 期，第 7 页。

夫医院布道工作则是周日有圣经班，由护士及职员自愿参加；一些基督徒则为医院职工举办了卫生、读写的学习班；医院的书柜也藏有小部分《新约圣经》及赞美诗，供有兴趣的人购买阅读；医院每天早晨举行半小时的早祷。[256]齐鲁大学医院除了每天在门诊病房散发福音布道单张外，还在病房举办布道与唱圣诗活动，如1930年时，冯玉祥部队的部分士兵因受伤住院，他们十分虔诚地唱着圣诗，每天还认真地听布道宣讲。[257]

因教会医院开展的各类宗教活动，也使得医院内形成了浓厚的宗教气氛以感染病人信道，当时基督徒对于山东潍县教会医院的宗教气氛曾有生动描述："病人在院中养病，反不觉痛苦，终日高唱圣诗，此诗乃传教道员所教给者，故唱来动听，不受拘束，甚至连大夫，看护士及苦力，亦合唱数首，使外人听之不像医院，直象礼拜堂。"[258]在具体效果上，据1934年的山东青州广德医院报告称：有14个男病人开始阅读《圣经》，并且希望自己加入基督教。1936年的该院报告则称，50个病人愿意继续学习《圣经》，其中两个病人已经成为了基督教徒。[259]又据1936年齐鲁大学医院报告称，曾有一名孔姓女病人，因住院期间受布道感化受洗，还自发成为医院内的女布道员。[260]值得一提的是，医院内的宗教活动不仅吸引了病人入教，而且也使得部分院内工作的职员入教，如"1930年，沧县伦敦会医院曾有3名护士和3名医院杂役受洗，另有2名职员成为慕道者。"[261]

医院布道员还出外巡视出院病人，一则探问病人状况，一则藉以观察其向道之意而继续向其布道。如1930年，华北公理会北平区教会组织布道士1人，教员1人，护士1人旅行，进行游行医务，宣扬真理，联络信徒感情，改造非信徒的迷信，提倡卫生教育，灌输基督化的人生。[262]英国浸礼会医士

---

256 *Mackenzie Memorial Hospital Tientsin Report*, 1938, p.8.

257 *The University Hospital of Shantung Christian University*, Tsinan, 1930, p.27.

258 连警斋编《郭显德牧师行传全集》，第586页。

259 潍坊市益都中心医院：《潍坊市益都中心医院院志（1892-2012）》，山东人民出版社，2012年，第85页。

260 "A Patient becomes Evangelist", *Cheeloo Monthly Bulletin*, No.33, November 30th, 1936, 无页码。

261 Roberts Memorial Hospital, Tsangchow, 1930, p.3, *Council for World Mission Archives*, North China, 1866-1939, Box, No.10-11, Reports, 1930-31, Switzerland: Inter Documentation Co., 1978.

262 刘桂芬：《北平区女布道游行护士报告》，《华北公理会月刊》1930年第4卷第3期，第44页。

也在闲时外出巡诊，借机布道。如山东浸礼会曾组织"乡村布道卫生服务团"，计共 3 团，每团 1 位医生，1 位布道员，在乡村旅行布道医病，每一处十几天不等。"此种工作大得到乡村农民之欢迎，身体与灵性之危，面面俱到。"[263]山东临清华美医院布道员李瑞亭则于 1930 年，"在超过 13 个县的范围内对 416 个村庄做了 538 次访问，以随访以前的病人，调查他们医疗结果的永久性，继续向他们传播基督福音。"[264]亦有教会专门培养医学传道员，如 1930 年，山东美以美会为了辅助医学传道，特设医药函授一门，普及西医，专为该会各支会牧师传道先生而设。[265]当时部分华人基督徒也创办有诊所或医院，借医布道。如山西基督徒吉超谋在临晋创办平民医院一处，院内所有的医生，也同时为传道员，后其还开设医道学校，聘请医道专家，讲授医学与传道知识，以培养借医布道人才。[266]另有山西浸礼会基督徒宋守仪精通医术，常为人看病，也借机劝导病人入教。如 1934 年时，有一村民儿子病危来请其医治，"宋立即前往，不施手术，急俯首为病者祷告，求神医治。旁观者多笑其癫狂，但蒙神大恩，其子病忽大愈。"[267]虽然此故事有违科学，但宋氏则借机劝其全家人教，结果张氏全家将家中其他信仰废除，并每周参加主日礼拜。

为保持医院布道善后工作，当时教会要求："凡是在门诊时所认识的及在病房里所熟悉的病人，传道者必须找着机会去到他们的家庭拜访与他作亲密的朋友，设法把他介绍到礼拜堂作礼拜，介绍与牧师直到得他归主而后已。"[268]如山东平度的美国北长老会医院报告其对病人的分配工作说："一个病人出院的时候，他们备有一张上面记载着病人灵性进步的单子。这张单子会送到于病人家庭所在的地方工作的布道人员那边。"[269]山东德县博济医院则对于出院的病人，因为他们住院的日期很短，不及记名领洗，所以在他们出院之后，

---

263 中华基督教会山东大会：《中华基督教会山东大会第八届常会议录》，周村，1940年，第 19 页。

264 *The Annual Report of the American Board of Commissioners for Foreign Missions*, Boston: Congregational House, 1931, p.46.

265 《医术辅助传道之工作》，《兴华》1930 年第 27 卷第 20 期，第 34 页。

266 吉超谋：《自传自养的机会》，《通问报》1935 年第 40 号，第 14 页。

267 《病家归主之奇闻》，《真光杂志》1934 年第 33 卷第 7 号，第 67 页。

268 王吉民编：《医院布道经验谈》，中华医学会教会医事委员会印行，1950 年，第 12-13 页。

269 魏礼模：《今日中国的布道工作（下）》，《真理与生命》1939 年第 11 卷第 8 期，第 524 页。

就与他们通信，拜访他们，向他们介绍书报；对于诊所的人，则开展个人会晤、普通演讲、购送画片及其它印刷品。[270]住院的病人因在医院时间较长，故布道员有充足时间向他们宣教。

教会医院内热情的服务，也使民众增加了对教会的好感，方便了传教工作。如 1932 年，河北河间医院护士与布道人员到乡村服务时，"至传道人员得在未闻圣道之村落公开演讲者，实缘出院病人居住该村之力也，盖彼等住院时所受之看护与怜悯，实足使彼等于出院后，不能或忘也。"[271]更为重要的是，传教士也通过诊治，让民众慢慢接受西医乃至基督教，改变了民众对西医持恐惧、怀疑、排斥的态度，转而开始对西方基督教与文明产生了兴趣，部分病人也加入基督教。如英国伦敦会在沧州、萧张两处医院因就医而信教的人，时有所闻。"至病愈出院，能读快字圣经的人，亦颇不少。"[272]太谷仁术医院经过医疗布道，"因病而通道者，不乏其人，故来院就诊之人数愈多"[273]，也为借机布道提供了机会。而且教会医院在此时期也不再盲目宣传福音，大多数医院对于一般不愿领受的人，往往不再强制灌输。然而中国百姓宗教信仰意识淡薄，对西医多是有较强功利目的，也影响了医学传教效果。正如当时教会人士提到："不论教内外，凡得了不治之病的，要来请牧师去祷告！甚至有人假部圣经去镇压！如其病愈！鬼退！他们就赞美耶稣不置，并谓耶稣真灵验呀！设若病不愈，鬼不退，这圣经则无益，祷告不灵，耶稣也是假的了！于是再问师娘太保，求神（泥塑木偶）问佛，施行种种邪术！"[274]

值得注意的是，虽然内地会、安息日会、神召会、聚会处等在华基要派差会，未参加或退出协进会，尽管彼此神学立场不同，但都有发展教徒的目的，认同五年运动的目标和宗旨，故能够寻求对话和合作，也在各教会内发起奋兴运动，共同推进教会振兴。但是当时社会福音派人士却并不认同这些基要派的活动，对他们颇有微词，曾称："那些神召会，安息复临会，使徒信心会，耶

270 陈绍光：《德县五运声中之医院工作》，《华北公理会月刊》1931 年第 5 卷第 2 期，第 7 页。

271 孙玉文：《华北教区教区会议暨医务概况》，《圣公会报》1934 年第 27 卷第 6 期，第 12 页。

272 陈子浩：《华北大会纪事》，《总会公报》1931 年第 3 卷第 10 期，第 868 页。

273 山西太谷基督教会：《山西太谷基督教众议会事工报告书》，太谷，1931 年，第 28 页。

274 汪屹：《乡村布道的实施方法》，《兴华》1930 年第 27 卷第 8 期，第 11 页。

稣家庭会，小群，牛津团等，虽属风动于平民之间，实在只等于从前的迎神赛会，算不得什么一回事，因为时过境迁，一经动摇，这等效果，即不能不成为梦幻泡影。"[275]然从布道的实际效果看，这些基要派宗派由于集中力量传道，不过多参与社会事业，在吸引信徒入教方面也好于其他差会。

三、基督化家庭运动与布道

五年运动时期，基督化家庭运动的开展为该运动的重要活动之一，也开拓了布道的新对象。因家庭是教会改变社会的基础所在，而以往教会对家庭传教重视不够，故此时期在华各教会发起基督化家庭运动，通过详细的计划，推进家庭基督化与家庭教育，提倡家庭归主，以发挥家庭在传教中的重要性，意图实现从个人基督化到家庭基督化，最终实现社会的基督化。

（一）基督化家庭运动缘起

鉴于家庭在传教中的重要性，而当时中国教徒的基督化家庭意识却比较淡薄，不重视引导子女信教，故基督教协进会在五年运动中特别发起基督教化家庭运动，试图促进基督的精神活跃表现于家庭，通过家庭实现基督化，然后推而普及于社会、国家并全世界。同时，中国传统的家庭观念较重，实现家庭的基督化也利于影响到他处的基督化。

自五年运动开始后，基督教协进会在1930年还成立了专门的基督化家庭委员会作为该运动的领导机关，并规定每年十月第四周为基督化家庭运动周以造福家庭为宗旨，以促进基督化家庭的实现。当时各地教会还专门召开会议讨论基督化家庭运动问题，确定了具体方针。如1930年4月，河北定县基督教识字运动研究会召开期间，还组织了基督化家庭问题讨论会3次。1930年12月6日至16日，华东区（江浙闽皖赣五省）基督化家庭运动领袖研究会在浙江湖州举行，目的在应付教会人才的急需并进行相当的讨论与准备，同时并研究基督徒家庭今日的需要，到会者有代表90位。大会精神颇佳，并出版《华东区基督化家庭运动领袖研究会报告书》。会议之前，由基督化家庭委员会拟一学校家庭宗教教育调查表，发寄华东区各学校藉以研究学校家事训练之问题，此后承研究会之建议由中华基督教教育会从事调查全国基督教学校关于家事训练之情形；本次研究会还对于教会初高中、大学、神学校训练青年人为

---

275 赵紫宸：《中国民族与基督教》，《真理与生命》1935年第9卷第5-6合期，第273页。

基督化父母问题，有建议多项。[276]本次研究会还通过基督化父母训练、儿童宗教训育问题、全国基督化家庭运动周举行问题、家庭礼拜实行方法、家庭实现受托主义方法、基督化家庭关系发展、家庭识字问题、敬祖问题等多项问题决议案。基督化家庭委员会制作的家庭宗教教育调查表三千余份还寄发包括华东教会在内全国教会之牧师及传教士籍以研究全国教会对于家庭宗教教育事业之状况，以作委员会关于提倡家庭宗教教育之参考。[277]此外，中华基督教会基督化家庭委员会1931年还在苏州召开会议，规定该工作目标有6项：促进个人灵修；推行家庭礼拜；提倡家庭联合祈祷会；举行基督化家庭运动；通函各大会、协会、区会分别组织基督化家庭委员会；提倡各家庭正当娱乐，以期遏制妨害身体的举动，如赌博等恶习。[278]

　　基督教协进会、中华基督教会的年会举行时，也曾专门讨论基督化家庭运动问题并通过有关决议。如1931年4月，基督教协进会第八届大会通过决议，对于基督化家庭运动建议：在各信徒家中竭力实行家庭礼拜；要求教会定出确定之目标，在最近两年中积极布道使多数整个家庭归主；设法使各教友常聚集举行祈祷会，以加密基督徒之团契，并使邻近之非基督徒亦加入基督徒团体。[279]1933年10月，中华基督教会全国总会第三届常会举行时，也对该运动进行了具体的谋划。此次大会决定："在最近三年内，本会基督化家庭运动，应以全家归主为目标，凡未全家归主的基督徒，必须设法使全家为基督徒；促进父母教牧合作，每年组织训练班，引儿女决志归主；提倡活泼的富有生气的家庭礼拜，家长儿女背读金句；举行家庭感恩会，如生日、病愈、秋收等日会集亲友，举行感恩崇拜；举行家庭工作研究会，如父母研究会、基督化家庭团契、家庭社、母亲会等；训练慕道友认识基督化家庭生活的旨趣等。"[280]1936年9月23日至26日，中华全国基督教协进会基督化家庭委员会在上海举行第一届年会，本次年会则建议称："提高基督徒家庭之理想，并提倡基督化家庭生活之方法，使其普遍于各教会；勉励各教会，教会学校及其他基督教机关于各

276 管萃真：《1930年的基督化家庭运动》，《中华基督教会年鉴》第11期，1931年，（肆）第92页。

277 管萃真：《1930年的基督化家庭运动》，第93页。

278 中华基督教会全国总会：《中华基督教会全国总会第三届常会议录》，厦门，1933年，第153页。

279 《关于基督化家庭之决议案》，《中华归主》1931年第117期，第11页。

280 中华基督教会全国总会：《中华基督教会全国总会第三届常会议录》，厦门，1933年，第12-13页。

该区域内提倡基督化家庭生活；扶助教会所创办之领袖训练会中附设之基督化家庭研究班，俾能从事于家庭及父母。"[281]这些规定也为各地教会所执行，推动了基督化家庭运动走向活跃。

当时全国教会一致举行基督化家庭运动，研究讨论家庭各项问题，引导家庭中非教徒入教，推行家庭礼拜，加强家庭中的基督化气氛，推动运动发展。各教会编制印发关于家庭问题出版物，许多教会刊物开辟专栏讨论家庭。基督教协进会也组织基督化家庭委员会，作为领导机关，印刷诗歌、标语、丛书、图画等相关材料，在期宣传则利用机关报或其它杂志新闻纸，作文字之宣传。家庭文字方面除刊行基督化家庭运动周之各材料外，设有家庭文字小组委员会，审查现代基督教机关及其他文字机关所出版之各种家庭书籍并选其中100余种，介绍与各地关心家庭问题者研究之参考。[282]如有管萃真：《五年运动与基督化家庭》《基督化家庭运动周讲演论文》、高伯兰：《家庭中的灵性培养》、余牧人：《家庭教育》、范皕诲：《基督教的家庭伦理》、刘王立明：《家庭节俭问题》、华芬：《家庭娱乐》、胡宣明：《家庭卫生》、陈鹤琴：《为儿童造良好的环境》、李冠芳：《从早到晚（基督化家庭的表演）》《基督化家庭运动周特刊》及相关标语、图画、诗歌、月份牌等宣传品。[283]该会为应付家庭宗教教育需要，还请燕大巴狄秋水夫人(Mrs D.D.Barbour)编著《基督化家庭教育》，请孙恩三著《家庭识字及其实施》，厦门清洁理（K.R.Green）著《和谐的家庭生活》等专门家庭书籍。家庭委员会还出版《父母教育》，计1册，内容分8章，于父母的训练程序可谓面面俱到，并于每程序之后附以实际之表。[284]上海青年协会书局也出版了《基督教的家庭原理》《什么是基督教家庭》《耶稣与家庭问题》《基督教的婚姻观》等相关书刊。《女铎》《女青年》《中华归主》及其他教会出版刊物，也刊登发表家庭问题研究的论说。为促进工作开展，基督化家庭委员会对于全国各地教会提倡家庭运动的办法及效果，亦特调查推广，并呼吁教会捐款支持该运动。

基督化家庭委员会干事管萃真及其同事，在运动期间前往各地教会指导，

---

[281] 中华全国基督教协进会：《中华全国基督教协进会基督化家庭委员会第一届年会报告》，上海，1936年，第25页。

[282] 管萃真：《基督化家庭运动》，《中华基督教会年鉴》第13期，1936年，第90页。

[283] 朱立德：《两年来的中华全国基督教协进会》，《中华基督教会年鉴》第11期，1931年，（壹）第15页。

[284] 《本届家庭运动周出版品预志》，《中华归主》1932年第128期，第7页。

组织多次演讲，并主领讨论会，研究当地教会情况，提倡基督化家庭运动之方法。[285]该会的干事们在五年运动期间，东自江苏、上海、西至四川、成都，南自广东、香港，北至东三省，到1934年凡历46个州县城镇，计16省，出席会议45次之多。"一面奔走呼号，唤醒教会信徒，注重基督化的人生，一面协助各地教会，促成基督化的家庭，在各处地方，以彼之长，助此之短。如此便贯通各教会，成一种极大之运动，一方面更为实际上的运动。"[286]该委员会还协助各地教会举行关于基督化家庭问题之研究会与教会袖会议等，均会派员参加。如基督化家庭委员会委员会在1933年派干事李冠芳出席华南的3处会议，自2月15日至3月26日止，地点在福州、厦门及汕头，均是推行基督化家庭运动。[287]因国内各地教会对于家庭事工发展迅速，所需要之人才颇为供不应求，故1935年秋，基督化家庭委员会特约热心"家运"者9名担任通讯干事，并指导当地教会实施家庭工作而应此种人才之需求。1936年2月至8月，该委员会特请荣美理协助工作，并曾担任南京基督教协进会妇女团体联合会所开之妇女领袖研究会、山东德州公理会教会家庭研究会、北平全城教会义务人员训练会、山海关昌黎天津教会领袖会议、河北保定府华北农村事业委员会会议、河南卫辉彰德教会领袖会及庐山中华基督教传道人员进修会中关于"父母教育问题研究"等问题的指导，颇有成效。[288]

（二）基督化家庭运动的开展

在基督教协进会的组织下，各教会也成立基督化家庭委员会，专门推进基督化家庭运动。为提高委员会的事工效率，有的地方实行联合组织基督化家庭委员会的方法，如华北五省联合组织的农村家庭委员会，而华北基督教农村事业促进会河北支部也设立家庭委员会，设立小组委员会，分任父母教育、家庭卫生、家庭娱乐、家庭生计及总结教育等工作。[289]各教会的基督化家庭运动，

---

285 《基督化家庭委员会报告》，《中华全国基督教协进会第八届大会报告》，上海，1931年，第53页。

286 李冠芳：《基督化家庭运动鸟瞰》，《中华基督教会年鉴》第12期，1934年，第62页。

287 《基督化家庭委员会报告书》，《中华全国基督教协进会第九届大会报告》，上海，1933年，第47页。

288 管萃真：《基督化家庭运动》，《中华基督教会年鉴》第13期，1936年，第89-90页。

289 中华全国基督教协进会：《父母教育及新中国运动》，1936年，第52页，上海市档案馆藏，档案号：U123-0-37。

除了每年的基督化家庭运动周外，还实行家庭宗教崇拜及家庭教育等活动。基督化家庭委员会开展了多种工作，至于教会实施家庭工作之方法与步骤则各有不同，下面对该运动的在各教会具体开展情况，分别叙述：

1. 家庭运动周的举行

基督化家庭委员会提倡教会每年举行基督化家庭动周一次，时间定在十月的第四星期。此为促进全国教会提倡基督化家庭事工，扩大宣传之主要活动。为此，该委员会印有各种材料，如开会秩序、图书、诗歌单张、剧本、论文丛书等以资应用。[290]自 1930 年 10 月起，各教会每年秋季举行基督化家庭运动周，用群策群力和衷共济的方法，来促进家庭中全部生活都能基督化，并负责刊行通用图书、诗歌，标语及图片之材料。第一届家庭运动周于 1930 年 10 月 26 日至 11 月 1 日举行，依次研究家庭灵修、家庭教育、基督教家庭伦理、家庭卫生、家庭经济、家庭娱乐、儿童幸福。[291]自首次基督化家庭运动周推广之后，便引起了基督徒对于基督化家庭运动的关注和兴趣，此后每年运动周举行时，协进会还设定相应的主题，如注重基督化的家庭崇拜、父母教育儿童在家庭中的地位、基督化家庭与社会、父母教育与新中国等，以便各地教会有针对地开展家庭服务活动。家庭运动周期间每天都举行演讲，基督化家庭委员会也对具体讲题都有安排，供全国各教会参考。如 1936 年 10 月 25 日至 11 月 1 日运动周期间，该会规定的运动周 7 天的讲题安排分别为："耶稣的父母、父母之资格、父母之修养、父母对于儿童之态度、父母对于成年儿女之态度、基督徒公民之训练、父母在家庭中为上帝之象征等。"[292]

基督化家庭运动委员会每年还准备运动周程序、图书、诗歌单张、剧本、论文丛书等材料供教会使用。如 1932 年 10 月第三届基督化家庭运动周举行时，家庭委员会准备基督化家庭运动周出版材料，有儿童灵修图、标语、诗歌及儿童祈祷卡片；费明珠著《怎样举行基督化家周》对于筹备及举行家运周办法，甚为周详；朱立德撰《基督化家庭运周崇拜程序》计八日，适宜基督徒家庭之用。[293]而且这些材料颇受各地教会欢迎，如从印刷数量看，1935 至 1936 年，基督化家庭运动周之材料计各刊印 3000 套，此外并由成都美书局重印基

---

290 管萃真：《基督化家庭运动》，《中华基督教会年鉴》第 13 期，1936 年，第 89 页。

291 《基督化家庭运动周启》，《真光杂志》1930 年第 29 卷第 8 号，第 93 页。

292 管萃真：《1936 年基督化家庭运动周筹备近讯》，《金陵神学志》1936 年第 18 卷第 3 期，第 74 页。

293 《本届家庭运动周出版品预志》，《中华归主》1932 年第 128 期，第 7 页。

督化父母歌 1.7 万张，"父母与新中国"五年运动宣言 3.7 万张，家庭运动周祷告小册 2000 本，中英文家庭运动周程序及"父母的天职"剧本各 500 本。家庭运动周材料除供全国教会举行家庭运动周应用外，还为教会领袖会议研究会或短期学校、母亲会、布道会及主日学等提供研究家庭问题之材料。[294]当时教会为了宣传家庭运动周，还编写了很多脍炙人口的家庭运动歌，在教徒中传唱。而歌词也通俗易懂，如山西汾阳教会曾编制歌曲内容为："中华我国欲自强，家庭之内先改良，一切偶像取消尽，真神一位在天堂，晨昏礼拜把他敬，早午吃饭谢天粮，诸凡作事存忍耐，爱字时刻在心藏。"[295]

　　基督化家庭运动周当时在各教会多有组织，活动丰富多彩。如 1930 年 11 月 9 至 16 日，河南石棺教会也举行基督化家庭运动周，每日特请讲员有王盘石、王志士两位牧师进行演讲。基督化家庭讲题由王志士牧师担任，内容有家庭之根本在婚姻，所以婚姻要神圣化；健康的卫生；爱的伦理；知足的经济学；教育要宗教化；团体娱乐；儿童幸福的环境及灵修的经验等，男女信徒的听讲者在 500 人上下。每日聚会时间是早晨祈祷会，午前午后晚上讲道会。会上还组成"基督化家庭祈祷团"，以资互通，相助以抵。[296]同年 11 月，山西辽县友爱会也举办基督化家庭运动周，选定培贞女子学校大礼堂作为会场，将所有关于运动周的标语、图画悬挂墙壁，并有男女学生歌咏五运及家庭基督化诗歌，除 7 位讲员讲演外，又有家庭礼拜及儿童应有的良好环境之表演，尤以后者最为动人，每次听者百二三十人云不等[297]；再如湖南益阳循道公会 1935 年 11 月 11 日至 17 日举行基督化家庭运动周，每日晚 7 时开会请各界代表演讲，到会听者甚是踊跃，每次不下三四百人；先请教外领袖演讲，后有教会领袖按着基督教理解继续讲解。会后组织家庭改进研究会，会场亦大加布置，悬挂各种卫生图画、新生活运动图书及标语等，基督化家庭歌等印刷品。此次运动周，专门讨论关于家庭改进之种种重要问题，并期以讨论所得，施诸实行，养成整齐、清洁、和爱、高尚幸福完美之家庭。各界领袖讲演之题目有齐家与救国、家庭伦理、家庭教育、家庭卫生、经济及娱乐

294 《基督化家庭运动》，《中华全国基督教协进会第十一届大会报告》，上海，1937 年，第 35 页。

295 贞夫：《基督化家庭运动歌》，《崇道季刊》1934 年第 1 卷第 2 期，第 48 页。

296 王儒珍：《石棺教会基督化家庭运动》，《兴华》1930 年第 27 卷第 48 期，第 31 页。

297 张自修：《山西辽县友爱会基督化家庭运动周之经过》，《通问报》1930 年第 50 号，第 39 页。

等，最后有家庭宗教问题演讲。[298]另据 1937 年初中华基督教会四川大会报告，该会在 1936 年举行家运周者计有十区，每区举行之日期长短不同，但多数以一星期为度。秩序方面有表演展览及讨论会各项，每日秩序均占 3 小时，由下午 3 时至 6 时止，如 3 时至 4 时为展览；4 时至 5 时为演讲及讨论；5 时至 6 时表演展览。此外并表演卫生照片及射影灯，至于演讲由名人担任，发挥极为详尽，故参加者极为踊跃。委员会还由四川成都英华书局印象大量家运材料，如家庭歌、宣言、祷文小册、秩序单、表演等。[299]各教会基督化家庭运动周期间，城市教会也多联合教会团体共同举行，而乡村教会由于经济、人才有限则单独举行。

从当时教会参与度看，据 1936 年报告，湖南省内 20 余处教会实行基督化家庭运动周，湖北省内则有 30 余处。[300]1937 年初，基督化家庭委员会根据征求各地情况形成的全国教会关于基督化家庭事工报告称：教会报告举行家运周者约占 60%，其间以举行于农村教会者多数，农村教会举行家庭运动周其所用之时间或一两日或三四日不等。因农村教会缺乏家庭工作人才，故举行家庭运动周时多由城市教会之领袖主持，且按过去调查所得华北美以美会之 9 个农村教会，山西汾州公理会之 7 个支会，苏州北长老会之 5 个农村教会，江苏区监理会之农村教会与四川中基督教会 10 区之城市及农村数会均曾举行家庭动周。[301]家庭运动周还注重善后工作，以保持效果，当时有家庭灵修并家庭识字两项工作。对这两项工作，教会都有特别计划，事前都备有志愿书，并有专门的家庭礼拜及家庭识字之领袖人才。[302]在运动周期间，教会选择相当时间如家庭宗教日或家庭教育日，将志愿书散布于会众，让有意参加家庭礼拜及家庭识字者签名立志。家庭运动周系引起教会领袖及信徒研究家庭问题最得力之方法，盖因各组织活动如母亲会、父母教育研究班、家庭研究团、平民教育班制做儿童玩具，实习家庭游戏，家庭看护及急救法、家庭清洁模范，厨房运动

298 谭华贞：《益阳循道公会 1935 年家庭运动概况》，《中华归主》1936 年第 162 期，第 13 页。

299 《各地教会家运消息续志》，《中华归主》1937 年第 175 期，第 5 页。

300 《中华全国基督教协进会基督化家庭委员会第一届年会报告》，上海，1936 年，第 51 页。

301 《基督化家庭运动》，《中华全国基督教协进会第十一届大会报告》，上海，1937 年，第 35 页。

302 管萃真：《基督化家庭运动周办法大纲》，《兴华》1930 年第 27 卷第 39 期，第 6 页。

等均为举行家庭运动周之善后事工。[303]但是纵观各教会基督化家庭运动周，其活动多半偏重于教会方面，宗教色彩浓厚，也引不起教外人士的兴趣。正如教会人士所言："每次召集基督化家庭运动的时候，被邀者往往感觉大有徒耗光阴之苦。即使有广大的会众出席，最后也不过是一二人在台上表演、演讲，或是报告。"[304]

　　当时基督化家庭运动几乎遍布全国城乡，故对家庭事工领袖的需求量非常大，但是"教会各部工作，每感缺乏人才。其能以牺牲服务精神作事者，尤不多见"，[305]为解决教会人才急需的问题，领袖训练自然就成为基督化家庭运动中的重要问题。当时各地领袖训练的方式主要有领袖训练会，短期学校及短期研究班，如在浙江湖州召集华东区基督化家庭运动领袖研究会，北平卧佛寺的华北区儿童与家庭宗教教育研究会议；华西的重庆、成都等代表灵修训练会；华南广州、福建厦门宗教教育研究会，中华基督教会河南大会等，及其余很多地方领袖训练会议，都在讨论农村教会、城市教会等各种家庭问题。训练会上讨论家庭的问题繁简不一，新旧兼顾，教会领袖则依据当地家庭的急需研究实施，促成基督化家庭之方案，且无不尽量按着地方情形开展。[306]从教会的具体情况看，如中华基督教会广东协会妇女部对于人才训则由训练组负责进行。该组会特开一家庭研究领袖训练班，以造就家庭事工之领袖人才所用的材料，计有海珥玛（Irma Highbaugh)女士所著《基督徒对于儿女应有的态度》小册或训练组领袖刘耀贞女士所制之"儿童品德训练问题研究表"。他们所用的研究方法是讨论而非演讲式的，以引起学员自动思想的精神并锻炼其创造思想的能力。再则注重实验，即各学员将研究之所得在其家中实验，并将实验结果作为下次研究班研究的材料。[307]教会领袖通过培训可了解基督化家庭运动的重要性及开展意义，然后依据当地家庭的急需，研究实施基督化家庭运动方案，这对他们回到所在教会开展基督化家庭运动大有裨益。

　　值得一提的是，基督化家庭运动还涉及到了信徒祭祖问题。当时传教士与

303 《基督化家庭运动》，《中华全国基督教协进会第十一届大会报告》，上海，1937年，第35页。

304 邱德容：《基督化家庭运动的检讨与瞻望》，《家园》1950年第2期，第8页。

305 《华东区基督化家庭运动领袖研究会报告书》，上海，1931年，第83页，上海市档案馆藏，档案号：U123-0-161-1。

306 李冠芳：《基督化家庭事工的鸟瞰》，《中华基督教会年鉴》第12期，1934年，第61页。

307 管莘真：《基督化家庭运动》，《中华基督教会年鉴》第13期，1936年，第86页。

教会领袖也在试图寻找中国本色的祭祖程序，既不违背基督教的一神性信仰，又体现中国的孝的精神。基督化家庭运动发动后，1930 年，华东区基督化家庭领袖研究会举行时，鉴于敬祖问题与家庭灵修生活有相当之关系，特别成立了"基督化家庭敬祖小委员会"，曾有相当的讨论与建议，并拟定《基督徒家庭敬祖问题建议案》，该建议案陈述了敬祖的理由、原则，规定了敬祖的仪式方法，肯定了信徒的孝亲精神，同时也否定了拜偶像与敬祖之间的联系。308此建议案还公开发表在教会报刊，并寄送到全国各教会领袖征求意见，被部分教会所实行。教会此举实际也是在追求敬祖的本色化，革除中国祭祖过程中的迷信部分，取而代之的是以基督教的方法来纪念祖先。

2. 家庭归主

五年运动要求以信徒家庭为教会之单位，注重家庭宗教生活之培养，如家庭礼拜之增设、日常生活之改善及组织家庭问题研究社等，"既得一家归主，则一家之心可齐，而家可齐，则得一国归主。"309家庭是社会组织之基本，亦是个人心身之归宿，故教会布道注重个人，并特别重视全家归主。当时基督化家庭运动重点还在于全家归主之促成，以信徒家庭为教会之单位，注意家庭宗教生活之培养，及日常生活之改善。在基督徒的家庭中，提倡养成按时举行家庭礼拜的习惯，并以基督精神的熏陶，促进家庭的亲睦与合作。教会还注意引导家庭中不信主的人归主，设法使各信徒常聚会，举行祈祷会，以加密基督徒之团契，并使临近之非基督徒亦加入基督徒团体。310有些地方的信徒在农村中推行基督徒家庭团契，各家庭父母为主干，工作有家庭礼拜，餐前感谢上帝；送子女到教会学校读书；彼此为儿童代祷。还有教会组织家庭会，每两礼拜聚会一次，父母子女都参加，活动有敬拜、分班读书及游戏等。311从具体数量看，对于各教会信徒家庭按期举行家庭礼拜问题，根据 1934 年底 125 处教会统计称：全不举行者有 6 处，10%以下者有 27 处，20%以下者有 27 处，30%以下者有 20 处，40%以下者有 13 处，50%以下者有 16 处。312

---

308 《敬祖问题征求全国信徒之意见》，《兴华周报》1931 年第 28 卷第 3 期，第 14-16 页。

309 谭光辉：《我对于五年运动的几种认识》，《通问报》1930 年第 37 号，第 2 页。

310 *The Eighth Meeting of the National Christian Council of China*, Hangchow, April 10-17, 1931, p.25.

311 中华基督教会全国总会：《中华基督教会全国总会第三届常会议录》，厦门，1933 年，第 155 页。

312 《五年运动工作调查结果》，《中华归主》1935 年第 152 期，第 16 页。

　　从各教会具体活动看，也是形式多样。如山西友爱会对基督化家庭规定每月之第一礼拜日下午开教友全体退修会，专为家庭归主祈祷；规定每月之末的礼拜三下午，专为讨论家庭及儿童教育问题。[313]浙江双林教会家庭礼拜从 1930 年起定 4 月 27 日为家庭礼拜日，各堂准时举行，是日虽乡友繁忙之际，来礼拜者仍有 40 余人，除牧师讲明家庭礼拜组织法外，并有报告、见证、唱诗等等助兴；据调查报告已有家庭礼拜者 18 家，此时起立自愿以后实行者 6 家。[314]闽北大会成立基督化家庭委员会，每晚举行家庭礼拜或与邻居数家联合崇拜外，于邵城之信徒家编定号码，每周中之下午有两次邀信徒，依照号码到指定的信徒家中聚会崇拜，俾其成为基督化家庭。[315]闽南福建金井堂会则组织家庭归主团，此团乃成立于 1930 年，各区均有区长督促进行。对于家庭礼拜之督促，该团乃备有家庭礼拜表、报告会及统计比较表，对于会友感情之联络则有家庭联合祈祷会。到 1934 年，金井堂会会友有半数以上实行家庭礼拜。[316]四川荣昌的美美会则于每年春节农历正月初一当天请全体信徒携带家属到教堂礼拜，催促全家归主，提倡家庭礼拜，以期各个教徒的家庭真能基督化。[317]

　　家庭礼拜不但能领人信道，增长信徒灵性，更能乘机广传福音，较堂内布道与会场布道，效果大的多。从家庭礼拜效果看，部分民众因之入教。如 1930 年底，福建涵江教区调查，"全家归主者 110 余家，能举行家庭礼拜的 30 余家，未全家归主的 80 余家，其中决志要领全家归主的 10 余家。"[318]而且部分教会还出现了全家信道的现象，如 1936 年 11 月，山西余吾女布道员武新兰在布道时，曾有当地于朝只全家听道受感归主，并将家中偶像撕碎，参与广传福音。[319]也有非信徒在参加礼拜加入教会者，如河北顺德一农家，信道甚笃，临近的许多非基督徒都来参加他们的家庭礼拜或祈祷。[320]此外，各地教会对婴

313 段翰章：《友爱会》，《中华基督教会年鉴》第 11 期，1931 年，第 91 页。

314 彭守仁：《双林牧境五运之工作》，《兴华》1930 年第 27 卷第 17 期，第 29-30 页。

315 中华基督教会全国总会：《中华基督教会全国总会第四届总议会议录》，青岛，1937 年，第 93 页。

316 黄葆真：《金井堂会五运进行概况》，《总会公报》1932 年第 4 卷第 4 期，第 1131 页；《闽南教会五运工作简报》，《中华归主》1934 年第 150 期，第 13 页。

317 忠心：《荣昌美美会的五运工作》，《希望月刊》1932 年第 9 卷第 4 期，第 23 页。

318 林佳声：《涵江牧区五运工作概况》，《兴华》1930 年第 27 卷第 47 期，第 9 页。

319 霍顺祥：《余吾全家归主》，《通问报》1936 年第 48 号，第 20 页。

320 中华基督教会全国总会：《中华基督教会全国总会第三届常会议会录》，厦门，1933 年，第 155 页。

儿领洗及献婴孩于上帝也相当重视，但最终成效不大。据当时国内 28 个堂会报告，在 1932 年，曾在做婴孩时受过献婴礼的青年，最后加入教会做基督徒的只有 78 人。[321]

当时民众接受家庭礼拜也有一个渐进过程。如甘肃陇县 1934 年冬初晚间举行家庭礼拜，起初民众似讨厌，举行过两礼拜后，人皆争先恐后，请求家庭礼拜举行于其家。到 1935 年春节时，"耶稣之名在全城广传，数月以来，立志归主者百余人，为病祷告痊愈者不计其数，自请教会取消去假神者 4 家。"[322]实际上因家庭成员信仰复杂，既有基督教徒，又有非教徒，在信教问题上也易生矛盾。如在山东登州一男性教徒入教后，起初其母也对其施加逼迫退教，后受其感化而受洗，慢慢其家中所有成员都入教，并将所有敬拜的偶像焚烧。[323]又如山东黄县王姓妇女信教，但他的丈夫却非信徒，"他对她不但轻视，且加逼迫，常辱骂鞭打的时候，她竟然完全顺受，并且求主改变拯救她的丈夫"[324]，终使其也入教。尽管教会及教徒竭力提倡家庭归主，全家入教者仍属少数，这也在于民众宗教观念淡薄，且其固有的宗教信仰多带有较强功利性，特别是对外来的基督教仍存在敌视态度。而且在当时信教的家庭中，妇女又占多数，这也在于她们多长期待在家中，精神生活匮乏，急需宗教寄托所致。然而，民国时期的中国家庭仍是男权社会，即使有部分家庭妇女入教，也会因丈夫反对而作罢，因此真正基督徒家庭比例较低。

3. 基督化家庭教育

近代以降，一夫一妇的新式家庭制度逐渐流行。这种新式的家庭对于主妇的各种智识，例如家政科学，儿童幸福，以及普通卫生等常识，需要的程度至少与旧式家庭不相上下。"从旧式家庭所出来的女子既不能适应这种改变，从学校中所陶冶出来的新式女子，又因他们未曾读过多少家政科学，不能十分应用。"[325]同时，民国家庭仍多盛行旧风旧俗，民众日常家庭生活陋习颇多，不注意卫生，妇女更是只知做饭育子，生活单调。在此背景下，基督化家庭委员

---

321 中华基督教会全国总会：《中华基督教会全国总会第三届常会议录》，第 156 页。

322 马静夫：《陇县家庭礼拜之结束》，《通问报》1935 年第 1635 期，第 10 页。

323 连警斋编：《郭显德牧师行传全集》，第 549 页。

324 《黄县华北浸信会神学院男布道团报告》，《全国基督教布道团团刊》1936 年第 2 期，第 39 页。

325 中华基督教女青年会：《中华基督教女青年会全国会务研究会报告书》，华文印书局，1930 年，第 27 页。

会也指导各教会从事家庭改良工作，推进基督化家庭教育的开展。

基督化家庭运动发动后，教会鉴于单纯布道很难被民众接受，故将宗教信仰与家庭教育工作结合开展，涉及健康卫生教育、父母教育等，活动有定期聚会，主题研究会，涉及个人谈话、家庭拜访、家庭难题的检讨、职业介绍，调剂一般职业及家庭妇女单调疲劳的生活。[326]美国女传教士巴狄德水（D.D.Barbour）还于1930年专门出版了《基督化的家庭教育》一书，"讨论一位好母亲怎样教育自己的孩童，不但是做母亲的必读物，同时也是妇女工作者的帮手"[327]，并多次再版，在教会内非常受欢迎。1932年5月，协进会为推动五年运动工作，又建议各教会在1932年至1934年特别注重基督徒父母的训练，使信众有寻求正当娱乐的机会在基督徒家庭中，养成按时举行家庭礼拜的习惯，并以基督精神的熏陶，促进家庭的亲睦与合作。此外更当引领家庭中不信教的人入教，对于子女已入教而父母未入教的父母，尤须注意；推广教会历：每逢教会纪念时节及习俗中与教旨不相违背之节期，均定相当办法，共同遵行。[328]在具体活动上，当时4月4日为法定的儿童节，协进会还鼓励各教会儿童节前举行"儿童礼拜日"；教会内的父母俱乐部及家庭研究会日渐增多，对家庭预算表，家庭训育问题及家庭饮食卫生方法等都很有价值的研究。[329]

各地教会经常举行基督化家庭演讲或专门家庭活动。如上海自1930年11月9日至15日每日下午5时至6时在四川路青年会大礼堂举行家庭运动，讲演会题旨涉及家庭灵修、教育伦理、卫生娱乐及儿童幸福，主讲者皆上海教会名流，另以游艺电影藉以号召听众，灌输家庭教育，增进高尚娱乐并陈列家教之成绩，以供展览表演模范家庭之生活，盛极一时。[330]辽宁辽阳教会则于1930年10月29日至11月2日举行家庭活动，除教会举行家庭礼拜及讲演外，并由仁母女医院及育才校举行家庭卫生展览及游艺大会，如陈列卫生用具由大夫分别讲演说明，又表演家庭艺术，来院参观者颇为踊跃。[331]再如1932年6月2日至4日，无锡美以美会、监理会及南浸信会联合举行基督化家庭大会，

---

326 北平基督教女青年会：《北平基督教女青年会三十周年纪念刊》，北平，1946年，第20页。

327 潘玉梅主编：《基督化的家庭关系》，上海广学会，1949年，第92页。

328 《五运后半期工作目标建议》，《中华归主》1932年第127期，第22页。

329 《基督化家庭委员会报告书》，《中华全国基督教协进会第九届大会报告》，上海，1933年，第48页。

330 《家庭运动周消息汇志》，《中华归主》1930年第111期，第13页。

331 《家庭运动周消息汇志》，第13页。

每晨信徒布置家庭宗教教育展品，每天分 2 次开会，下午有演讲表演等秩序；大会之第二日有领袖讨论，还有表演 3 次，特由当地监理会组织委员会筹备一切，中以"撒母尔母亲奉戴婴孩"一幕最出色动人。[332]重庆青年会当时则联合该市各教会定期举办齐家会，指导改良家庭生活，作为改良社会生活之基础，每次开会有展览、讲演、讨论、游戏及关于家庭问题之节目，每次参加人数 200 余人。[333]南昌基督教会也组织会友召开家庭讨论会，每月聚会一次，轮流在信徒家中举行，其所讨论题目如预防传染病、家庭布置法、家庭崇拜、家庭经济、家庭娱乐和教养问题。[334]1937 年 1 月 27 日至 28 日，协进会还组织华北四省家庭委员会，在河北、山东、山西等省每月演讲家庭问题至少 1 次，组织青年人成立家庭准备工作，利用成人班提倡父母教育。[335]而且这些家庭活动除了宗教宣传，还有游艺活动以吸引民众参与。

当时因妇女家庭生活无论物质及精神均缺乏相当训练，妇女家庭知识不合时代需要，故教会多次组织母范会、母亲会，宣讲家庭育儿知识，探讨教养儿童之方法与研究父母教育，其宗旨则在于提醒母亲知晓在家中对于子女有重大责任，联合母亲做好模仿家庭。[336]如上海慕尔堂设有母亲会，每月开会一次，所有工作特别注重家庭卫生方面。最初各家庭总以为此种组织并无功用，今则十分热心进行。此种工作包括关于 1 岁婴孩之养护；关于 1 至 5 岁儿童之养护；关于 5 至 12 岁儿童之养护；关于青年成家准备之训练；关于祖母会等。[337]福建金井堂会 1931 年组织母亲团，以研究治理家庭及信徒子女，参加者已达 50 人，每两星期开会 1 次。另该教会还每双月集会一次，组织有演讲，讨论，形成决议，而后将议决案印发给教会内各母亲，以作教育儿童的目标，每年有 2 次或 3 次的福婴大会，举行儿童共同娱乐，引起为人父母者之开心。[338]再如中华圣公会的母范会的组织颇为完善，该会目的是提高婚姻价值，使为

332 管萃真：《无锡基督化家庭大会纪》，《中华归主》1932 年第 128 期，第 61 页。

333 重庆中华基督教青年会编：《重庆市中华基督教青年会二十周年纪念册》，重庆，1941 年，第 10 页。

334 《南昌女界社会服务并布道事业》，《广闻录》1937 年第 4 卷第 1 期，第 10 页。

335 《各地教会家运消息续志》，《中华归主》1937 年第 175 期，第 5 页。

336 朗彼息：《母范会》，《圣公会报》1941 年第 34 卷第 12 期，第 9 页。

337 中华全国基督教协进会：《中华全国基督教协进会基督化家庭委员会第一届年会报告》，上海，1936 年，第 54 页。

338 《闽南教会五运工作简报》，《中华归主》1934 年第 150 期，第 13 页；黄葆真：《金井堂会五运进行概况》，《总会公报》1932 年第 4 卷第 4 期，第 1131 页。

母亲者觉悟她们对于子女教育及训练其子女做将来父母责任之重要，增进为母亲者祈祷生活的经验与宗教生活上的团契，使能获得高尚道德及圣洁品行的家庭生活；加入的会员须为基督徒，且有良好家庭生活者；母范会聚会时，常请名人演讲，关于儿童生理道德之教养及家庭卫生等问题。[339]南京基督教协进会妇女团体联合会系南京教会妇女热心提倡基督化家庭运动的组织，最初因教会中有少数妇女对基督化家庭的工作发生兴趣组织了一个母亲会。该母亲会对于家庭工作的活动，有举行演讲大会、展销、会表演会、父子同乐会、圣诞节、家庭宴会、家庭运动周基督化家庭主日会等，其中秩序均由妇女负责或主讲。[340]该会每月聚会 1 次，讨论并研究家庭问题，唤起教会领袖对于母亲会事工的注意，并在教会领袖会议中要求各领袖研究家庭的问题。在母亲会的活动上，也带有宗教色彩，注重宗教教育，"演讲家庭要理，为小儿订立规条，皆须遵照圣经办理。"[341]

当时还有很多教会组织了家庭研究会，组织妇女进行学习讨论儿童养育及家庭管理的各种知识。如山东济宁教会组织家庭问题讨论会，主题涉及家庭生活的方方面面，并在开办的妇女圣经班上加之以卫生功课，习学母仪、保育之法及家庭健康等知识，以备日后在基督家庭可以管理儿女。[342]美国美以美会在福建之福州、延平及华北数处之美以美会，曾召开牧师夫人家庭研究会，会期约 1 星期至 2 星期之久，参加者颇为踊跃。关于家庭问题之研究则涉及牧师夫人对于丈夫及子女之责任、家庭间彼此的关系、家庭卫生、基督徒家庭的婚姻问题、儿童家庭教育问题、蓄婢及养媳问题、基督徒家庭应有的标准、家庭不快乐之原因及家庭中人如何分担家庭责任与合作问题。[343]华北美以美会还为中学及平民学校学生设立青年成家准备班，以为青年人婚姻准备，使得青年男女得有组织家庭的相当标准。南京中华路基督会堂 1935 年秋则组织少年家庭研究会，该会之目的在促成每个家庭基督化，分宗教部、健康部、社交部、文字部、服务部五部。其中，宗教部专司开会时灵修，聘请名人演讲宗教问题，组织宗教研究班提倡家庭宗教教育等工作；健康部研究家庭营养卫生，介绍医

---

339 管萃真：《基督化家庭运动》，《中华基督教会年鉴》第 13 期，1936 年，第 83-84 页。

340 管萃真：《基督化家庭运动》，第 84 页。

341 连警斋编：《郭显德牧师行传全集》，第 549 页。

342 "The Home", *The Bulletin of the National Christian Council*, No.59, June 1936, p.9.

343 管萃真：《基督化家庭运动》，《中华基督教会年鉴》第 13 期，1936 年，第 85 页。

药常识家庭消遣物品；社交部专司会员及家属同乐会之秩序；文字部介绍有关父母及儿童之读物；服务部专司对于社会及教会服务之工作。[344]教会的家庭研究会多是针对家庭弊端展开，故颇能引起妇女参与的兴趣。

当时各教会在对信徒培训时，也同时注重进行家庭教育的训练。如山西汾州的崇道神学院及平定州的友爱会妇女学校训练许多女信徒，使她们在家庭中为贤妻良母，在社会中为优美公民，在教会中为活泼信徒。除规定的圣经功课外，且训以育婴、卫生、家政和幼稚园等类常识；[345]1931 年 3 月 27 日至 4 月 10 日，广东东江教会举行义务职员训练班，课程中对于基督化家庭一项择晚上分四次表演：3 月 31 日演美满之家庭，描写一个敬爱和乐的家庭生活；4 月 2 日演"照耀闾里"，描写这光照闾里的基督化家庭；4 月 7 日演最后灵光，证明一个精神不死的信徒如何令人钦仰；4 月 7 日还演喜乐家庭，指明家庭得喜乐的方法。[346]再如 1936 年 11 月，安徽怀远教会开办乡村教友读书班，也以半天时间研究家庭之问题，所注重之题目为儿童早期教育，采用展览表证及解释法等。展览计分儿童未生及初生后、儿童岁时每月饮食起居程序之彩色图表，一岁以上之儿童，院内陈列游戏及玩具，参观者甚多。[347]1937年时，湖南湘潭县女学道班举办时，日常课程中也有基督徒家庭训练之研究，早祷会之题目亦与家运问题大有关系。最后一星期用家运周之材料，以为研讨之问题，同时各赠送家运周之材料一套，此外并请牧师演讲基督为主之家庭。[348]此种家庭教育也起到了一定效果，启发了妇女觉悟，督促其在家庭中改变陋习。如有女孩在听北平教会家庭教育演讲后，反应说："骂人的不好，怨不得我一骂人，我妈就打我……人家说小孩应当念书，我娘净叫我哄孩子刷家伙。"[349]

因民国很多家庭的父母对孩子的教育并不重视，"对于儿女将来，也没有计划，不过长大时，替他们找个好媳妇，找个好婆家，就算完成了父母的责

---

344 邵镜三：《南京中华路基督会堂青年工作概况》，《宗教教育季刊》1937 年第 1 卷第 1 期，第 11 页。

345 韦格尔及视察团编：《培养教会工作人员的研究》，上海广学会，1935 年，第 35 页。

346 李启荣：《东江义务职员训练班纪要》，《总会公报》1931 年第 3 卷第 4 期，第 713 页。

347 《各地教会家运消息》，《中华归主》1937 年第 174 期，第 8 页。

348 《各地教会家运消息续志》，《中华归主》1937 年第 175 期，第 5 页。

349 《基督教农村建设》，《华北公理会月刊》1931 年第 5 卷第 10 期，第 22 页。

任。"[350]故基督化家庭运动中也注重父母教育问题，研究子女教育方法，且都以基督教为出发点。当时教会在夏令学校及其他研究会功课中，特设基督化家庭一门，使牧师及教会领袖能在各地训练基督化父母及实施儿童宗教训练工作。基督化家庭委员会还出版了《基督徒对儿女应有的态度》《基督化的家庭教育》《父母教育》《家庭的基督化生活》《儿童的基督化生活》等一系列关于儿童教育的书籍，藉以指导对儿童的培养。

从各地教会父母教育情况看，曾组织多个父母培训或研究班。如昌黎美以美会的父母研究班颇有特色，其选用广学会出版的《基督徒对于儿女应有之态度》为教材，讨论学习家庭教育问题。初时只成立三班，后因其他家庭因见加入父母班之家庭有了改变，因而也要求组织父母班。于是由教会专开父母训练班，后又增添 4 个父母研究班。[351]研究班多设在信徒家中，每星期开班一次，每年合计开班约四五个月。班中研究题目多系基督教家庭宗教生活，家庭宗教教育等问题。[352]再如 1933 年 5 月，烟台女青年会设立良母训练班，自动来报名加入者 15 人，当月已开班 3 次，共有 8 次讲演。[353]1935 年 2 月 23 日至 3 月 1 日，天津青年会还举行父母教育运动大会，特制就父母职责、家庭生活、衣食住等项比例图，优良家庭生活挂图，均系关于父母教育之图表用作展览，并请教育局长等专家进行父母教育的演讲，另有演艺助兴。[354]参与教会家庭教育的学员受到影响颇深，她们将所学知识施于儿女，还将宗教观念传给儿童。曾有学员感叹称："从前我认为我的儿童是应当属我自己的，我自己可以随意管教，但现在我明白儿女原来是上帝所赐给的产业，我们应当按照神的旨意来管教。"[355]

特别是当时农村包办婚姻现象严重，父母不得本人的同意，代替儿女作主，寻择配偶，基督教亦注重改革此种陋习，在对父母教育中特别强调儿女婚姻自主。教会认为："现在许多家庭中许多夫妇不和，性情不投，就是这个原

---

350 李少玲：《到昌黎后的观感》，《真理与生命》1935 年第 9 卷第 2 期，第 87 页。

351 海珥玛：《河北昌黎美以美会家庭工作方法》，《道声》1936 年第 7 卷第 6 期，第 287 页。

352 管萃真：《基督化家庭运动》，《中华基督教会年鉴》第 13 期，第 82 页。

353 《烟台：组设良母训练班》，《女青年月刊》1933 年第 12 卷第 6 期，第 81 页。

354 《青年会昨举行父母教育运动会》，《益世报》（天津）1935 年 2 月 24 日，第 6 版。

355 海珥玛：《河北昌黎美以美会家庭工作方法》，《道声》1936 年第 7 卷第 6 期，第 287 页。

因"[356]，故在对父母教育中特别强调儿女婚姻自主。1932 年，燕大宗教学院为调查信徒婚姻过程，还致函全国各教会征求意见办法，以研究信徒婚姻的原因及生活，解决婚姻中出现的问题。[357]同时，基督教认为婚姻神圣，婚姻不能自由随便。如美以美会即规定："基督徒应当遵守高尚之婚姻，尤须避免离婚之举。"[358]

在父母教育人才训练上，也为基督化家庭委员会所重视。1936 年 2 月至 8 月，荣美理女士协助基督化家庭委员会研究父母育训练之问题，在其指导之下，该委员会曾于南京、德州、天津各地召开会袖会议并在北平、昌黎、山海关、保定府、定县、卫辉及彰德各地授父母教育一科。[359]父母教育影响儿童一生，作用十分重要，故 1936 年初，基督化家庭委员会会议议决实施"父母教育与新中国"的五年计划，其时间自 1936 年起至 1940 年止，并拟定父母教育之事业应由为父母者及现代之青年（即将来之父母）两方面入手，俾能达到家庭基督化与建设新中国之目的。[360]该五年计划目的促进全国教会推进父母教育，以建设新中国为目标，其中 1936 年研究的题目为"父母之天职"，1937 年研究题目为"青年人准备结婚之教育"。1936 年 9 月，基督化家庭委员会第一届年会决定开展父母教育，对于各教会及各社会中基督徒家庭及父母教育实施；对各学校中基督徒及非基督徒学生父母教育实施；对于其他青年人父母教育实施。[361]该年会还建议于 1936 至 1940 年中于中国之华北、华东、华西、华中、福建及广东 6 区内，提倡举行父母育研究所或短期训练学校。每期以两三个月为限，以使教会领袖于担任布道工作中作促进家庭运动之事工，担任平信徒领袖训练所之教授，以及领导并训练一般领袖专为办理父母会及研究班之工作。[362]与之对应的是，1937 年 6 月，华北基督教父母教育研究会成立，专门研究父母教育问题，促使他们找到基督教的标准，指导他们儿女的婚

---

356 陈崇桂编：《基督化家庭》，汉口：圣教书会，1936 年，第 11 页。

357 《燕大宗教学院调查信徒婚姻过程》，《合一周刊》1932 年第 396 期，第 2 页。

358 胡保罗等编：《美以美会教会纲例》，美以美会书报部，第 31 页。

359 《基督化家庭运动》，《中华全国基督教协进会第十一届大会报告》，上海，1937 年，第 36 页。

360 管苹真：《基督化家庭运动》，《中华基督教会年鉴》第 13 期，1936 年，第 90 页。

361 《中华全国基督教协进会基督化家庭委员会第一届年会报告》，上海，1936 年，第 20 页。

362 《基督化家庭运动》，《中华全国基督教协进会第十一届大会报告》，上海，1937 年，第 36 页。

姻问题。

因当时国人卫生意识淡薄，教会还特别注重民众家庭卫生。如昌黎美以美会曾组织家庭卫生访问团，从事于访问各会员家庭，对其进行卫生指导。昌黎教会在 1934 年还专门制定健康家庭计划，宣传各种家庭卫生知识，尤其是还用简单实惠的方法教授帮助乡民防治常见的沙眼。[363]济南女青年会 1930 年则请齐鲁大学大夫检验妇女体格及儿童体格，除礼拜日外，每日定时举行。该会还组织家庭幸福促进会，每两星期举行一次，均请医学博士及专门小儿科大夫演讲各类家庭卫生问题；同时，部分教会还为妇女准备《病理须知》《治法指南》《卫生概论》等读物，以为她们普及医药卫生常识。五年运动时期，农村家庭中之卫生亦大有进步，有许多农村家庭尽力使其家庭改良，例如洁净房饰以灰粉，家畜之类应放于屋外，装新窗户或旧窗加以修理等。[364]但由于当时乡村民风落伍，教会部分新式家庭卫生活动，也遭到当地守旧势力的反对。如烟台女青年会前所办之产妇卫生班，"因为守旧之老妪反对，不能继续，今后当改变教授方法，以贯输产科智识。"[365]

针对当时部分家庭存在的婢女及童养媳现象，福州美以美会则自 1936 年开始废除婢女及童养媳制度之运动，取得相当效果。该会在 1936 年 4 月 8 日，曾专门在传道夫人修养会时举行废婢运动讨论会，并决定凡基督徒家庭有蓄婢者，大家应以友谊劝导之，使婢女得释放自由；凡基督徒家庭中，不肯把婢女释放，牧师不要给他家中人施洗礼。[366]同年 7 月 3 日，该会宗教教育训练会也曾专门讨论蓄婢的危害及基督教对废婢的方法。教会中的领袖亦积极支持该运动，例如该会有女传道 3 人已将其收养之童养媳归还其原来之家属；至其无力收回者则仍收作女儿看待。该会对学校学生家庭中之蓄有婢女者，实行调查，并在学校中多有举行演讲或表演大会，俾知此种习惯之错误，应予即时废除，以符人类平等之原则。为扩大运动起见，1936 年 11 月，该会特组织专门委员会，并决定各委员应前往各区组织废除婢女及童养媳分会，并于 1937 年 1 月底完成组织；印刷单张作为宣传品；利用并介绍应用之材料；制造婢女

363 Viola Lantz, "Better Health on the Three Districts", *The China Christian Advocate*, September, 1934, p.8.

364 《基督化家庭运动》，《中华全国基督教协进会第十一届大会报告》，上海，1937 年，第 41 页。

365 《会务鸟瞰》，《女青年月刊》1936 年第 15 卷第 5 期，第 101 页。

366 《福州教区传道夫人修养会废婢运动讨论会》，《广闻录》1936 年第 3 卷第 3 期，第 2 页。

及童养媳调查表；征求关于废除婢女及童养媳问题比赛之论文等。[367]

基督化家庭委员会还重视在学校的家事训练。如 1936 年 10 月至 12 月间，管萃真偕同巡回团在 22 个教会男女中学校中演出，主领学生及教职员家庭问题讨论会，并提倡基督化家庭运动。这些学校位于江苏苏州、浙江宁波、福建福州、清化、泉州、漳州、厦门、鼓浪屿，参加各种会议之学生计有 3000 余人，教职员约 300 人。此次之旅行各地及访问学校之工作，颇能引起一般职员及男女学生对于研究基督化家庭之兴趣。[368]此外，基督教协进会 1936 年时建议大学教育中应添设家政学、父母教育、儿童心理等学科，以为改进家庭之张。[369]

当时在华教会学校对家庭问题也颇为重视，注重学生家庭教育，在课程中有意培养学生相关技能。教会女子学校多设有家事课目如烹饪、手工、清扫、裁缝等，但学生求学之目的，在于谋得地位经济自立，而不在于处理家庭之工作，故多数学生对于家事课程素不注重，但其对于婚姻及男女社交问题之兴趣亦不减于男生。[370]从具体学校情况看，南京中华女中设有家政班，师生捐款建有家政室，为三层洋房，专供高中三年级学生实习家事之用，内中陈列家庭设备，有课堂，饭厅，读书室及厨房，储藏室。二楼为洗浴室及三年级学生卧室。此举意图使女生在毕业之前学得家事常识，对于家事有相当智识而能在毕业后对于处理家事，不至于毫无把握。[371]该校在 1930 年秋季还添设家事科，为高三必修课程，实施女子家政训练。再如山西铭贤学校 1931年 3 月成立了中学部女生家事学会，学会每月举行两次演讲会，邀请专家演讲家庭游戏、经济、儿童教育等问题，便于中学女生学习。后铭贤学校还相继组织教职员家事研究会与女生部组织家事团，涉及烹饪、缝纫、手工等学习活动，由女教员及女学生随其所好，分别加入，以联络感情，交换智识，并增益宗教事业。

部分教会学校还专门在校内"模仿家庭"，陈列各类家庭用具，以供学

---

367 《各地教会家运消息》，《中华归主》1937 年第 174 期，第 8 页。

368 《基督化家庭运动》，《中华全国基督教协进会第十一届大会报告》，上海，1937 年，第 36 页。

369 《基督教推行改进家庭运动周》，《申报》1936 年 11 月 10 日，第 11 版。

370 《苏浙闽三省青年人之家庭问题及其家庭训练之需要》，《中华归主》1937 年第 174期，第 5 页。

371 《南京中华女中家政班》，《中华基督教教育季刊》1931 年第 7 卷第 1 期，第 68页。

生更好地学习理解。如保定同仁中学安排女生分批轮流住在"模范家庭"内，分掌总务、采买、炊事等家务，学习家事、缝纫、烹饪技术。[372]河北邢台真理妇女学道院还备有中国式屋子 5 间，特布置为模范家庭，引人参观。该屋用一间为卧室，3 间为客室与饭厅，一间为厨房。家庭的家长，即高二班和初四班的学生，每班 2 人，每半月更换一次。学生自己记账，自己整理屋子，自己煮饭，晚上自己有家庭礼拜，每日照旧上课。而他们平日所学烹饪、家政、簿记，都实地在这模范家庭中试验，对于学生的益处最大。1933 年，该校还曾组织家庭大会，用"上海寄来的文艺和家庭歌，有人演讲保育婴孩的方法，赴会者一百六十名。"[373]此外，湖州民德妇女职业学院、山西忻州妇女学校、顺德真理妇女学道院对家庭工作颇有成绩。但是当时教会男校对于家事训练方面，相比于女校而言，多缺少对学生指导，少数男校会举行家庭问题演讲。教会女校开展的家庭教育，利于学生毕业后在家庭中发挥应有作用，促进家庭关系的改良。

当时很多教会大学也开设家政课程。如燕京大学早在 1923 年即成立家事学系，开设食物学、缝纫学、家庭布置学、家庭管理、营养学等课程，并设有家事见习室，以训练家事教育所需教员，促进家庭生活改良[374]。1929 年，该系还组织了家庭经济俱乐部，会员到 1937 年有 30 多人，该部多邀请专家演讲家庭经济问题，组织成员讨论，拓宽他们的家庭知识。而在毕业生方面，到 1937 年该系已经毕业 60 名学生，大多成为中学教师与家庭主妇，亦有在医院服务者[375]；金陵女子文理学院的优行学系开设有家庭及公共卫生、家事管理、家庭设计及布道、营养学概论及家庭研究等众多课程。[376]华南女子文理学院则设有专门的家政学系，开设家政学大纲、纺织学、衣服学、家庭布道学、烹饪学、营养学、儿童养育学、家庭看护学、家庭管理法、家政学教授法等 10 多门家事课程，并安排学生进行家事实习。[377]再如上海的沪江大学在

---

372 《保定同仁中学乡村服务工作》，《教育季刊》1936 年第 12 卷第 3 期，第 55 页。

373 《河北邢台家庭运动布道周经过》，《总会公报》1933 年第 5 卷第 2 期，第 1254 页。

374 《北平私立燕京大学本科各学院系概要》，北平，1932 年 5 月，第 25 页。

375 Department of Home-Economics *Yenching University*, 1936-1937, Peiping, China, 1937, p.2.

376 金陵女子文理学院编：《私立金陵女子文理学院章程》，南京，1934 年，第 141-143 页。

377 私立华南文理学院：《私立华南文理学院一览》，广州，1932 年，第 62-65 页。

大二学期开设有家政选修课，主要讲授及表演家政学知识，如食料、衣料、治家及家庭卫生等，每周 2 小时。[378]福建协和学院的家政课程名为《现代家庭生活》，供学生选修，主要研究食物的选择、储藏及烹饪，衣服的配制，布置之美术，家庭卫生及应接礼仪，共 2 学分。[379]但教会学校家庭教育问题在于教职员多数未能注意学生的家庭问题，学生感觉学校当局对家庭问题过于漠视，这就需要教师引导学生对于家庭生活的意义应有相当之认识，并造成其对于家庭之正常观念。[380]

鉴于当时中国传统家庭弊端颇多，影响了民众的生活质量，故教会也重视家庭改良问题，特选定时日举行讲演，研究家庭教育，城乡青年与学生亦引起极大兴趣，开诚讨论种种家庭问题。[381]如保定青年会 1930 年组织了一个青年妇女联合会，研究家庭问题，每月开会一两次，讨论的范围涉及食物的卫生、儿童心理、儿童训练、家庭经济、家庭关系改善等。[382]特别是当时妇女缠足之风甚盛，如在通县，"在各村走动，随处可见缠足妇女，且十余岁女孩放足者几不可见"[383]，故当时教会还成立天足会，通过散发传单，张贴标语，演讲大会等形式劝诚妇女放足，而且此时期政府也提倡妇女放足，因此在 1930 年代妇女缠足问题已得到基本解决。1935 年夏，基督教女青年会还组织乡村实验团赴福山开展乡村服务，也尤其注意改进妇女地位问题。该实验团组织妇女会、婆婆会和母亲会，并举行妇女演讲会，设法使妇女经济独立，改良妇女婚姻制度，改革束缚妇女风俗习惯，取得一定效果。[384]教会家庭改良工作提高了妇女的家庭观念，利于培养她们的良好家庭教育观，改善家庭关系。如参加山东济宁教会举办的培训班的妇女们在学习后，许多人已经应许扫除庭除，大事清洁，并掩埋瓦砾[385]，可见对乡村妇女的影响之大。

---

378 私立沪江大学编：《私立沪江大学一览》，上海，1932 年，第 104 页。

379 私立福建协和学院编：《私立福建协和学院一览》，福州，1936 年，第 104 页。

380 《苏浙闽三省青年人之家庭问题及其家庭训练之需要》，《中华归主》1937 年第 174 期，第 5 页。

381 《教会生活与事工委员会报告》，《中华全国基督教协进会第十一届大会报告》，上海，1937 年，第 29 页。

382 饶美丽、许植青：《保定青年会妇女联合会情形》，《华北公理会月刊》1930 年第 4 卷第 5 期，第 23 页。

383 黄绍復：《在通县及唐山》，《消息》1934 年第 7 卷第 4 期，第 38 页。

384 《福山暑期乡村教育实验与领袖会报告》，1935 年，第 80 页，上海市档案馆藏，档案号：U121-0-16。

385 连警斋编：《郭显德牧师行传全集》，第 598 页。

（三）结语

基督化家庭运动作为五年运动的重要事工，也是该运动中较有实效的领域，曾被赵紫宸誉为"基督教对中国最伟大的贡献之一"[386]，其重点放在农村家庭与城市家庭事工的发展上，推动了家庭布道的振兴。即使在五年运动结束后，基督化家庭运动并未停止，又重新制定五年计划推行，直至国共内战时期仍有推行，甚至还对建国后的家庭教会产生了影响。从该运动整体效果看，据协进会1934年底调查，对于信徒之家庭生活是否更基督化问题，多数教会答复称："信徒家庭有较高基督化，如有家庭礼拜、家庭祷告、读经、唱颂，家庭中有用基督教联句及图画陈设，家庭较见和睦，信徒言行多有进步，对于各种善举更见热心，而在家庭中之饮酒吃烟及赌博等已见减少，而对于卫生教育亦特别注意。"[387]对于基督化家庭运动的具体效果，根据1937年基督教协进会总结称：即家庭宗教生活加深而家庭之成立家庭礼拜者日益增多，引起家庭归主之兴趣及增加奉献家庭归主之数目；家庭间夫妇、父母、子女、婆媳间有更亲密之关系，并有较好的子女教育，训导子女养成更好的品行与礼貌。基督化家庭运动不但能使家庭生活改进，增进家庭与教会之关系，使教会慕道友人数加增加，参加主日礼拜及其他各聚会之人数亦大有进步，并且养成信徒有服务会及社会之一种热心精神。[388]

基督化家庭运动追求以基督为一切生活的中心，"既能影响其本身，又能引领全家归主，同时亦能影响其所在的社会。"[389]同时，该运动也是在追求西化的家庭生活、家庭教育，强调对现实生活的关切，对民国家庭的改变有进步作用。基督化家庭工作还提高了基督徒家庭生活之标准，增进信徒家庭知识，促进信徒健康生活，增长信徒灵性修养，对于教会家庭实有重大的贡献。[390]随着基督化家庭运动的开展，使得越来越多的家庭形成了家庭崇拜习惯，从而使家庭宗教生活得到了进一步的加强，而且促使家庭与教会关系更加紧密，参加教会活动的人员增多。基督化家庭运动所倡导的这种新式的生活，也与"新生活运动"提倡的目标有所相似，故在一定程度上吸引着国人的关注。然而，基

---

386 G.F.S.Gray, *Anglicans in China*, The Episcopal China Mission History Project, 1996, p.43.

387 《五年运动工作调查结果》，《中华归主》1935年第152期，第16页。

388 《基督化家庭运动》，《中华全国基督教协进会第十一届大会报告》，上海，1937年，第41页。

389 梅立德夫人：《基督化家庭的意义》，《新普益》1931年第31号，第2页。

390 管萃真：《基督化家庭运动》，《中华基督教会年鉴》第13期，1936年，第89页。

督化家庭运动不仅是停留在世俗层面对家庭的改良，根本目的是希望家庭归主，但深受传统儒家思想的大部分中国家庭很难被基督化，其初衷在多数家庭内无法实现。

四、布道效果

五年运动发动后，各地教会积极投入到扩大布道工作中，各种方式的布道接踵而起，平信徒广泛参与布道，布道工作颇有进展。在教徒人数方面，五年运动虽未达到翻倍的目标，但也有不同程度增长。在五年运动开展过程中，要求信徒人数增加一倍，但自 1922 年以后教友人数从未有准确之统计标准。1930年，为了调查教会的信徒人数，协进会建议各地教会搜集信徒人数，期望于1932 年 7 月完成此工作。[391] 各教会也因之进行了教友数目的统计，以便五年运动信徒数目翻倍目标的实施。五年运动则对信徒进行重新登记，不只注重信徒数量的增长，而是更加注重信徒质量，防止教会中进入滥竽充数之徒。基督教协进会为考察教徒增加情况，曾专门做 4 页调查问卷，邮寄给各地教会，要求各地调查信徒数目，到 1934 年底，"共得到 552 位中国布道员及 30 位传教士的回应，他们来自 19 省 365 所布道站，代表了 29 个差会及 23 处独立教会。在他们的回复中，五运期间的教徒人数仅增长大约 16.5%。"[392]从全国教会情况看，对于信徒人数增加情况，有不同的数据统计。如根据基督教协进会干事鲍引登（C.L.Boynton）的报告称：1934 年时，全国教会教徒人数比 1928年时增加 6 万 6 千人。[393]另有学者研究指出：1929 年中国基督徒人数为 446631人，1936 年为 536089 人[394]，增加还不到 10 万人。再如据 1934 年底协进会的调查称：全国教会 1930 年受餐信徒人教 49342 人，受洗人数 14477 人。1934年受餐信徒人数则为 57577 人，受洗人数为 34088 人。[395]但无论何种统计，教徒翻倍目标都远未实现。但是，五年运动却使教会走出了非基督教运动时期

391 " Recommendation Adopted at Biennial Meeting", *The Bulletin of the National Christian Council*, No.37, 1931, p.10, *Conference of British Missionary Societies Archives*, Asia Committee, China, Inter Documentation Co., 1984.《关于布道事业之决议案》，《中华归主》1931 年第 117 期，第 12 页。

392 "Fruits of Five Year Movement", *The Chinese Recorder*, January 1935, p.64.

393 鲍引登：《两年来之中华全国基督教协进会》，《中华基督教会年鉴》第 13 期，1936年，第 151 页。

394 王美秀：《中华全国基督教协进会与穆德》，《世界宗教研究》1993 年第 4 期，第50 页。

395 《五年运动工作调查结果》，《中华归主》1935 年第 152 期，第 16 页。

的低潮期，当时协进会会刊《中华归主》1936 年报告曾称："五运报告中代表 19 省 30 公会 365 地方的言论，均称会友人数增加，精神进步。因地方特殊情形，精神无进步的，只占 8%。"[396]

当然各教会内部增长情况也不尽相同，总体出现增长趋势。以在华活动规模颇大的美国北长老会为例，其教务北至东三省，南至海南省，据长老会年度报告称："1931 年初时，教徒有 11856 人，而到 1935 年初，教徒数增至 14441 人。"[397]此时期监理宗在华信徒人数也有明显增长，"1927 年时，信徒有 26373 人。到 1933 年时，信徒则达到 31319 人。"[398]涵盖在华圣公宗各差会的中华圣公会的信徒和奉教者也有增加，"1930 年为 62112 人，到 1936 年达到 78616 人。"[399]华北美以美会信徒数亦有显著增长，1930 年教友 10492 名，到 1934 年则增长为 17548 人；[400]华北公理会因重视五运扩大布道，信徒数也由 1931 年的 12713 名，到 1936 年增长到 15726 人[401]。中华基督教会广东协会教徒数量虽然增长颇多，但未完成翻倍目标。该会 1930 年教徒有 15814 人，到 1936 年则为 22653 人。[402]再如在山东、陕西、山西三省传教的英国浸礼会的信徒数，从 1930 年的 2225 人到 1937 年增加到 3274 人。[403]从上可以看出，当时多数教会未实现翻倍目标。

然因五年运动开展的情况不同，在各差会不同教区间的增长也有差异。如此时期中华圣公会的华北教区 1930 年教徒有 3781 人，到 1936 年华北教区

396　于绍润：《五年运动之回顾》，《中华归主》1935 年第 161 期，第 12 页。

397　*The 94th Annual Report of the Board of Foreign Missions of the Presbyterian Church in the U.S.A*, New York, 1931, Table No.1; *The 98th Annual Report of the Board of Foreign Missions of the Presbyterian Church in the U.S.A*, New York, 1935, Table No.1.

398　"The Chinese Methodist Church in 1927 and 1933", *China Christian Advocate*, July 1934, p.12.

399　都孟高编：《1936 年中华圣公会统计表》，《圣公会报》1937 年第 30 卷第 7 期，第 32 页。

400　《全国美以美会工作统计》，《兴华》1931 年第 28 卷 49 期，第 17 页；华北美以美会：《华北美以美会四十二次年议会议录》，天津，1934 年，第 386 页。

401　《华北基督教公理会促进董事部事十八次年会》，德县，1932 年，第 49 页；《华北基督教公理会促进董事部事二十三次年会》，汾阳，1937 年，附表，上海市档案馆藏，档案号：U115-0-9。

402　吴义雄：《中华基督教会广东协会与本色教会运动》，《世界宗教研究》2002 年第 2 期，第 74 页。

403　*The 138th Annual Report of the Baptists Missionary Society*, London: The Mission House, 1930, p.89. *The 145th Annual Report of the Baptists Missionary Society*, London: The Mission House, 1937, p.113.

增至 5561 人，增长约两千人，而该会江苏、浙江两传教区则在此期间信徒数均增长了四千余人。[404]个别教会则提前完成目标，如广州东石浸信会在 1934 年初统计，"得新数友 336 人，五运前该会会友不过 294 人，今则增至六百余人，提前完成教友增加一倍目标。"[405]再从纵向对比来看，各教会在五年运动时期教徒增长人数也高于前一时期，如山西平定友爱会 1935 年报告，在五年运动时期新发展教友 852 人，但之前五年发展新教友仅有 470 人。[406]但也有少数教会的信徒因各种原因却不增反减，如山东浸礼会由于重视社会事业而忽视了布道，结果教徒数从 1930 年的 7209 人，到 1935 年减少到 6209 人，然陕西浸礼会却因五运开展得力而信徒大增。[407]五年运动时期，从时间段来看，此时期各教会的信徒人数增长比率实际远高于非基督运动时期。如美国北长老会山东差会在此时期经历了复兴运动，在 1933 年潍县教区有 900 人加入教会，是去年的三倍之多，登州教区则报告教徒人数增至了 50%。[408]而且各教会的布道站在非基督教运动期间大量关闭，在五年运动期间经过教会努力又有所恢复增加，如河北的布道站从 1928 年的 394 处，到 1933 年增加到 560 处，江苏的布道站从 1928 年的 709 处增加到 1933 年的 960 处，福建从 1928 年的 279 处增加到 1933 年的 373 处。个别省教会布道站增加幅度尤大，如湖南从 1928 年的 27 处增加到 1933 年的 263 处，四川从 1928 年的 86 处增加到 1933 年的 448 处。[409]在布道站增加情况下，各地通过培养本土职员及扩大布道，继续促进了教会人数保持不断增长，的确不失为五运的一大贡献。当时东北虽然被日军侵占，但基督教事业在东三省之发展历史上前所未有，"在受洗人数之加增，参加礼拜之踊跃，义务工作之热诚及建造或改建教堂捐之激增等，尤堪证明。该地同胞因政治情况，地方不靖似感生活之不满，是以极愿听领福音。按报告所载人民对于读经及基督生活之兴趣日

404 *Report of the Ninth Meeting of the General Synod of the Chung Hua Sheng Kung Hui*, Foochow, 1937, p.88.

405 《捷足先登之广州东石浸信会》，《中华归主》1934 年第 144 期，第 13 页。

406 静：《平定归来》，《总会公报》1935 年第 7 卷第 5 期，第 11 页。

407 *The 138th Annual Report of the Baptists Missionary Society*, London: The Mission House, 1930, p.89; *The 143th Annual Report of the Baptists Missionary Society*, London: The Mission House, 1935, p.117.

408 Paul R.Abbott, "Revival Movements", *The China Christian Year Book*, Shanghai: Christian Literature Society, 1934, p.189.

409 C.L.Boynton, "Trends in the Missionary Body", *The China Christian Year Book*, Shanghai: Christian Literature Society, 1933, pp.213-214.

在推进中。"[410]

　　五年运动以来，教会布道大有振兴之势。当时"全国教会同心协力对外积极布道，对内增加信徒信心，于是局势又为之一变，并且在最近数年内各地自由布道风起云涌。这种种情形对于教会确有极大的贡献。"[411]五年运动在信徒数字上的增加，虽然不很突出，但信徒的名册却因此经过彻底的清理，凡缺乏生气的信徒已尽量淘汰，使他们精神面貌大有改观，使协进会合作团体内外的各种布道工作，都有一种普遍的进步。当然若仅从五运所定信徒数字翻倍目标来看，正如华北美以美会教士所总结的那样，"作为计划使信徒数量翻倍的五年计划，它是失败的，每当被提起时，对教会工作人员来说都是失望的。"[412]而且受困于当时传教士人数减少及经费紧张等原因，五年运动时期教会的布道目标也发生了变化，如"以前是以宣传福音为目标，今后应以建立天国为目标；以前是以散种为目标，今后应以收获为目标；以前是多重量，今后应多重质"[413]，这也是基督教在华传教日渐理性的体现。

　　各教会面对传教士来华人数减少的现状，积极开辟布道方式，发展了大批忠实的信徒，特别是发动了平信徒参与布道，推动了教会的自传运动。教会通过布道也对当地民众的宗教信仰、风俗习惯产生了剧烈冲击，改变了部分民众的认识信仰与思想价值观念。如在孔子的家乡曲阜，该地深受儒家文化影响，但美国美以美会在此地也吸引多人信奉基督，据该会1933年报告，有孔子后裔58人人教，占全体信徒的四分之一。[414]从布道的方式看，五年运动期间诸如新春布道，个人布道、帐篷布道、兴奋布道颇为兴盛，从多方面吸收了教徒人教，而且还借用教会医院、博物馆等实行间接布道。但是从具体效果看，间接布道远不如直接布道，其在对社会改良贡献的价值远高于在布道上的作用。再从布道的对象看，五年运动布道除了针对妇女、儿童、学生、商人等群体外，基督教也极力在中国争取其他宗教信徒皈依，五年运动时期也确有不少佛教、

410 《五年运动报告书》，《中华全国基督教协进会第十届大会报告》，上海，1935年，第50页。

411 缪秋笙：《近年来的宗教教育运动》，《中华基督教会年鉴》第13期，1936年，第111页。

412 Horace E.Dewey, Seventy *Years of Methodist Evangelism in North China*, Hopei, 1939, p.126.

413 《华北公理会促进董事部1931年干事报告书》，《华北公理会月刊》1932年第6卷第6期，第25页。

414 贾润干：《曲阜美以美会近况》，《兴华周刊》1933年第30卷第20期，第32页。

伊斯兰教等异教信徒加入基督教。如山西孝义县胡山家村古寺有僧人5位，有牧师相机同僧人谈道，以期吸引他们改变信仰，到1931年竟有4人记名基督教。他们欲将寺中偶像完全取消，除去寺庙的名称，恐遭村民反对未果。[415]虽然五年运动推动了扩大布道工作，但基督教作为西方外来宗教，实际在中国民众信仰体系中属于小众宗教，在各地宗教信仰统计中仍然低于佛教、道教等本土色彩较浓的宗教。这也是因民众受民族主义情绪影响，对西方宗教存在固有敌视及怀疑，加之布道人员脱离民众生活实际，基督教在华布道工作更不为多数民众所认可，其意图实现"中华归主"的目的也远未达到。

---

415 冯健苍：《佛门弟子皈依基督》，《兴华》1931年第28卷第21期，第34页。

第三章 教会自治之基：五年运动与基督教宗教教育及青年事业

　　五年运动时期，因来华教士人数减少，在华教会开始推进教会组织上的合一，并逐步向中方职员放权，形成了中西共治的教会管理体系。然因当时中国急缺堪当重任的布道人才，故为教会培养后续力量的宗教教育也是五年运动的重要事工。在此时期，各教会通过开办退修会、学道班、主日学等形式推进宗教教育，并通过专业神学院培养布道人才及教会领袖，同时教会学校面对立案后的新形势，也积极调整策略，继续在学校中实施宗教教育。因青年为教会事业未来发展的关键，此时期各教会还特别重视青年事业以培养青年人才，尤以青年会活动及基督徒学生运动的开展最为积极。基督教的宗教教育及青年事业的最终目的仍是吸引民众入教，更是希望通过这些活动培养本土的教会人才，这也是推进教会自治与振兴的关键所在。

一、基督教宗教教育的实施

（一）宗教教育机关的成立及活动

　　南京国民政府成立后，对于教会学校之立案及宗教教育之设施限制颇严，加之当时在中国教会之中西工作人员，对于宗教教育有专门训练及丰富经验者，却为数甚少。而且"许多教友不能读《圣经》，能读的不愿给不能读的以有系统的研究，基督妥协怕遭反对，因而不敢向前布道，同道的争执使教会元气大伤。"[1]为此，教会急需加强宗教教育工作。在宗教教育成为五年运动事工之一后，基督教协进会专门成立宗教教育委员会，用以组织实施宗教教育。"随着扩大布道的进行，一般有识之士都承认在布道运动之后，必要有宗教教育方能使信道的门徒，根深蒂固，不受风雨的摧折。"[2]

当时国内各地教会对于宗教教育虽有所进行，"但对于各地之进行，须经专门家的调查研究，估评其价值，使各地互相联络，并拟具将来发展之计划；中国各教会领袖，莫不深觉现今教会对于儿童及青年宗教生活之培养，较比从前更应特别注意并努力进行。"[3]在此形势下，应华北公理会、华北伦敦会、英国浸礼会等教会，联合向基督教协进会请求进行全国宗教教育的调查。后在1930年10月，协进会组织五人组成的宗教教育调查团，该团旨在调查当时各教会对于宗教教育事业，何处需要辅助并各教会如何合作进行；调查需要何种文字材料及读物，并已有何人从事于此种材料之编制，可供其他同工采用；调查各地各区及全国对于此项工作之进行，应各有如何之组织。[4]该团当时在全国进行了为期一年的调查，到各处教会征求意见，访问宗教教育事工，最后形成了《中华教会的宗教教育》调查报告。该报告对全国各教会的宗教教育开展情况进行了详细的调查，并指出了存在的问题，为协进会对宗教教育的规划提供了指导。

经过此次调查后，1931年，基督教协进会第八届大会即通过关于宗教教育之决议案，其中规定："请各区教会及其他基督教机关主持各种会议之负责领袖，对于宗教教育之实施，有确定之规则，组成特种或宗教教育委员会，专负责主持宗教教育工作。"[5]因当时中国教会尚无一种适当的组织，使各地从事宗教教育事业者，能互相交换经验。为此，1931年7月，在上海召开的全国宗教教育会议决定组织中华基督教宗教教育促进会，以联络各基督教会，促

---

1 《华河力教士的"五运"观》，《总会公报》1930年第2卷第3期，第396页。

2 缪秋笙：《近年来的宗教教育运动》，《中华基督教会年鉴》第13期，1936年，第111页。

3 *The Eighth Meeting of the National Christian Council of China*, Hangchow, April 10-17, 1931, pp.48-49.

4 李劳士：《教会与宗教教育》，《中华归主》1931年第115期，第8页；缪秋笙：《四十年来之中国基督教宗教教育事工》，《金陵神学志》1950年第26卷第1-2合期，第69页。

5 《关于宗教教育之决议案》，《中华全国基督教协进会第八届大会报告》，上海，1931年，第21-22页。

进各基督教机关之总宗教教育委员会间的合作，出版印刷宗教教育教材，鼓励并协助各教会各机关合办短期训练学校、暑期学校或其他有效力之训练机关，以唤醒男女工作人员在宗教教育事工上有一种新的觉悟与理想。[6]该促进会的产生也在于当时宗教教育环境变迁要适合新的环境，因为政府取缔宗教课程以后，学校方面的宗教教育颇棘手，不能不另辟新途径，以谋教会与家庭间发生更切实的合作。[7]中华基督教宗教教育促进会成立后，也制定了宗教教育五运目标，即在协力推行五运布道目的之下，促进会所注意者为：引人归主；训练慕道友；使基督徒在生活各方面，俱能向上发展的三大目标[8]，这也成为其开展活动的指导标准。

特别是中华基督教宗教教育促进会在编著教材上，成效颇大。该会各编辑委员对于儿童、中学生、乡村、成年慕道友、教会或家庭方面，都谋编著相当的教材，另编辑了《宗教教育书目》与《宗教教育团契》。[9]宗教教育促进委员会还组织了 12 个课程教材小组，涉及初级主日学课、人格课程、邻童主日学教材、夏令儿童会、乡村青年与成人、父母教育、城市青年、成人宗教教育及教会工作人员训练材料等。[10]如宗教教育促进会出版儿童之应用书籍有：人格课程、主日学教本、主日教材、主日学崇拜、儿童诗歌；训练会之应用书籍，如何主领儿童礼拜；新课本及其使用法，教授儿童之音乐与游戏，故事及其讲法童之服务设计。[11]该会编著的教材，以生活为中心，强调基督徒生活之实践，比以往偏重宗教教育宗教性的教材，更加受到信徒欢迎。特别是促进会为满足农民需要，于 1934 年还编写了通俗易懂的初高级《农民宗教读本》，涉及农民与家庭、工作、教会、《圣经》，社会及国家的关系，在各地发行，也从中灌输

6　《中华基督教宗教教育促进会临时宪章》，《中华基督教教育季刊》1931 年第 7 卷第 4 期，第 87-88 页。

7　刘廷芳：《1933 年基督教的宗教教育》，《中华基督教会年鉴》第 12 期，1934 年，第 49 页。

8　Report of National Committee for Christian Religious Education in China, 1935, p.1, *Church Missionary Society Archive*, Section I, East Asia Missions, Part 18, Adam Matthew Publications, 2001, Reel 387.

9　缪秋笙：《近年来的宗教教育运动》，《中华基督教会年鉴》第 13 期，1936 年，第 113 页。

10　The Tenth Meeting of the National Christian Council of China,Shanghai, April 25-May 2, 1935, pp.83-85, *Conference of British Missionary Societies Archives*, Asia Committee, Inter Documentation Co., 1984, N.C.C China, Box.348, 1931-35, No.20.

11　刘廷芳：《1933 年基督教的宗教教育》，《中华基督教会年鉴》第 12 期，1934 年，第 52 页。

宗教精神。但 1935 年，经地方当局举报，教育部因该课本未经审定，其内容均系宣传教义，并引诱儿童举行宗教仪式，均属不合[12]，令各地严加取缔。该会还开办研究院以编译本色教材，为儿童、青年及成年编制新课程，译本内容大部分是由英文课本编译过来，也在各地教会推广。然而，此时期的宗教教育教材虽以编印本色化教材为目标，但大多还是编译自西方教会人士的相关著作，并没有完全根据中国国情编写。

五年运动中的宗教教育目标，协进会也有具体规定。当时基督教协进会规定地方教堂或基督教机关的目的为："筹办一个进步的完善的主日学校，为儿童、青年及成人分设班级，并使有参加团体生活之机会；各教堂应指导父母使能从事于基督化的家庭工作，创办识字班以作宗教教育的基础。"[13]1932 年 5月，协进会为推动五年运动的宗教教育工作，又建议："各教会在 1932 至 1934年特别注重训练义务领袖，要求在 1934 年 12 月以前每个堂会至少当有 2 人受过教会义务领袖的训练；鼓励每个信徒其他同道组成小团契实行逐日读经；至少参加一种服务教会或会的义务工作；引领他人信仰基督实行基督化的生活并加入教会团契；每个堂会当尽力筹办一个进步的组织完善的主日学校，为儿童、青年及成年分散班级并使有参加团体生活之机会。如可能时，此等工作亦可不限于主日；随时开办短期学道班训练并奋教友及慕道友。"[14]这些具体的建议，也在全国各地教会中得到落实贯彻。

对于宗教教育的开展，中国基督教中从事宗教教育的组织可分六大类：基督教所立之各级学校，各教堂之主日学堂会中其他各团体，他们供给材料；拟具计指导方法介绍思想，则有全国合办的组织，如各教会的总机关或差会机关、中华基督教教育会、中华全国基督教协进会、中国主日学合会及基督教男女青年协会。[15]为推进宗教教育工作，各教会也有具体措施。如 1930 年，中华基督教会全国总会第二届常会规定：各个堂会或支会应成为一个地方的宗教教育中心，有教授宗教的学校，有青年男女的特别工作，有为不识字会众开

---

12 《河北省教育厅训令：第 847 号》，《河北教育公报》1935 年第 8 卷第 15-16 合期，第 6 页。

13 刘廷芳：《1933 年基督教的宗教教育》，《中华基督教会年鉴》第 12 期，1934 年，第 49 页。

14 《五运后半期工作目标建议》，《中华归主》1932 年第 127 期，第 22 页。

15 刘廷芳：《1933 年基督教的宗教教育》，《中华基督教会年鉴》第 12 期，1934 年，第 49 页。

办的千字课本班，有对于慕道友的特别查经班。[16]由于教会各方面对于宗教教育有新的认识和重视，所以除了固有的主日学合会、勉励会等宗教教育机关之外，各宗派相继成立宗教教育部，任用宗教教育的干事，负提倡推进之责任。[17]1933 年，中华基督教会全国总会第三届常会还规定："与本会有关之各种神学校或圣经学校，或宗教学院应特注重训练精明强干的牧师或传道人，使其有丰富的宗教经验、能力，能传道，能教人，能训练会友，能培养会友的服务精神，并能领导教会以实现奋发我国民族精种的使命。"[18]这些规定也多被各地教会所落实执行。

当时在华教会还联合成立了全国性的宗教教育团契。1931 年 7 月，全国宗教教育会议上决定组织基督教宗教教育同工团契，旨在联合全国教会、学校及家庭的宗教教育人士，分享工作经验，彼此祈祷，形成团契来推广基督教会的宗教教育事业。[19]宗教教育同工团契是以个人为单位，所以是向个人负责的，不是像宗教教育促进会以教会为单位，而向各教会负责的。团契成员处在赞助的地位，对于宗教教育发生浓厚的兴趣，为促进会的后盾，而且所有契员都同意彼此代祷，交换经验与工作的结果。[20]到 1935 年，宗教教育同工团契 1935 年已有 650 人。[21]到 1937 年时，宗教教育团契发展到会员 703 人。[22]团契成员还在各地乘机组织并进行分会事宜，促使部分教会也有地方宗教教育团契组成，开展多样活动。如 1934 年 3 月 3 日至 4 日，山西宗教教育同工团契，曾演讲宗教教育的目标、家庭宗教教育的重要及耶稣的品格教育原则。[23]

16　中华基督教会全国总会：《中华基督教会全国总会第二届常会纪念册》，广州，1930年，第 109 页。

17　缪秋笙：《近年来的宗教教育运动》，《中华基督教会年鉴》第 13 期，1936 年，第112 页。

18　中华基督教会全国总会：《中华基督教会全国总会第三届常会议录》，厦门，1933年，第 15 页。

19　Report of National Committee for Christian Religious Education in China, 1935, p.5,
Church Missionary Society Archive, Section I, East Asia Missions, Part 18, Adam
Matthew Publications, 2001, Reel 387.

20　缪秋笙：《近年来的宗教教育运动》，《中华基督教会年鉴》第 13 期，1936 年，第114 页。

21　《五年运动报告书》，《中华全国基督教协进会第十届大会报告》，上海，1935 年，第 50 页。

22　《中华基督教宗教教育促进会报告》，《中华全国基督教协进会第十一届大会报告》，上海，1937 年，第 32 页。

23　《山西宗教教育同工团契》，《宗教教育团契》1934 年第 4 期，第 37 页。

就各地教会宗教教育开展情况看，都是针对各地实际开展活动。如浙沪浸礼会热烈欢迎宗教教育促进会所出版之各书籍，并积极进行宗教教育工作，使牧师们对于宗教教育增添兴趣；圣公会的领域连山西凡 12 区，已组织宗教教育委员者有江苏、汉口、安庆、河南、香港等 5 区；中华基督教会的政策乃是以各地教会为中心，注意各地个别发展，在广东、福建、两湖、汕头、东三省等教会已有宗教教育委员会及干事。[24]再如 1933 年时，美国监理会所办领袖训学校计有 30 所，备有适宜课程，结束时并发证书，同时新书籍亦有出版，以补促进会之不足；夏间于普陀举行青年修养会，参加者有来自学校及教会之成年男女 150 人，该会以松江为宗教教育中心藉会议通讯及播音等方法，服务各地教会并定有程序。[25]浙江温州循道公会 1936 年则组织宗教教育部，工作包括儿童主日学校，分高级科、初级科、启蒙科、儿童勉励会；成人主日学分成人勉励会，分男女二部，青年查班分中英二部；还有基督徒青年社、基督徒团契会；训练班分执事训练班、联区教士训练班、儿童主日学领袖训练班、成人勉励会领袖训练班；义务教士养成所在可能范围内开设圣经学校，造就区领袖人材。[26]当时各教会宗教教育也主动适应社会环境变化作出不同调整，教会认识到："在主日礼拜、主日学校、教会学校及信徒家庭中实施宗教教育，而以基督之言行，为中心之研究，乡村的宗教教育如果要实际的应用起来，必须是很简单的，直接的，容易实行的。他们所受的宗教教育，必须能够应付日常的需要，并能与日常的经验有密切的关系。"[27]教会正是因采取多样且适应民众需要的宗教教育，才容易被民众接受，进而对他们产生影响。

在教会内部，也成立相应宗教教育委员会指导活动，并举行宗教教育训练。如华北公理会规定在 1930 年内，各堂为其信徒，至少应有二星期之宗教教育课程训练。[28]1931 年，华北公理会还成立宗教教育委员会，聘请宗教教育干事，目的即为要帮忙协助公理会宗教教育事工。1930 年 10 月，华北美以美会遵化区则举行宗教教育领袖会，为期 10 日，70 余名教会领袖参加，有晨更会、灵修会、唱诗班、礼拜等活动，而传习课程则有儿童事业研究、卫生、宗

24 刘廷芳：《1933 年基督教的宗教教育》，《中华基督教会年鉴》第 12 期，1934 年，第 51 页。

25 刘廷芳：《1933 年基督教的宗教教育》，第 52 页。

26 《浙江温州循道公会宗教教育部近讯》，《中华归主》1936 年第 169 期，第 16 页。

27 中华基督教宗教教育促进会：《成人宗教教育的研究》，上海，1938 年，第 7 页。

28 "The Five Year Movement in North China", *The Chinese Recorder*, April 1930, p.264.

教教授法、圣经会、平民教育的研究等五项[29]，后该会每年都举行类似宗教教育训练会；福建延平美以美会则专门设立宗教教育干事，每年出巡各堂会，指导儿童主日学、青年、儿童各种事工，提倡义工训练，推动平民教育。[30]山西各地教会开展的宗教教育活动也比较丰富，如寿阳组有工友查经班；太谷教会常于主日开会前表演圣经中之故事；汾阳教会除各级主日学校外，并设有领袖训练班及宗教教育委员会；太原友爱会附设英文查经班，成效颇著。[31]此外，各教会每年还举办宗教教育退修会、暑期宗教教育研究会等活动。

各教会还经常举行宗教教育的研究会或训练会。如1933年6月30日至7月9日，皖赣区宗教教育研究会在芜湖召开，来自美以美会、基督会、来复会、青年会及中华圣公会等教会团体领袖40人参加，研究如何共同努力来应付当前全世界的难关，深切认识各教会团体工作的计划等，活动有礼拜、各项讨论会、特别演讲、娱乐等。会议决定为各类工作人员举行乡村教会训练会、家庭教育训练会及青年事工训练会；并编著教会工作人员的教材、编著青年事业者用的教材，编著中学生应用的宗教教材。[32]再如1934年7月，四川暑期宗教教育研究会在成都举行，为期19天，各公会派代表出席，工作有宗教演讲、公民演讲、卫生演讲、儿童娱乐、农业指导等，会中所研究讨论的问题有幼稚主日学、儿童崇拜、现代思潮与基督教、基督人生、农村农业问题、查经等。[33]1936年10月12日至22日，华北美会遵化教区第七届宗教教育训练会举行，每日有个人礼拜、灵修会、游戏、父母教育、公共崇拜、宗教教育、平民教育等内容，参会者40余人，最后有圣餐会、见证会。[34]

当时教会还组织宗教教育展览会，进行各种宗教用品的展示，以便加深信徒的宗教意识。如1930年，北平联合女子圣道学院学校举行华北宗教教育暨布道展览会，开会3日，参观者达700余人，尤以教中男女布道人士及学校之男女教职员为数最多。会中陈列琳琅满目，展览宗教教育、宗教文艺、乡村布

29 霍伯恩：《华北遵化美会教区宗教教育领袖会报告》，《教育期刊》1930年第35期，第33-35页。

30 中华基督教卫理公会：《中华基督教卫理公会百周纪念册》，福州，1947年，第45页。

31 《山西宗教教育同工团契》，《宗教教育团契》1934年第4期，第37页。

32 《皖赣区宗教教育研究会》，《兴华》1933年第30卷第27期，第32页。

33 蒋经营：《1934年暑期宗教教育研究会纪略》，《希望月刊》1934年第11卷第19期，第21页。

34 《华北美会遵化教区第七届宗教教育训练会》，《宗教教育季刊》1937年第1卷第1期，第34页。

道、教会装饰等 12 类展品，并备有基督教文字书籍等类，作为奖品。[35]1931 年春，济南广智院特地主办宗教教育展览会。此次展览会持续一周，主要陈列家庭崇拜用的对联祷文、儿童阅读的耶稣生平画书、主日学教材、宗教剧本、大型宗教图画等，由齐大学生义务为观者解说。展览会还在晚间上演基督教的幻灯片与电影，并由民众学校学生演出宗教剧，使得展览会充满浓厚宗教气氛，参观者也多是教徒。1932 年，华北教会还召开儿童与家庭宗教研究会，大会另有宗教教育展览及临时图书馆之设备。前者展览各种有关宗教教育之图书馆、教材、手工、玩具等；后者搜集各种有关于家庭宗教教育问题之书籍刊物，以供代表随时阅览。[36]从当时各地受宗教教育人数看，数目也颇为可观，据 1934 年报告，"山东长老会受宗教教育人数 2262 人；华北公理会受宗教教育人数 2024 人；美国监理会受宗教教育人数 9321 人；循道公会受宗教教育人数 20979 人；美国南浸信会受宗教教育人数 35241 人。"[37]各地教会宗教教育的开展下，不仅吸引了部分非信徒入教，更为教会培养一批热心教会事务的人员。

（二）教会人员训练与进修

在近代中国动荡的社会环境下，本土教会人员对传教士在华的工作开展不可或缺，故传教士相继设立圣经学校及神学校，培训中国本土布道员。正如当时教会人士所言："夫西人传道于吾，非欲吾崇奉之，依赖之，而已彼为归宿，实欲作我介绍，使我为主直接之仆，作证于诸同胞之前也……是以布道于中国，欲收绝大之效力，吾华人固不得难辞其责。"[38]五年运动中，因传教士来华人数的减少，"从 1927 年的 8250 名，到 1930 年时已锐减到 6346 名"[39]，加之传教重心向农村民间转移的呼声甚高，急需大量中国布道员加入布道，振兴基督教会。

随着传教事业的不断扩大，传教士无力应付，往往需要本土教会人员独立开展工作，故对其综合素质要亦相应增加。当时中国布道员的文化素质不高，"据调查所得，现在所有的布道员 2/3 不够中学程度，还有些布道员连高等小

---

35 《宗教教育流动展览会》，《中华归主》1930 年第 110 期，第 7 页。

36 管萃真：《我对于华北区儿童与家庭宗教研究会的感想》，《中华归主》1932 年第 127 期，第 17 页。

37 《申报年鉴（民国二十五年）》，申报年鉴社，1936 年，第 1281 页。

38 中华续行委办会：《中华基督教会年鉴》第 1 期，商务印书馆，1914 年，第 75 页。

39 C.L.Boynton, "Missionary Staff in China", *The China Christian Year Book*, Shanghai: Christian Literature Society, 1937, p.459.

学的资格也没有"[40]，布道多是老生常谈，无法适应新形势。"往日不是看重理智，就是注重物质，这种传道方法绝不能收获美满的效果。"[41]经历非基督教运动冲击的教会人员，情绪低落，灵性修养较差，如不能表现基督的精神，对教务不热心，敷衍了事，极大影响了教会的正常发展。对普通信徒方面，教会以前多注意人数的增加，而少注意信徒质素的培养。"大多数教友缺乏能力，遇了打击便迎风而倒了。所以今日全国教会的五年奋进运动，一方面求对内训练，一方面作对外的布道，切中时弊。"[42]

中华基督教宗教教育促进会 1931 年成立后，对于各地教牧人才及义务工作人员在培养问题上加以详细检讨，出版《培养教会义务工作人员》小册子。1935 年 2 月至 8 月，该会又请美国神学家韦格尔（L.A.Weigle）来华主持教会工作人员研究，组成调查团，后于当年 7 月 18 日至 28 日在牯岭举办"全国培养教会工作人员讨论会"，进行了共同讨论。同年秋，调查团研究结果以《培养教会工作人员的研究》中英文出版。[43]为加强领袖人才训练，1936 年夏，该会还在牯岭举行传道人员及教会工作人员的进修会，并在各地组织了 5 处短期研究会。此外，针对当时本土布道员的质量层次不一的现状，协进会还特别注重布道员素质的提高，对其进行综合的考察培训，并制定修养省察、研究圣经、参加公祷、表率家庭、实行服务、个人布道等六大提高个人灵性的方策，以为教会培养合格的本土人才。

基督教协进会在五年运动中对培训事工加紧工作，除了原有的专门培养布道员的神学校外，还加强教会领袖及平信徒的神学修养，活动有圣经班、退修会、学道会、训练班、主日学等活动。从全国情况看，据 1933 年中华基督教会调查，全国教会中有成人班的堂会占 67%；有儿童主日学的堂会占 47%；有慕道友训练班的堂会占 35%；有识字班的堂会占 22%；有宗教教育委员会的堂会占 18%；有青年工作的堂会占 13%。[44]下面根据教会宗教教育活动类

40 李树秀：《从社会学的目的说到五运应做的事工》，《鲁铎》1930 年第 2 卷第 2 号，第 22 页。

41 孟子兴：《太谷布道员退修会志盛》，《通问报》1935 年第 1 号，第 11 页。

42 陈立廷：《主日学的我见》，《中华基督教主日学推行会十周年纪念册》，上海，1930年，6 页。

43 《中华基督教宗教教育促进会报告》，《中华全国基督教协进会第十一届大会报告》，上海，1937 年，第 32 页。

44 中华基督教会全国总会：《中华基督教会全国总会第三届常会议录》，厦门，1933年，第 159 页。

别，分别叙述：

1. 平信徒训练

长期以来，教会牧师引人信道重量而不重质，"在慕道时期，既无相当的领导而信道后更无适宜的培养，一概任其自然"[45]，导致教徒对教会事工没有相当训练，而传教士因种种原因不愿或不能放手让本土教徒管理教会，而遭受教内外人士批评。1928年的耶路撒冷大会上，中国教会也认识到当时"领袖人才太多，平信徒人数薄弱，及经济缺乏，难以执行所愿成功的事业"[46]，而平信徒之训练乃教会自治之基础。故五年运动发动后，协进会已开始着重培养本地基督徒，培训熟悉当地社会的平信徒。为配合平信徒训练，中华基督教宗教教育促进会设计了3套训练课程，分别针对不同的对象，一为具有读新约圣经及作简单笔记能力之信徒；一套为具有小学毕业程度之男女；另一套为拥有初中毕业或同等学历之知识分子[47]，也在各教会所推广。为训练信徒，当时教会还编有相关教材，如山西公理会王学仁编《教友须知大纲》，天津中华基督教会编《基督徒须知》，全绍武编《教友》，圣公会遍《一年圣课》，美以美会编《教友十课》等[48]，这些教材在各训练班中广泛使用。

五年运动时期，教会在各地开办平信徒训练班，开设《圣经》知识、教会管理、议会规则、科学常识，卫生常识等课程。如当时通县有冬季农民短期学校，为期2个月；徐州长老会有训练会，为期两星期；华北美以美会有宗教教育训练会；河北伦敦会有信徒训练会；南京淳化有农民福音学校，为期二星期。[49]英国浸礼会当时在山东也办有平信徒培训班，又分初、高两级，多在春冬的农闲时间举行为期一月的培训。该会对于学员也有严格要求，需要由教会牧师推荐，年龄在20至50岁之间，至少能阅读部分诗篇，且热心在教会服务，学员也不需缴纳费用。[50]学员白天学习旧约《圣经》、教会历史、健康卫生、唱歌等知识，晚上自由讨论祈祷，就传教方法展开讨论，另到附近村庄实习布道。再如1933年1月16日至22日，南京教会则举行宗教教育短期训练学校，课程

---

45 陈肯堂：《平信徒的训练》，《普福钟》1936年第1卷第10期，第5页。

46 遂光：《中国基督教革新运动概述》，《合一特刊：复活》1931年，第71页。

47 Alice Gregg, "Religious Education", *China Christian Year Book*, Shanghai: Christian Literature Society, 1937, pp.236-237.

48 王学仁编：《教友须知大纲》，上海广学会，1933年，第1-2页。

49 张福良：《农村教会》，《中华基督教会年鉴》第12期，1934年，第65页。

50 *Religious Education in the Chinese Church: the Report of a Deputation*, 1931, Shanghai: National Committee for Christian Religious Education in China, 1931, p.210.

有灵修礼拜、圣经演讲、家庭宗教教育、儿童宗教教育等。该校有学生 157 人，分教会科、儿童科、家庭科、圣经科共 4 班，最后合格得证书者 50 人。[51]中华基督教会闽南大会规定各堂每年应设一短期学校，以教授罗马字，与帮助会友明白道理为目标。每组最少 2 礼拜为期，课程特别注重教不识字的信徒及慕道友，使其学习罗马字，俾能自读圣经之捷径。如据 1936 年报告，闽南教会所设短期学校有 36 处。同时开办基督徒训练班，邀集各堂有志研究圣经的男女会友集中训练，每次最少 2 礼拜，每日按时上课，教以圣经以增进其圣经学识，演讲要道，以提高其灵性，并示以引人入教的方法，帮助教会种种工作。训练班在泉州、漳州、厦门各区均开设，就学者不下数百人。[52]此类训练举行时，部分教会因条件所限，尽管不收学费，但要求学员自备饮食或住宿。

　　平信徒训练班目的乃是培养完善的基督徒及义务布道人才，用基督的精神生活、物质生活，还有农业改良和职业指导帮助他们，其开办形式也灵活多变。如山东济宁教会每届冬令利用农暇召集所属各堂领袖到城里教堂学习，使他们明白圣经原则和教会组织大意，待他们回到住所，则能以领礼拜传福音。天津伦敦会关于训练工作，自立约至领洗各有相当课程。如不识字者须先学快字或千字课。至领洗后，藉各种运动，各种聚会和家庭拜访，并用友谊中的人格感化，培养其宗教生活中的智识及服务精神。[53]河北通县公理会则改变平信徒训练办法，试行视察辅导制，有一班专家，如农业干事、平民教育干事、宗教教育干事等，给予教会以专门技艺上的辅助。视察员随时到各堂会里，辅导一切，使专家所做的工作，不致中断。[54]华北救世军 1932 年 8 月还在北平组织信徒训练班，为期 3 个礼拜，当时学员有 30 位，教授他们传道工作以更好服务。[55]受训信徒经过训练，有了深造的工夫，对于基督教有更真的认识，成为将来教会发展的原动力。

　　为了加强教会管理，教会还开办专门的基督徒领袖培训班，在班上讨论

---

51 中心：《南京宗教教育短期训练学校记事》，《总会公报》1933 年第 5 卷第 1 期，第 1211 页。

52 中华基督教会全国总会：《中华基督教会全国总会第三届常会议录》，厦门，1933 年，第 62-63 页。

53 中华基督教会全国总会：《中华基督教会全国总会第四届总议会议录》，青岛，1937 年，第 78 页。

54 韦格尔及视察团编：《培养教会工作人员的研究》，上海广学会，1935 年，第 120 页。

55 《军官战务训练班》，《救世报》1932 年第 174 号，第 5 版。

圣经及基督教话题，讲授传教方法。训练班学生也多有实习工作，活动有去帮助附近村庄领导礼拜，为儿童学校辅导等。如河北萧张伦敦会的平信徒领袖班，每年举行一次，由堂会联合而成，时间为期 3 周，每堂推选信徒 1 人参加，花费由各堂热心捐助，课程有圣经、卫生、家庭归主运动、基督化家庭，以造就义务人才充任本堂领袖为宗旨；同时还为女信徒办有妇女会领袖班，以教会妇女领袖为学员，限期 10 天，选取与妇女有关系的圣经中有益之课本，教授成立妇女会的方法。该会到 1933 年秋，已成立妇女会 12 处，每周三聚会一次。[56]沧县伦敦会也注重训练乡村小学教员为教会领袖，开设的课程为教育学、农业、学道等。因当时乡村布道人员缺少，如保定蠡县公理会有信徒 400 余人，记名信徒万余人，但传道人只有 3 名[57]，故各教会也开办布道人员训练班。如北平圣书学院附设乡村布道训练班，为期一年，要求只招男生，且一年中 7 个月授课，3 个月布道。课程有新旧约全书、教理、个人布道法、乡村布道法、圣经地理、教道法及远东宣教会政策等。[58]此外，保定同仁、潍县广文、即墨信义中学等教会学校，也开设关于教会领袖训练的课程。此时期，教会从事于平信徒领袖之训练，使由传教士移交于受薪中国职员之职责，再移交于平信徒之手，也利于教会的自治进程。如 1930 年华北公理会的年度报告中提到："或老或少的中国人领袖，他们正在承担越来越多的管理责任，这使我们意识到实际和形式的领导权在很大的程度上正交到中国人手中。"[59]

2. 退修会之组织

五年运动推行工作之最有效媒介为退修会。当时各地信徒"不但注意自身灵性生活之发展，而且愿意担任各种服务工作，但因不知如何进行，多有函询各项刊物以期由此得相当指导。所幸各地数会多能体念教友及工作人员求知之苦心，而开各种退修会及研究会。"[60]退修会一面可以研究了悟对于人生

---

56 《华北大会萧区平信徒训练五项》，《中华归主》1933 年第 139 期，20 页。

57 余牧人：《我所参观的几个华北乡村教会》，《金陵神学志》1932 年第 14 卷第 7-8 期合期，第 71 页。

58 《远东宣教会圣书学院附设乡村布道训练班招生》，《暗中之光》1934 年第 8 卷第 2 期，第 1 页。

59 *The Annual Report of the American Board of Commissioners for Foreign Missions*, Boston: Congregational House, 1930, p.75.

60 《执行委员会报告》，《中华全国基督教协进会第九届大会报告》，上海，1933 年，第 33-34 页。

的原则，并且藉此可以加增一种灵性的团契，也成为培养布道人员的重要方式。五年运动时期，退修会也得到提倡，盛行各地，也为各教会尤不可缺的活动。协进会的退修与布道委员会还建议退修会举行时，时间不宜太长，人数不必过多，"最好能集合少数宗教领袖于一堂，用三五月之时间，同心祈祷默思，彼此交换宗教经验"[61]，其于各教会中所举行者，无不收获颇多。当时各地退修会大致有两种，一为工作人员参加，多注重研究教会之种种问题，一为普通信徒参加，多注重查经、灵修及灌输宗教知识。关于时间长短问题，主张一礼拜者为最多，二三日者次之。自提倡以来，盛行各地，为各地教会尤不可缺少活动；其于五年运动中所举行者，无不收获颇多，协进会布道与退修委员会所印发的《退修会举隅》也畅行各地。"在1930年的协进会所调查16省57教会中，已有45个教会均已有退修会之召集。"[62]

就各地教会情况看，具体可分为分传道人员进修会、信徒培灵会、个人灵修会等多种。如中华基督教会广东第七区会于每年春夏秋冬四季，特别各堂宣教师、各执事召开宣教人员退修会一次，盼望他们对于布道工作和灵性上修养，都能有很深切的造诣。[63]山西柳林教会则有晚集会，每晚举行，轮流主领，为信徒灵修会，活动有唱歌、祈祷、共读五运自奋语、读经、短演说、发表道理的意见、唱歌及共读祷文。"初有十七八位，一月后又40余位，教友渐多。"[64]再如1933年2月15日至3月6日，山东大会中四区联会在青州举办灵修会，到会执事北镇、周村、邹平、青州四区会约120余人。"以基督徒的重大责任就是扩大天国在世界上"为标题，每日功课有晨更、祈祷会、演讲分组讨论等。主领者有张思敬、张仁等，并特请齐鲁大学社会学系教授罗天乐、青岛浸会牛顿牧师等到会演讲，一时听者极感兴奋。[65]1936年，福建延平教会举行"牧师及传道人员夫人研究会"，时间至少一二星期或一个月，其最大目的在于帮助他们认识其自身对于崇拜、研究及表证的活动，及在家庭方面、教育方面，社会方面各种事工上应有之责任，并使其有

61　《五运退修与布道委员会建议案》，《兴华》1930年第27卷第11期，第31页。

62　孙恩三：《五年运动之发轫与进程》，《中华基督教会年鉴》第11期，1931年，（肆）第4页。

63　《广东第七区会一年来的布道经过》，《总会公报》1932年第4卷第3期，第1074页。

64　成均菴：《柳林基督教会宗教教育事工的几个报告》，《通问报》1931年第8号，第7页。

65　张乐道：《山东教会中四区执事灵修会》，《中华归主》1933年第135期，第11页。

担负此等责任之能力。[66]1936 年 7 月 1 日至 12 日，教会生活与事工委员会举办中华基督教传道人员进修会也在江西牯岭举行，教会代表 75 人参加，学习旧约、新约、神学、宗教、教会历史、农村教会、领袖训练、宗教教育、基督化家庭问题、中国教会、音乐及灵修。[67]退修会对布道人员及信徒帮助亦甚大，可以开诚布公的共同研究困难问题，有充分的讨论和祈祷，以达到相当的效果。

3. 圣经班及学道班

在华教会还设有圣经班、查经班及学道班等组织，专门为学习《圣经》开设，因其简便形式而颇为有效。此类组织的目的则是要教育信徒为教会服务，训练慕道友和训练宗教教育领袖，是宗教教育的常见形式。

查经班或圣经班是鉴于有些信徒宗教知识缺乏，故传道人于农暇时开办，主要研究基督教义。当时教会人士指出："欲平信徒布道，必先使之有基本传道知识，欲使之具此知识，须广设短期圣经班。"[68]当时凡进教之望友、学友、信徒都按所规定的日期赴圣经班，学习《圣经》，教会也纷纷设立。如浙江双林教会读经班 1930 年 2 月 10 日由牧师组织，当时信徒自愿加入者 26 人，规定每日至读经一段，长短不拘，自新约首篇起。[69]山西友爱会每年开查经会一次，专为训练信徒对基督教之认识，基督徒本分，《圣经》之教训及教会种种典礼之意义有十分了解，并以实地练习机会。[70]华北伦敦会则组织日日读经会，鼓励信徒每日看圣经数节，"聚会时每人互献自己的感动，作见证，改变从前不好习惯；"[71]1933 年，美国北长老会在华北的某区会曾举办 51 处圣经学习班，学习《圣经》307 天，有 1530 人学习。[72]再如 1933 年 2 月 7 日至 13 日，浙江唐德读经会举行，乡村教会领袖及基督徒出席，功课分四级，课本有创世纪、圣经百节要道、腓立比等，由浅入深，并有学习唱诗、试讲、讨论等。还有晨更灵修礼拜等。[73]陕西圣公会组织经祷会，系查经性质，分组研究四福音

---

66 《中华全国基督教协进会基督化家庭委员会第一届年会报告》，上海，1936 年，第 55 页。

67 《中华基督教传道人员进修会课程纲要》，《中华归主》1936 年第 165 期，第 10 页。

68 臧安堂：《中国浸会百年后将来的布道事业》，《真光杂志》1936 年第 35 卷第 10 号，第 93-94 页。

69 彭守仁：《双林牧境五运之工作》，《兴华》1930 年第 27 卷第 17 期，第 29-30 页。

70 段翰章：《友爱会》，《中华基督教会年鉴》第 11 期，1931 年，（贰）第 91 页。

71 《萧张区会工作纪详》，《兴华周刊》1936 年第 33 卷第 6 期，第 28 页。

72 *The 96th Annual Report of the Board of Foreign Missions of the Presbyterian Church in the United States of America*, New York: Presbyterian Building, 1933, p.64.

73 杨乞仁：《唐德春季读经会》，《总会公报》1933 年第 5 卷第 1 期，第 1217 页。

书并讨论问题，于每周三晚举行，到会者三四十人，男性占多数。该会妇女服务团每周四有周祷会，每周二早研究《圣经》。[74]圣经班在课程上也是围绕《圣经》展开，如当时英国浸礼会在山东北镇开设的圣经学习班学习课程有："耶稣事迹、保罗及其使徒行传、旧约圣经历史、教会历史、简单科学知识、中国语言与诗集及歌曲。课程学习 3 年，每年有 6 个月的学期，在乡村开展 1 个月的实际工作。"[75]圣经班学员在学习期间，还包括在城内的日校教学，参观教堂去组织礼拜，城市教堂有规律的布道，为文盲儿童授课等。

各地青年会也常组织圣经班，多是青年学生参加。如艾迪 1934 年在保定布道后，保定青年会学生查经班加入踊跃：学校团体 8 组，查经班 18 所，加入学员四五百人之多。[76]但其中学员保持五分钟热度者亦不少，"兼以学校均行参加会考及军事训练等因，多有退去者。"[77]后青年会又重新组织查经班，1935 年 2 月，"保定查经班之数目由 27 增至 33 处，学员自 389 增至 528 人，其中有 25 班在公立学校进行"。[78]再如汕头青年会 1932 年 10 月也组织秋季查经班，学员共 180 余人，并根据语言要求分为国语、潮语、客语及英语四种，每周日晚开班。[79]当时北平青年会也成立中英文查经班，1935 年初，"北平青年会查经班班友 120 人，领袖 16 人，共有 24 班。"[80]查经班主要研究基督教义，各地女青年会也多组织会员开办。如 1930 年，天津女青年会查经班每星期一次，该班讨论各类题目，都根据《耶稣与社会改造》一书，每次参加的有 8 至 12 人。[81]1932 年初，"北平女青年会锡拉合同宿舍每晚组英文《圣经》讨论班，既研究《圣经》，又增进英语。客人间 2/3 为非基督徒，对研究《圣经》极感兴趣。"[82]从当时圣经班效果看，部分对基督教感兴趣的非基督徒也因此入教。如 1935 年，烟台北长老会曾在省立八中开办圣经考察班，"其中有许多学生愿意加入，其中有 8 位非基督徒教习，2 位基督徒教习全体加入考查，其 8 位教习虽非基督徒，然亦深表同情，欢喜加入，应许必作基督门

74 彭鸿恩：《陕西宗教教育断片》，《圣公会报》1935 年第 28 卷第 15-16 期，第 15 页。

75 A.E.Greening, *Report of the Bible Training Work of the Baptist Mission in Shantung, China, for the Year 1934*, p.2.

76 《保定：学生查经班加入踊跃》，《同工》1935 年第 147 期，第 54 页。

77 《保定查经班继续组织》，《同工》1935 年第 141 期，第 59 页。

78 《青年与宗教运动通告：第九、十号》，《同工》1935 年第 140 期，第 41 页。

79 《汕头：秋季查经班》，《同工》1932 年第 116 期，第 52 页。

80 《本会学生部各项组织一览》，《北平青年》1935 年第 26 卷第 26 期，第 23 页。

81 《市会消息》，《会务鸟瞰》1930 年 7 月，第 8 页。

82 《宿舍部之英文圣经讨论班》，《会务鸟瞰》1932 年 2-3 月合刊，第 10 页。

徒；有职员 5 人已加入基督教会。"[83]

学道班在为训练教会的义务领袖，培养信徒的道理，以及提高信徒的知识起见而设立，又一般分初、高级两种形式。相比查经班，学道班教学内容更为丰富，用讨论式和启发式的教授法，一起与学员研究教义，以激发学员的兴趣。下面分教会派别叙述：

当时在华各教会，多设有学道班组织。如 1935 年 11 月 17 日至 12 月 26 日，定县公理会也开办学道班，培养道义训练工作，期成义务负责领袖，信仰纯正热诚朴厚，粗通文字，津贴为每期 10 元。课程为路加福音、人间的基督、保罗言行、讨论班、家庭教育、唱诗等，并有数位被选派下乡教初级学道班。[84]华北美以美会当时则设有白雅各布学道房，专门培训学道者。如 1936 年 11 月 22 日起，美以美会在河北滦县安各庄开一个月的教友学道房，学生走读、住校者共 39 人，其中女生占一半。该会课程有宗教教育、家庭教育、受托研究、讲道法等 10 余种，皆为切实而紧要者。[85]在英国伦敦会方面，萧张区会为提高平信徒领袖生活，并坚固其信仰起见，每年春秋间划数堂会为一区，成立以一学道班，为时两到三周，轮流在各堂举办，以圣经、诗歌、千字课为课程。[86]沧县伦敦会也有学道会，该会还于每年阴历正月初十至月底开办学道会，注重训练乡村教会义务工作领袖，每年由乡村教会来学道班的男女信徒，总计有七八十位，可谓踊跃。[87]学道会每天除分班研究《圣经》外，还有诗歌、教会名人传记、乡村建设和实际问题讨论等科目。

鉴于中国古代"男女授受不亲"的约束，教会也有专为妇女组织的学道或查经班，注意女信徒的培养与训练，栽培女信徒之道心。当时教会利用农闲时间在城镇教堂举办妇女圣经班，将对基督教感兴趣的妇女聚集起来，集中进行训练。妇女教徒在参加完礼拜后，一般都要参加查经班，由传教士们教授她们识字，学习圣经知识及简单的教义问答等基督教小册子。如北平公理会 1930 年开办乡间学道班，格外注意妇女信徒及信徒家中女子，教授宗教书籍、千字课及普通卫生等；萧张伦敦会女传习班也自 1930 年设立，学习各类基督教课

---

83 连警斋编：《郭显德牧师行传全集》，第 560 页。

84 《定县基督教公理会的学道班》，《兴华周刊》1936 年第 33 卷第 8 期，第 36 页。

85 《河北滦县安各庄开学道房》，《宗教教育季刊》1937 年第 1 卷第 1 期，第 35 页。

86 中华基督教会全国总会：《中华基督教会全国总会第四届总议会议录》，青岛，1937 年，第 82 页。

87 中华基督教会全国总会：《中华基督教会全国总会第四届总议会议录》，第 79 页。

程，"到 1937 年培植女布道人才十数人，服务华北大会各区者 5 人。"[88]如山东济南长老会的慈母协会组织女子宗教学会，所教者或为读经，或为习字，或为唱诗，学生自 10 岁至 20 岁，皆应时而来。每周有三次有圣经课，周日下午有儿童圣经班，在 1935 年春有 2 人慕道。[89]在山东黄县浸信会神学院的女学员也于 1935 年组织传道会团体，采取分团制，共分八团，每团 8 人，每次聚会活动有祈祷、作证、勉励，另有读经班与研究课本班。[90]1934 年 10 月至 11 月，山西太谷公理会也举办妇女学道班，学习内容涉及有新约、旧约、宗教教育、讲道法、演讲、诗歌等，并举办涉及家庭卫生的演讲会，开学以后每日来的有 30 人上下。[91]华北美以美会为加强对乡村妇女及女孩的宗教教育，则专门开设两所妇女新光学校，设立神学专业课程，培养女布道员及基督化家庭工作者。[92]1934 年时，"华北美以美会开办有 96 处妇女学道班，有传教士 4 人及 131 名本土教师指导，学员达 1395 人。"[93]闽南金井堂会设立妇女短期临时班，教授白话文，限两星期，能自习读圣经为毕业；就学者凡 23 人，概行寄宿，费用除每人 5 角外，余概堂会负责；未及两星期，有 22 人能自阅读圣经。[94]教会还对距离布道站较远但又对基督教有兴趣的妇女举行培训班，教学内容包括圣经、基督生活、教义问答、圣诗及圣歌等内容，她们在学习后可以帮助更多对耶稣感兴趣的妇女。

为了让儿童自小接受宗教教育，各教会也办有幼儿圣经或训练班。如芜湖圣公会 1930 年注重儿童宗教教育，发起儿童布光团，礼拜组织每次聚会后，则用其详细记载，编为课程，以授生徒。布光团开会秩序有唱诗、宣读关于布光的诗金句、祈祷、读经、捐款与唱诗，献捐、讲故事、祈祷、举行布光典礼、祝福及唱诗。[95]天津伦敦会、美以美会及公理会则于 1932 年 9 月联合召开宗教教育讨论会，题目为"宗教教育与儿童"，会议在天津公理会举行，参加者

---

88 中华基督教会全国总会：《中华基督教会全国总会第四届总议会议录》，第 81 页。

89 连警斋编：《郭显德牧师行传全集》，第 574 页。

90 《妇女消息》，《真光杂志》1935 第 34 卷第 12 号，第 16 页。

91 王德修：《太谷县妇女学道班概况》，《谷声季刊》1935 年第 38 期，第 23-25 页。

92 Irma Highbauge, "Christian Work for Rural Women and Girls", *The Chinese Recorder*, June 1936, p.352.

93 *Report North China Woman's Conference of the Methodist Episcopal Church*. Peiping, 1934, p.90.

94 《闽南教会五运工作简报》，《中华归主》1934 年第 150 期，第 13 页。

95 《芜湖儿童宗教教育之新试验》，《中华归主》1930 年第 102-103 期，第 21 页。

来自城市及乡村教会的工作员共 40 人，在晚上演讲和论证后，另设有儿童心理学、教会对于儿童宗教教育的责任、基督化的培育等课程。[96]1933 年，河北教会在肥乡县北营村设立福幼圣经班，"凡男女幼童 6 岁以上，12 岁以下，均可加入，不收费用，亦无贫富阶级，教以圣经浅近故事兼习识字，养成敬神爱人之性格，将来引入圣道，较为容易。"[97]山东滕县教会则在暑期创办福幼圣经班，利用儿童休暇的机会，可以使儿童在年幼的时候，有上帝观念的根基，藉以认识耶稣。如 1935 年，滕县教会共办 10 处福幼圣经班，教员 28 位，学生 177 人，还举办第一届教员会，以交流经验。[98]浙江温州循道公会 1934 年 1 月决定组织儿童宗教教育部，并拟定三年计划开展各项儿童宗教教育工作，并专门在 1936 年 1 月组织了儿童宗教教育工作人员训练班。到 1937 年初，该会 7 个区会 24 个堂会已组织儿童主日学初级科和启蒙科等 26 所，有教职员 179 人，学生 807 人；儿童勉励会 6 所，有会友 230 人，指导员 14 人。另开设儿童宗教教育领袖训练班，共举行 5 期，在农暇时举办，每次时间 7 至 20 天不等，受训者 165 人。[99]各地教会通过对儿童的宗教教育，灌输对基督教的认识，为其将来入教奠定基础。

4. 勉励会

勉励会 1881 年成立于美国，中国勉励会 1885 年初立于福州，后在各省相继成立。勉励会的宗旨为使皈依基督之信徒，彼此联络帮助道心，为坚固青年信仰基督，倡办基督教善工，引导非基督徒入教。勉励会一般每周日聚会一次，重点是教徒们的自我检查活动，查看教徒对《圣经》学习和实践的效果，是一种增进宗教信仰的方法。

各教会机关都有勉励会的组织，每逢主日晚间活动，采用中华全国勉励协会出版之勉励会讲义，按题查经，揣摩经意，勉励道心。勉励会内又分布道、祈祷等股，由布道股内，分派会员或另请非会员，每星期分向监狱及看守所布道，成效颇佳。[100]勉励会活动多是每周聚会一次，组织灵修，丰富了信徒的精神生活。当时教会学校，医院内也有勉励会组织。如山东即墨 1928 年召集鲁

---

96 《天津宗教教育讨论会》，《宗教教育团契》1933 年第 2 期，第 17 页；《天津宗教教育会议》，《中华归主》1933 年第 135 期，第 8 页。

97 刘利末：《福幼圣经班之提倡》，《兴华》1933 年第 30 卷第 47 期，第 33 页。

98 《滕县暑期福幼圣经班第一届员会经过》，《通问报》1935 年第 31 号，第 11 页。

99 盛旭初：《三年计划简报》，《宗教教育季刊》1937 年第 1 卷第 1 期，第 34 页。

100 太谷基督教会：《太谷基督教会五十周年纪念刊》，太谷，1933 年，第 32 页。

东中学学生 20 余名组成一女子勉励会。1929 秋，即墨萃英中学学生分别组织男子、女子勉励会，其中女子勉励会每周六午后在本堂聚会，男子勉励会每周日午后本堂聚会。除个人灵修外，女子则于周日午后在城里作逐家布道运动，男子于周六或周日至附近乡村作团体布道运动，更于礼拜日组织歌咏班或军乐队。1931 年，该会有女子会员 25 名，男子会员 13 名。[101]据 1931 年报告，当时各教会机关多设有勉励会组织，如上海设有男、女勉励会，江苏苏州救恩堂、宿迁培贤女子中学也设有勉励会，浙江乐清圣道公会、嘉兴南长老会、杭州长老会等教会机构也都设有勉励会。再从华北教会情况看，"太谷公理会勉励会有 45 人；滕县华北弘道院勉励会有 42 人；滕县北长老会勉励会有 48 人；济南美以美会勉励会有 50 人；潍县基督教医院妇女有勉励会 45 人；登州蓬莱文会女校勉励会有 110 人；济宁妇女学道院勉励会有 50 人。"[102]从总数看，1931 年时全国有 883 处勉励会，总人数达到 38425 人。[103]各地教会勉励会的成立，也利于教徒的自我进修，完善其基督化品格，对提高教徒的灵性生活也大有帮助。

5. 夏令儿童圣经班与夏令儿童会

为了促进暑期儿童宗教教育事业，中华基督教夏日儿童义务学校协会于 1918 年组成，以宣传基督真理和促进识字运动为两大目标，每年办理夏令儿童义务学校，注重对儿童人格教育，灌输国民常识。但 1930 年 1 月 28 日，教育部以其假义务教育为名，宣传宗教为实为理由令其停办。同年 2 月 28 日，该协会开会，决定由夏日儿童义务学校，改为夏令儿童圣经班，"自后课程以圣经为主，识字次之，义务教员仍请青年学生担任。若各地政府或党部有为难之处，则可专限于教堂。"[104]当时圣经班在各地普遍开办，从圣经班的数量上看，1930 年，夏令儿童圣经班在全国开办有 339 所，教师 1560 人，儿童 14760 人，其中江苏、山东、福建三处开班最多。[105]到 1932 年，夏令儿童圣经班有 314 所，服务员 604 人，儿童 8908 人。[106]

---

101 《即墨城河南崖中华基督教会勉励会志略》，《奋进报》1931 年第 6 期，第 15 版。

102 《全国勉励会一览表》，《奋进报》1931 年第 6 期，第 35-36 版。

103 《全国勉励会一览表（二续）》，《奋进报》1931 年第 12 期，第 11 版。

104 《中华基督教夏日儿童义务学校协会改变名称》，《青年进步》1930 年第 131 期，第 61 页。

105 《1930 年中华基督教夏令儿童圣经班报告书》，上海，1930 年，第 18 页。

106 吴力：《夏令儿童会》，《中华基督教会年鉴》第 13 期，1936 年，第 103-104 页。

但是夏令儿校改为圣经班后，因宗教色彩太浓，圣经班的数目减少，加入的儿童，也没有以前踊跃。1931 年 8 月，因经费紧张，董事部决议将该工作移交中华基督教宗教教育促进会。该会到 1932 年 4 月正式接手圣经班工作。鉴于圣经班情况不佳，1933 年 5 月，该会将其又改为夏令儿童会，旨在鼓励假期中的青年藉着与儿童的团契生活，培植儿童基督教化品格，并灌输公民基本知识。[107]该促进会接手以后，供给适宜教材、鼓励训练教员的工作，促使各地负责进行。促进会指定夏令儿童会临时委员会研究儿童各项问题并将结果报告该会；为使从事于夏令儿童会者，能明悉其工作之性质及功效起见，编有《夏令会之意义目的与开办方法》一书；为推行夏儿会工作起见，并设立一比较永久之委员会以便顾问儿会政策，审阅新材料，详议宣传品。[108]促进会还编著有《夏令儿童会教学法大纲》《夏令儿童会的筹备工作》《夏令儿童会述略》，在各地推广。[109]而且该会对于宗教训练特别重视，组织开展儿童礼拜，讲述圣经故事及教授宗教诗歌，并出版儿童宗教训练的书籍。[110]

当时夏令儿童会在各地教会普遍举办。从全国数量看，1933 年夏令儿童会有 504 所，服务员 1521 人，儿童 16816 人；1934 年夏令儿童会有 674 所，服务员 2043 人，儿童 25734 人；1935 年夏令儿童会有 875 所，服务员 2616 人，儿童 28039 人；1936 年夏令儿童会有 1033 所，服务员 2931 人，儿童 31752 人。[111]再从各地教会情况看，1933 年，"华北美以美会有夏令儿童会 234 所，教员 267 人，儿童在五千以上。"[112]1934 年，太谷教会筹设夏令儿校，学生分甲乙两组，课程有国语、算数、公民、卫生、唱歌、手工、图画、故事八门。"1934 年时，学生统计 109 人，内男生 84 名，女生 25 名。"[113]当时上海、南京、德县、莆田等地教会还举行夏令儿童会服务员研究会进行服务员培训。夏令儿童会的主旨是借着与儿童的团契生活，培植儿童基督化的品格，灌输公民基本知识，使他们从小学做舍己利人、爱国爱民的勇士。

---

107 《中华基督教宗教教育促进会函请转载"举办夏令儿童会"宣言》，《普福钟》1937 年第 2 卷第 6 期，第 17 页。

108 刘廷芳：《1933 年基督教的宗教教育》，《中华基督教会年鉴》第 12 期，1934 年，第 52 页。

109 《中华基督教宗教教育促进会函请转载"举办夏令儿童会"宣言》，第 18 页。

110 吴力：《夏令儿童会》，《中华基督教会年鉴》第 13 期，1936 年，第 109 页。

111 吴力：《夏令儿童会》，《中华基督教会年鉴》第 13 期，1936 年，第 103-104 页。

112 吴力：《夏令儿童会》，《中华基督教会年鉴》第 12 期，1934 年，第 57 页。

113 王正道：《社交堂夏令儿童训练班概况》，《谷声》1934 年 27 期，第 23-25 页。

各地夏令儿童会特别重视儿童礼拜、《圣经》故事教授、宗教诗歌养成、祷告等宗教习惯等，是他们每天的主要工作，促进会所出版的儿童宗教训练的书籍也很受儿童会服务员的欢迎。[114]此外，当时部分教会学校也在暑期开办夏令儿校，招收临近失学儿童就读，教授他们识字与《圣经》知识。夏令儿童会的开办，既丰富了儿童的假期生活，同时也借机传输了宗教知识，指导儿童对于基督之圣道，均有相当之认识，藉以养成其良好品格，成为儿童宗教教育的重要形式。

6. 主日学之组织

当时教会内普遍设有主日学，在星期日为基督徒徒及非信徒举行，内容多是查考圣经。一般主日学又分为成年主日学和儿童主日学，用以在不同的人群中培养信徒。当时教会人士提及主日学重要性说："宗教教育的事工，首推主日学。主日学是教会全部生活，是栽灌并进的。"[115]

（1）儿童主日学

主日学最早为儿童设立，信徒到堂礼拜，往往带着小孩，为了保持礼堂内的安静，教堂内的工作人员就把孩子们带到另外的房间，教他们唱歌，给他们讲宗教故事。因儿童不易了解牧师讲道，其所能明白者为浅近的故事、图画，简易的诗歌，这也是主日学的讲授内容。到五年运动时期，儿童主日学不但注意信徒家中的儿童，更致力于非信徒中的儿童，又分教会主日学和学校主日学两类。

从在华教会情况看，当时儿童主日学多分初、高两级，并采取不同的办学内容。如 1936 年，滕县华北神学儿童主日学则是每次平均男女三四十人，课程分为甲乙两班，甲班，授以中国主日学会编印之主日画片、故事和背经；乙班无一定课程，只按儿童程度，讲浅白故事；每隔两礼拜将学习之故事、圣经，金句复习一次。[116]男女青年会也成立有儿童主日学的组织，如烟台女青年会周日上午，则为附近邻童开办主日学，课程有唱歌、图画、手工，并教以各种公民道德，实习服务等。由于各儿童主日学课，多是通过表演或故事形式教授儿童学习圣经内容，且儿童记忆力较好，多能背诵圣经篇章。如山东登州长老会

---

114 吴力：《夏令儿童会》，《中华基督教会年鉴》第 13 期，第 109 页。

115 刘锡英：《怎样领导主日学》，《道南》1936 年第 11 卷第 8 期，第 7 页。

116 《中华全国基督徒布道团团刊》1936 年 12 月，第 32 页，上海市档案馆藏，档案号：U117-0-6-39。

开办的儿童主日学，大半都是小学生，"他们均能记得登山八福宝训及诗篇二十三篇，十条诫之全文，及诸种诗歌集及本季之所有金句。"[117]辽宁旅顺中华基督教会五运促进会，在儿童主日学教员向来教员限几位传教士担任，后在该会引领下，中方教员大增，到 1932 年共有男女教员 16 人之多，儿童人数则较之前增加 1/3，达到一百五六十余人。在教学内容上，因分与儿童的画片容易丢失污毁，由某教员自创之纸袋分每人一张，用装画片，并于每周携带出席。为了帮助儿童家庭认主，常散发家庭教育等印刷品与儿童使持之归家，另自1931 年下半每月第一个周五有一次儿童祷告会。[118]各教会还针对主日学开展相应活动，如 1937 年北平运动宣教会还举行主日儿童会考联赛会，分团体与个人进行。团体以每个主日学校为单位，以全体唱诗，代表讲故事，个人则为命题评判，以耶稣为话题。

在教材课程方面，除了使用中国主日学合会教材外，教会也编制自己教材。如华北美以美会分级主日学教材，根据儿童德性与兴趣和需要而编成，以使儿童用自己方法认识基督教。当时华北美以美会的儿童主日学科目有手工课本、诗歌、祈祷文、图画、基督徒常识、崇拜与团契服务等，分级课程包含有系统的圣经材料、生活境遇、伟大基督徒的传记[119]，满足儿童上课需要。且各地主日学校采用主日学合会编著的教材多偏重灵性修养，宗教性色彩太浓，不利于学员接受。为了改进此种状况，中华基督教宗教教育促进委员会还去各地练习班内研讨教科书的内容，至 1937 年时，该会完成的教材有逐年分级主日学课程（1 至 6 年级）及图片，邻童主日学课程；团体分级主日学课程（分初、中、高、级）[120]，也为各教会主日学使用。

此外，部分教会学校还设有校内主日学及邻近儿童主日学。校内主日学专为本校学生而设，学校主日学之学员，因受过教育，品行较良，故易于训导，自幼即能明白教义[121]。如燕京大学校内主日学是每周日上午 9 点在适楼举行，儿童皆为教职员子弟，伍英贞负责。主日学教员门为共同勉励精神及

---

117 连警斋编：《郭显德牧师行传全集》，第 547 页。

118 《旅顺教会五运促进会主日学现况》，《中华归主》1932 年第 122 期，第 16 页。

119 《儿童宗教教育报告》，《中华基督教教育季刊》1931 年第 7 卷第 4 期，第 50 页。

120 Alice Gregg, "Religious Education", *China Christian Year Book*, Shanghai: Christian Literature Society, 1937, pp.224-225.

121 林乐生：《我对于教会工作将来的希望》，《中华基督教主日学推行会十周年纪念册》，上海，1930 年，第 18 页。

研究教学方法起见，每周三晚在适楼有讨论会，讨论主日学问题。[122]因当时社会上失学儿童众多，各学校附近还为儿童设立邻童主日学，如山东齐鲁神学院于每星期日上午 11 至 12 时，由宗教教育系发起邻里主日学服务团，假南关广智院及中华基督教堂为校所。由服务团招集邻里儿童，分班广为教授，教材新颖，教法活泼，使一般受教者，俨若沾春风时雨之化。但该处主日学的传教效果却不理想，因"儿童未受教育者，占居多数，故服务员等虽竭力启迪，亦不易立见功效。"[123]邻童主日学开办，固然有教授失学儿童识字目的，"但最大目的是，借机宣道，领人归主，明白真理，认识耶稣"[124]，故在课程讲授时多将基督教义转换成动听故事演说，便于儿童接受。随着教会学校在政府立案后，宗教教育受限，主日学亦受影响，而且当时学校主日学"缺乏相当的人才，教会里的信徒对于主日学只凭几位热心的教友随便担任，因为中国一向以为教小孩子要不了多大的学问，这样就办不出一个好的主日学来。"[125]

（2）成人主日学

因主日学校在传教过程中，形式简单，效果显著，故开办对象也逐渐扩展到成人。成人主日学按照班次研究圣经，除了能在教导、宣道事工上发挥功能外，也可促进教会团契增长，提供信徒服务教会机会。

当时在华各教会都有成人主日学的设立，并且根据不同对象分立主日学。如汾州主日学 1930 年除了儿童主日学外，还设成年科、工友科、教友科，其中成年科讨论宗教问题、人生问题、社会问题、两性问题；工友科以"劳工的耶稣"为题自己编印材料，分课分节，选以经文，加以讲经金句和祷告文。教友科则以新约为讨论课本，其余如唱诗、游戏、表演故事等。[126]山西柳林教会主日学分妇女、教友部分，其中 1930 年妇女科，共有 16 个妇女成一班，用主日学合会普通课课本；教友科共 9 人，用《平民耶稣小传》为课本，每周六下

---

122 《海甸三旗及校内儿童主日学概况》，《燕大团契声》1935 年第 1 卷第 1 期，第 34-35 页。

123 《主日学服务之活跃》，《鲁铎半年刊》1930 年第 2 卷第 2 号，第 118 页。

124 张明新：《我对于主日学意见上的一点贡献》，《广闻录》1937 年第 4 卷第 1 期，第 3 页。

125 林乐生：《我对于教会工作将来的希望》，《中华基督教主日学推行会十周年纪念册》，上海，1930 年，18 页。

126 冯健菴：《汾州主日学概况》，《兴华周报》1931 年第 28 卷第 9 期，第 31 页。

午有领袖训练班, 周日上午开主日学, 分班授课。[127]福建莆田美以美会的主日学分为摇篮科、启蒙、初级、中级、高级、壮年、成人诸级共 40 余班, 教员则有城中中小学基督徒教员、教会高中基督徒学生担任, 各级教材不同, 设备亦异同, 每周开主日学教员训练会一次。[128]女青年会还在各地举办各种成人主日学校, 对女校成员实施宗教教育。如北平女青年会平民学校开办有主日学, 另每星期日为半日学校开主日学, 而相关人才及教材等, 均由联合圣道学院负责; 烟台女青年会则每星期联会各教会之领袖及主日学教员, 在女青年会开会一次, 演讲主日学之重要及如何分配课程。[129]

当时在华教会主日学的开办规模颇盛, 成为比较常规的宗教活动。从各教会主日学总体数量看, 1930 年时, 美国美以美会华北年会有主日学 99 处, 学员 6975 人, 福州年会有主日学 205 处, 学员 11009 人; 兴华年会有主日学 127 处, 学员 5786 人; 江西年会有主日学 56 处, 学员 2884 人。[130]1932 至 1933 年度, 华北公理会的主日学有 65 处, 学生 2024 人。[131]再如 1935 年, 覆盖全国多地的中华圣公会在华有主日学校 453 所, 教员 1464 名, 学生 24977 名。[132]当时主日学的教员, 则多是由教会人员义务担任, 而差会对主日学则给予补贴。下表为 1934 年时, 部分在华教会的主日学校情况:

1934 年部分教会在华主日学校统计表[133]

差会名	主日学校数目	学生数目
中华圣公会	457	24894
英国浸礼会	50	1802
美国南浸信会	228	16169
美国监理会	209	12832
美国美以美会	539	27882

---

127 成均苍:《柳林基督教会宗教教育事工的几个报告》,《通问报》1931 年第 8 号, 第 7 页。

128 张福基编:《兴化卫理公会史》, 兴华, 1947 年, 第 307 页。

129 《烟台: 主日学研究会》,《会务鸟瞰》1930 年 11 月, 第 19 页。

130 王治平:《全国美以美会统计》,《兴华周报》1931 年第 28 卷第 49 期, 第 20 页。

131 麻海如编, 赵鸿祥译:《公理会小史》, 天津, 1935 年, 第 12 页。

132 《中华圣公会统计表: 1935 年》,《圣公会报》1936 年第 29 卷第 10 期, 第 8 页。

133 C.L.Boynton, C.D.Boynton (ed), *The Handbook of Christian Movement in China under Protestant Auspices*, Shanghai: Kwang Hsueh Publishing House, 1936, pp.14-108.

美国南长老会	161	9177
英国伦敦会	124	6269
华北公理会	82	3431
美国北浸礼会	152	10302

对于各教会主日学的开展情况，据协基督教进会 1934 年底调查，各教会曾否设法使主日学工作人员得更优美之训练问题，191 堂报告有，131 堂报告无；学员人数是否增加问题，203 堂答是，58 堂答否；课程内容是否改善问题，169 堂答是，63 堂答否；有否更优美之领袖问题，130 堂答有，93 堂答否，学员是否专心研究问题，178 堂答是，59 堂答否。[134]1936 年，协进会则又报告称："近年中主日学听众增加，课程改善，领袖较优，尤要者则为学生研究之转型。"[135]然而，当时主日学也存在困境，诸多青年人不愿意加入，所用教材太腐旧，教学方法太古板，领主日学与讲道无异，牧师只管讲，教友只管听，而且牧师不会利用主日学以启发参加者的思想，办理主日学的人也缺乏专门的训练，"主持其事的人，对于现代心理太隔膜"[136]。亦有信徒指出教会主日学教学方法枯燥，"应该用一种最活泼而又必然的手段，来勉慰信徒，人人喜欢赴主日学"。[137]在乡村主日学上，当时开展的效果不佳，一则在于缺乏主日学教员或教学方法不良，二则在于村庄分散，信徒住家离礼拜堂太远，女教徒远赴不方便，儿童则更难。[138]而且乡村的主日学与城市的不同，更难组织，"一则规模大小不一，二则组织不一，三则教员缺少，四则授课难以统一，五则合宜的教材很少。"[139]这些存在的问题，都制约了教会主日学的开展。

7. 各类宗教集会

五年运动时期，基督徒除了周日的礼拜外，还经常参加祈祷会、圣餐会、大聚会、奋兴会等宗教集会活动。祈祷会是教徒们半周举行的一次小型集会，

134 《五年运动工作调查结果》，《中华归主》1935 年第 152 期，第 16 页。

135 《五年运动报告书》，《中华全国基督教协进会第十届大会报告》，上海，1935 年，第 50 页。

136 陈立廷：《主日学的我见》，《中华基督教主日学推行会十周年纪念册》，上海，1930 年，7 页。

137 胡若霖：《宗教教育的趋势和我们所应取得方针》，《兴华》1930 年第 27 卷第 34 期，第 7 页。

138 费尔顿著，杨昌栋、杨振泰译：《基督教与远东乡村建设》，上海广学会，1940 年，第 31 页。

139 成均菴：《柳林基督教会宗教教育事工的几个报告》，《通问报》1931 年第 8 号，第 6 页。

用以检查和督促教徒的宗教生活，增进信仰；圣餐会是基督教接收教徒的一种仪式。在会上，每个教徒需吃饼一片，饮葡萄汁一杯，并作虔诚祷告，向基督请罪，不是教徒的人只能旁观，以显示教徒和非教徒的区别。"若堂会有领洗或立志者，即在圣餐时举行。除此以外，如记名人，平常亦可。"[140]大聚会即全体教徒参加的大型集会，一般每年举行一至两次，规模和声势较大，对外界影响也大，社会名流和县城各界一般都要致贺。如1930年，"山西公理会太谷教区本年举行大聚会，春秋各一次，每次均3天，讨论演讲教会奋兴改进诸事工，每次都百数十人。"[141]奋兴会系大聚会之一种，不过时间是不固定的，是专门为了振奋教会传教事业而举行的一种特殊的大聚会。五年运动时期，全国各地信徒对奋兴会颇为支持，渴慕灵性奋兴，"所以布道家经过之处，凡有开会莫不座为之满，而一般听众对于祈祷服务各项工作亦尽量参加。然而最成困难者则为奋兴会之后，未得良法以善其后，以致奋兴会会期一过，而会众之道心亦随之而冷。"[142]

此外，在每年的复活节、圣诞节等基督教的重要节日，教徒也有大规模的庆祝集会活动。而且这些节日通常会举行受洗典礼，如1934年圣诞节，哈尔滨卫斯理堂受洗者有45人，1935年复活节受洗者35人，其中包括成年、少年及孩童。[143]这类宗教活动，对教徒来说是一项最起码的灵性修养活动，对教外人士来说是一种公开的宗教宣传，部分人士先出于好奇心去礼拜堂旁听，进而对基督教义产生了兴趣而入教。虽然教会内宗教仪式众多，但教徒坚持参与各类宗教活动的比例却不高，如据1933年，山东循道会报告称：该会1885名信徒中，定期参加教会日常仪式的有679人，占36%；参加2到3次的有376人，占20%；不参加或仅参加一次的有830人，占44%。[144]此类现象的产生，除了部分信徒的信仰不虔诚外，还与信徒杂事繁多及生计所迫有关。

8. 男、女青年会的宗教教育

因男、女青年会作为来华基督教的重要组织，却不隶属某一公会，在教会

---

140 山西太谷基督教会：《山西太谷基督教众议会事工报告书》，太谷，1931年，第12页。

141 王时信：《五年运动第一年的回顾》，《中华归主》1931年第113期，第20页。

142 《执行委员会报告》，《中华全国基督教协进会第九届大会报告》，上海，1933年，第33页。

143 《哈尔滨卫斯理堂一年来的概况》，《福音光》1935年第11卷第10号，第32页。

144 Shantung Sub-District Annual Report, 1933, *Wesleyan Methodist Missionary Society Archive*, Synod Minute, Box, No.507, 1934-35, No.218, Inter Documentation Co., 1981.

管理等方面都有自己独特的体制，而其在华期间也通过开办主日学、圣经班、退修会等形式推进宗教教育，故单独叙述：

中国的各城市青年会因规定责任会员须为基督徒，一般会员可为非基督徒，而当时青年会中基督徒会员占据少数。如 1935 年统计，全国 30 多个青年会有会员 38110 人，涉及少年、青年、成年及妇女等不同群体，其中基督徒仅有 4309 人。[145]正因为非基督徒比例较高，故青年会也重视宗教活动开展。青年会根本目的在引领青年皈依基督教，故当时青年会内有灵修小团契、基督徒团契、宗教崇拜会、歌诗班及宗教生活座谈会等宗教组织。1934 年 1 月，青年会第十二届全国大会还对学校青年会与教会关系的建议称："校会应以促进大同教会为其不断努力之目标；校会为求促进大同教会起对于有组织之教会应负直接辅助的责任，并以个人或团体名义尽量参加教会之一切活动；请求各教会对于校会所进行之一切事工，尽量协助予以灵性上之辅导；校会应征求学生献身基督教事业服务如传道、医务、教育及社会工作等。"[146]

从各地青年会具体情况看，也纷纷开展各类宗教教育。如查经班为青年会经常开办的活动，1931 年，全国 30 多个城市青年会开办 249 个查经班，成人、儿童的班员人数有 5501 人，其中厦门、广州、福州、保定、北平、太原、汕头、天津等地青年会举办的查经班数量都超过 10 个，非常活跃。[147]从具体情况看，1932 年，山西太原青年会英文礼拜则是每周日请外国教士牧师主领英文礼拜，每次参加者均为青年男女学生，平均在 20 人左右，另有宗教研究班及查经班。[148]福州青年会的宗教活动丰富，如圣经班分会员宗教讨论班、信徒高级讨论班、女子特别宗教讨论班，另有宗教演讲会、讲道会、定期祈祷会，举行祈祷周及布道大会，并发动会员进行个人布道。[149]1933 年 8 月至 12 月，厦门青年会还专门组织德育委员会，成立了查经班，参加人数有 162 人，以《马可福音》作为课本，到年终对学员进行口试、笔试，对表现优异者进行奖励。[150]北平青年会则通过查经班与唱诗班在公立学校学生中传播基督教。据

145 《1935 年青年会会员统计》，《中华基督教青年会年鉴》，青年协会书局，1935 年，第 67 页。

146 中华基督教青年会全国协会校会组：《青年会的学生事业》，上海，1934 年，第 21 页。

147 中华基督教青年会全国协会：《中华基督教青年会年鉴》，青年协会书局，1931 年，第 6 页。

148 《太原英文礼拜》，《同工》1932 年第 115 期，第 91 页。

149 《福州青年会之宗教事业》，《同工》1932 年第 117 期，第 22-24 页。

150 厦门基督教青年会：《厦门基督教青年会特刊》，厦门，1934 年，无页码。

1934 年报告，该会在十余处大学与高中中组织查经班 15 至 20 个，且以非基督徒成员占多数。该会的查经班期望"用一种自由探讨的精神，研究福音书中的纪录及其对于现代中国青年的意义……不用勉强的方法，要青年接受基督教，仅将基督教的事实陈献于他们面前，让他们凭着自己的智力和意志，作自由取决。"[151]

各地青年会还多组织各种宗教集会，进行基督教的宣传。当时青年会多设有团契组织开展宗教活动，1936 年时，全国城市青年会组织 123 个团契，有会员 2276 人，集会次数 3700 次，其中北平、保定团契最为庞大，如北平青年会有 64 个团契，团员 229 人；保定青年会则组织 13 个团契，团员 185 人。[152]从具体活动个案看，1932 年，杭州青年会举行了 105 次宗教集会，听讲者 6507 人。[153]1935 年，天津青年会宗教事工采取小团契组织法，以便精神集中，且契友可彼此相识。[154]烟台青年会则有定期的团契组织，如宗教研究会，有会员 10 余人，每周开会一次，专研究中外著名学者新出版宗教书籍；英文查经班团员 15 人，每星期聚会一次。[155]另青年会还组织礼拜、宗教研究班等活动，如 1932 年 11 月 13 日，烟台男女青年会、益文学校青年会联合举行青年祈祷礼拜，开会秩序有咏诗、奏琴、祈祷、读经等 20 余项[156]，另有每年一次世界青年祈祷周、世界学生公祷日、复活节礼拜及新年团契会等。天津青年会宗教活动还组织青年礼拜，研究圣经团契，组织圣经认识班、宗教研究班、女子查经班、英文查经班、耶稣生活研究班等组织。上海青年会 1932 年成立宗教教育研究社，初名圣经学校，后觉范围太窄而改现名。该社目的为研究宗教与人生的关系，联络各社员的友谊以及社会服务，初中毕业即可加入该社。1936 年上半年该社有 160 多个社员，每周三晚、每周日晚上课两次，教员都是对宗教有深切研究的，科目有耶稣传、约瑟传、人生问题、宗教比较学、青年的人生、基督教历史概要、基督教与生活等。[157]

---

151 蔡葵主编：《北京基督教青年会百年发展史》，北京，2009 年，第 101 页。

152 中华基督教青年会全国协会：《中华基督教青年会年鉴》，青年协会书局，1936 年，第 102 页。

153 *Young Men's Christian Association, Hangchow, China*, Report 1932, p.1, University of Minnesota Libraries, Kautz Family YMCA Archives.

154 《青年与宗教运动通告：第十一号》，《同工》1935 年第 141 期，第 41 页。

155 烟台中华基督教青年会：《力的创造：烟台中华基督教青年会第十九届征友特刊》，烟台，1935 年 6 月 26 日，第 28 页。

156 《会务纪闻》，《同工》1932 年第 117 期，第 19 页。

157 《宗教教育研究社状况》，《兴华》1936 年第 33 卷第 37 期，第 28-29 页。

青年会通过开展丰富的宗教活动，也使得会员加深了对基督教的认识，不少成员因此入教。据1931年统计，全国各青年会通过宗教活动使得有2866人决定加入基督教，有995人受洗加入教会。[158]当时查经班成员也多以非基督徒为主，但青年会不用勉强的方法让青年接收基督教，"仅将基督教的事实陈献于他们的面前，使得他们凭着自己的智力和意志，作自由的取决。"[159]当然不可否认，少数学生也是因为学习英语的目的加入英文查经班，而不是真心对基督教感兴趣。

各青年会还提倡举行宗教生活运动，宣传教义，也对广大青年产生影响。北平青年会于1933年12月10日至14日每日举行宗教生活运动，举行公开演讲，文物图画展览，刊行文字特刊，参观著名宗教建筑及举办宗教研究班等，而活动涉及宗教则有儒、佛、道、回及耶稣教等。[160]此次活动内容充实，参观者达一万两千人以上，有基督徒曾言："关于宗教方面的活动，能这样的引起大众的兴趣，使得多数人都发生了研究宗教，探讨宗教的热忱和愿心，真是我们始料所不及的事。"[161]1934年3月10日至18日，天津青年会也举行宗教生活运动，不分教派，广征各教之教义、经典法物，图像作公开展览。并请各教之宿学名流莅会演讲，阐明各教精义，"举凡天主教、回教、佛教、耶稣教、道教等教旨及沿革，均有详细阐明，俾使信仰者，无彷徨歧路，得有正确认识。"[162]此次运动期间，连日到会来宾甚众，其间尤以演讲阐扬各教教义最为精深，讲员皆属各教领袖，所述意见深为社会人士之所注意。此后每年青年会都举行宗教生活运动，以推进各教间的互相学习借鉴，也受到了新闻媒介的关注，如1935年3月30日天津《益世报》专门出版了宗教生活运动特刊进行报道。但各地青年会在宗教活动中与当地教会的合作甚少，两者关系并不融洽，因为"教会觉得青年会太趋时，太社会化，而青年会又说教会太守旧，太保守。"[163]受非基督教运动冲击，宗教事业发展不易，纵观青年会在宗教事业上

---

158 中华基督教青年会全国协会：《中华基督教青年会年鉴》，青年协会书局，1931年，第8页。

159 胡籁明：《北平青年会的学生事业》，《同工》1934年第134期，第2页。

160 《会员诸君请踊跃参加宗教生活运动》，《北平青年》1933年第25卷第13期，第2页。

161 《编完宗教特刊以后》，《大公报》1933年12月17日，第4版。

162 《青年会宗教生活运动》，《益世报》（天津），1934年3月12日，第6版；《天津：宗教生活运动》，《同工》1934年第130期，第45页。

163 徐宝谦：《现在的中国青年会》，1933年第118期，第23页。

特殊方法即为宗教讨论与圣经研究，华北各青年会多成立研经班、宗教研究班等组织，不少成员因之入教，"各会在此种事业上成绩虽未能满意，然其进行则始终未尝懈怠也。"[164]

女青年会作为基督教的重要团体，传教也是其本职工作，而妇女在家庭信教中又有特殊影响，故该会也重视女性的宗教教育。当时教会人士批评女青年会不重宗教："女青年会倘能训练出一种人才，抱着基督的精神，从事解决各种社会问题，同时本着基督教的真理去作人格建设的工作，那么女青年会的基督教色彩，仍会自然地保留不失"。[165]为了改变此类观感，女青年会此时期特将宗教教育贯穿始终，各女青年会皆设有宗教部，注重宗教教育，增进青年妇女对基督教真谛的认识，主持学生团契及退修会等。

女青年会除了周日礼拜外，还组织了团契、宗教会、退修会等宗教组织，施展宗教教育。如广州女青年会宗教部的宗教活动有每周的早礼拜，规定宗教生活总题为"信仰"，由各干事分任主理或请外界演讲；主日学则有委员7人负责；在特别晨会时遇有名人来粤，则请其举行宗教演讲会，另有基督徒会员向非基督徒进行个人布道。[166]北平女青年会宗教部注重宗教教育，增进妇女对基督教真谛的认识，设有查经班、唱诗班、星期灵修会、主日学，并主持学生团契活动。北平女青年会每月还为在该会宿舍住宿的客人开宗教会一次，以各种不同之秩序，介绍基督教之精华；每两星期开干事宗教讨论，聚会3次。[167]杭州女青年会在1932年则组织查经班，有10余位女士参加，研究基督教教义，特别是研究耶稣当时犹太国政治、社会背景及耶稣一生事迹[168]，另该会本年还组织了两班儿童主日学。沈阳女青年会在1932年每周有4班查经班，周日上午有勉励会，周日下午则有团契会，每周前往监狱布道一次，对宿舍的住客每晚有一次祷告会。[169]烟台女青年会则组织主日学校，培养儿童基督化人格与训练服务能力，1934年时有6班150名男女学生，分初、

---

164 中华基督教青年会全国协会：《最近之青年会运动》，上海，1931年，第14页。

165 中华基督教女青年会：《中华基督教女青年会全国会务研究会报告书》，华文印书局，1930年，第30页。

166 《广州：宗教部工作》，《中华基督教女青年会会务鸟瞰》1932年第2-3期合刊，第16页。

167 《北平：宗教事业》，《女青年月刊》1929年第8卷第9期，第65页。

168 《杭州：查经班》，《中华基督教女青年会会务鸟瞰》1932年第4期，第18页。

169 《辽宁：宗教教育部》，《中华基督教女青年会会务鸟瞰》1932年第10期，第9-10页。

高、中三级开办，学生年龄在 4 至 14 岁之间，学习唱歌、读经、游戏、表演等科目。[170]该会还于每周三举行宗教研究会一次，专讨论《个人福音》《中国宗教思想史大纲》等中外宗教专家出版之新刊物，并组织汉、英查经班、学生礼拜、世界学生公祷会、世界周祷会、新年团契会、复活节礼拜等多种的宗教活动。[171]香港女青年会为配合五年运动开展，也组织多项宗教活动，如有编制灵修及讨论班课程，组织女宣教师团契，增设各级宗教讨论班，每两星期举行一次宗教集会及开设贫儿主日学等。[172]各地女青年会还常举办退修会，讨论研习基督教义。如 1936 年 4 月，北平女青年会还在北平西山卧佛寺举行退修会，参加者 20 余人，议题为交换个人宗教经验，发表自己对于基督教的信仰和观点。[173]此外，女青年会文字委员会 1932 年出版柏基根等编《现代青年新约必读》、李荣芳编《现代青年旧约必读》，对青年均颇有宗教教育价值。至于该会宗教教育的效果，也改变了女性对教会的态度，吸引了部分女青年入教。

（三）专业神学教育

近代传教士来华后，发现在华开展各种工作都离不开中国助手，故特别重视加强对本土布道员的培养。最初传教士通过学徒制形式培养布道员，后逐渐建立起正规的神学院，对学员进行正规的神学训练。至于神学院校的最大目的，"不在教授学生有充分的神学知识，或相当的工作经验，乃在使学生彻底认识基督教，得着基督教为生命的中心。"[174]当时在华神学院的种类比较复杂，且程度不一，"有些是专收小学毕业的，有些是专收初中毕业的，有些专收比小学还要低一些的学生。"[175]按照徐以骅教授的划分，在华神学教育可分为招收大学毕业生的神学研究院，招生高中毕业以上程度学生的神学院及招收初中以上毕业生的圣道书院共三级院校，另还有一些招收初中以

---

170 烟台中华基督教女青年会：《烟台中华基督教女青年会特刊》，1934 年 9 月，第 18 页，上海市档案馆藏，档案号 U121-0-75-35。

171 烟台中华基督教女青年会：《烟台中华基督教女青年会会务特刊》，烟台，1935 年 10 月，第 21-22 页。

172 《香港：宗教事业》，《中华基督教女青年会会务鸟瞰》1931 年第 10 期，第 9-10 页。

173 《北平：财商团契退修会》，《女青年月刊》1936 年第 15 卷第 5 期，第 91 页。

174 施煜方：《今日中国所需要的传道士》，《杭声》1929 年第 17 期，第 1 页。

175 《中华教会的宗教教育：宗教教育调查团的报告》，中华基督教宗教教育促进会，1932 年，第 283-284 页。

下水平学生的圣经学校。[176]五年运动时期，著名的神学院校有广州协和神科学院、汉口信义神学院、华北神学院、燕京大学宗教学院、金陵神学院、齐鲁神学院、汇文神学院、沪江浸会神学院、华中协和神学院、圣约翰大学神学院、奉天神学院、中央神学院、金陵女子神学院及中华女子神学院等，重点在为中国教会培养本土牧师。赵紫宸即特别强调五年运动中的牧师重要性，"他认为所谓的教会奋兴运动与加深教徒的灵性生活，必需得有受过高素质教育与培训的牧师才可以完成。"[177]还有传教士在 1931 年 2 月的《华西教会新闻》上专门刊文介绍培训本土牧师的重要性及方法，并指出："我们必须始终记住，培养牧师过程有三个不同的阶段待。第一个是通识教育，第二个神学教学，第三个精神和职业纪律的教育。"[178]不同于晚清时期本土传教助手，民国时期的布道人员大多受过正规的神学训练，可独立承担教堂的布道工作。

在此时期，受非基督教运动冲击及学校世俗化倾向增强，当时入神学学生大为减少。如 1927 年以前，金陵神学院学生中有 130 人是高中毕业生，但自 1927 年到 1934 年，最多时只有 59 人。1922 年时，全国 13 个神学校收高中毕业生，各科共 366 名，但之后高中毕业入神学者有所减少，1934 年统计的 8 个神学校只有 150 名正式学生，37 人是特别生。[179]从在华基督教各级神学院校的整体情况看，1933 至 1934 年度，招收高中毕业生或大学毕业生的神学男校 12 所，女校 2 所，学生总数为 522 人；男女圣道书院 15 所，学生总数为 288 人。[180]1936 年时，专授宗教课程而有大学程度的神学院校有 3 所，即金陵神学院、汉口信义神学院与武昌华中协和神学院 3 处，共有学生 111 人。此外，齐鲁、沪江、燕京、华西协和等 4 所教会大学以前均有宗教专科，自立案以后均已单独办理，4 校神学院当时共有学生 77 人。[181]圣约翰大学的神学院则仍在学校系统内，为培植中华圣公会人才而设，学程均用英语教授，学制三年，且不收学费、住宿费，仅收取膳费、杂费，系统学习旧约、新约、教会史、

---

176 徐以骅：《中国基督教教育史论》，广西师范大学出版社，2010 年，第 241 页。

177 "Special Correspondence from China", *The Christian Century*, Vol.XLVII, No.34, August 20, 1930, p.1023.

178 "The Training for the Ministry", *The West China Missionary News*, February 1931, p.3.

179 师覃理：《神学》，《中华基督教会年鉴》第 12 期，1934 年，第 105-106 页。

180 韦格尔编：《培养教会工作人员的研究》，上海广学会，1935 年，附录第 4 章第 15 页；徐以骅：《教会大学与神学教育》，福建教育出版社，1999 年，第 57 页。

181 杨永清：《基督教大学概况》，《中华基督教会年鉴》第 12 期，1934 年，第 109 页。

宗教哲学的神学课程。[182]一些教会此时期开始合办神学院，如 1935 年组建的福建协和道学院，则是由福建的美以美会、中华基督教会共同开办，是在福建美以美会学道院基础上扩展成立，当年有学生 32 名。[183]值得一提的是，1935 年 7 月，中华基督教神学院联合会成立，加入的神学院有 16 个，共同规划神学教育发展。

　　当时教会还办学短期的圣经学校，对学员进行集中的宗教训练。如中华基督教会河南协会的夏令神道学校，每年授课两个月，六年毕业，自 1931 年改为男女兼收，学生更为增加，每年不下百余人，分三班，高级班（中学或小学程度以及有宗教经验者）；初级班（普通程度而初学神道者），识字班专为一般男女欲学道求上进者而设。[184]陕西圣公会继短期圣经学校外，1935 年 3 月 11 日至 5 月 18 日组织明道学校，学生有 12 人，学习各种基督教课程 10 科，每日授课 3 小时，余为学员温习及自修时间，每周三次教唱圣诗并于每周二、五两日下午领导游行布道，作实地练习。宗教生活则有晨更、早祷、晚祷、游行布道、主日学及每周三晚经祷会，最终毕业者 9 人。[185]再如 1936 年，包含美国南浸信会、美国北浸礼会、英国浸礼会及瑞华浸信会在内的浸礼宗派有 23 处圣经学校，60 名全职教员，79 名兼职教员，有 665 名学生，其中男生 229 人，女生 436 人。[186]

　　此时期，教会继续开办专门的妇女圣经学校或神学院，培养出大量的本地妇女布道员，以解决来华外国女传教士人手不足的问题，也避免了西方传教士在种族及风俗习惯上可能带来的隔阂，收到了较好效果。当时亦有传教士指出对在华妇女神学教育的必要性，"中国妇女的自由，日见增高。他们对教会的需要，行见增加。但这种服务的妇女，必须有高尚的资格，受优美的训练。"[187]当时由于门派之见，初期多是由不同差会建立各自的妇女神学院，到了 1930 年代才出现了少数联合性质的神学院，如 1931 年成立的北平联合女子圣道学

---

182 圣约翰大学编：《私立圣约翰大学一览》，南京，1931 年，第 30 页。

183 陈海量：《福州美以美年会史》，福州，1935 年，第 26 页。

184 中华基督教会全国总会：《中华基督教会全国总会第四届总议会议录》，青岛，1937 年，第 100 页。

185 彭鸿恩：《陕西宗教教育断片》，《圣公会报》1935 年第 28 卷第 15-16 期，第 14 页。

186 冯绍荣等编：《中华浸会百周年纪念报告书》，广州，1936 年，第 130 页。

187 韦格尔及视察团编：《培养教会工作人员的研究》，上海广学会，1935 年，第 33 页。

院，在北平的美国美以美会、英国伦敦会、美国公理会等各公会皆可推荐学生入学。

女子神学院最初主要为培养受薪的女传道，随着中国教会本色化的发展和自养的需要，当时教会一般的做法，是逐渐以女平信徒作为义工来取代受薪之女传道，同时对神学院学生入学资格有了相应提高。在当时入神学院就读的学生中也有非基督徒，部分学生也经过神学学习而入教。如1933年美国长老会在保定的妇女圣经学校中，在60多名学生中，有27人受洗。[188]再如福州美以美会1928年改组创办的女子神学校，分设神、道两科，分别针对高中、初中毕业生开办，另有针对未受中等教育的青年妇女来校进行《圣经》学习的课程。[189]在女子神学院课程上，除了必需的基督教义、神学外，还兼顾了家庭、卫生等内容，这也是适应中国社会的需要。部分女神学院也改变脱离妇女生活的弊病，改为成人补习学校，培养一般女平信徒，使其在教会可以充当义务工作人员。

纵观当时各地的神学院，或由教会中学演变，或为专职的神学院校，但都为教会培养了本土布道人才。但当时除燕大宗教学院、金陵神学院等少数神学院要求大学毕业外，多数神学院对学生入学水平要求不高，多为高小及中学毕业，而大学毕业生多对神学教育兴趣不大，这也导致教会缺少高素质的神学人才。神学院校除了对学生资格有要求外，对直接影响教学质量的教员也有严格要求。如中华浸会开办的圣经学校教员资格最低限度是："应是一位得救的人，并且十分清楚彻底；应是活泼有热心的教友；应有充分教授的能力；应当按照浸礼会所共持的信仰解释圣经。"[190]当时神学院教师由中外人员共同担任，其中西方传教士的神学水平较高，但本土教师的水平则是参差不齐。

从各神学院的教学看，教会大学附属神学院的教学方法更加灵活多样，而各宗派联合组织的神学院，也比单独宗派设立神学院的教学手段丰富，一般的神学院的教学设施则比较落后，经费则多依赖于外国。在课程方面，民国前期的各神学院教育中，神学课程多注重西方学术，少关注中国学术，导

---

188 *Minutes of the Annual Meeting of the North China Mission of the Presbyterian Church in the U.S.A*, held at Peiping, 1933, p.21.

189 中华基督教卫理公会：《中华基督教卫理公会百周纪念册》，福州，1947年，第69页。

190 葛理佩：《中华浸会之圣经学校》，《真光杂志》1937年第36卷第2号，第10页。

致培养的学生多是重西轻中，不了解中国国情。赵紫宸曾批评称："大多数的神学生全不知中国文化的背境，亦全不知西洋学术进展的趋势，其所学习，除传统的思想与规则之外，几乎别无所事。"[191]而且当时中国的神学院多是模仿西方神学院办学模式，缺乏系统的中文教材，未能适应中国的现实需要，这并不利于教会的本色化进程。故到五年运动时期，部分神学院开始有意识地增设中国教会史、中国文化等相关课程，并开始将工作重心转向乡村服务，如齐鲁神学院、山西汾阳崇道神学院、山东临清叶氏学道院等，这也是神学院本色化的最好体现。

　　五年运动时期，随着教会对神学教育的日渐重视，对学生的培养质量逐渐提升。一些学生既在内地神道学校毕业，又派遣到外国去留学，求得高深的学识，也耗费了不少金钱。但是他们"及至回国服务，一切生活，不知不觉的习于洋化，将基督教平民的精神完全失去，此类人才，固然也有他们相当的成绩，但对于应付民众的需求，却是渺不相涉的。"[192]虽然当时教会开设了诸多神学院，然从当时神学院学生总体情况看，与 1930 年代世俗的教会学校非基督徒学生增多不同，神学院却因其极强的宗教色彩，且当时学生成为布道员后待遇较低，本土布道员也在社会上地位较低，并不受学生青睐，导致其学生数量极其有限。

　　特别是五年运动时期世俗学校学生增多，导致入神学校的学生尤其男生减少，"这种受过高深教育男生的减少，所形成的损失，实为近今情形中最严重的现象"[193]，这也造成了神学高等教育人才的缺乏。虽然此时期神学院教师中的本土教师比例增加，但当时的神学思想却基本是西方舶来品，神学院培养的多是传道人，培养的本土神学家却甚少。而且由于教会缺乏高素质高学历的本土神学人才，也导致在向教育水平较高的知识分子传教时，缺少合适的布道人员，不利于改变知识分子对基督教的看法。总体来看，五年运动时期的神学教育经过调整变革，已经逐步改变脱离社会实际的弊病，出现了两大趋势：一则注重农村，已由盲目的训练达到了用科学方法研讨与实习的程度；一则渐与

---

191 赵紫宸：《我对中国高等神学教育的梦想》，《真理与生命》1934 年第 8 卷第 7 期，
　　第 343 页。

192 吴雷川：《论中国基督教会当注意预备乡村布道人才》，《真理与生命》1929 年第 3
　　卷第 6 期，第 158 页。

193 韦格尔及视察团编：《培养教会工作人员的研究》，上海广学会，1935 年，第 11
　　页。

大学接近，使神学与人文科学、现代思潮，有并重的趋势[194]，如齐鲁神学院的农村服务，燕大宗教学院的学术研究都颇有特色。值得一提的是，1935 年，美国神学家韦格尔率领的调查团曾专门调查中国神学教育开展情况，出版了《培养教会工作人员的研究》的调查报告，针对中国神学教育存在问题而制定了系统的发展计划[195]，但不久即因抗战全面爆发而中止。

二、教会学校立案后的宗教教育

（一）教会学校宗教教育的新挑战

教会学校在华设立初衷，即为培养基督徒，故学校内也充满浓厚宗教气氛。在教会学校立案之前，宗教课程一直为学生必修。起初入学学生，多为教徒子女，后来非基督徒学生比例增多。在各教会学校里，宗教课为学生的必修课程，此规定一直延续到学校在南京政府立案前才取消。如 1929 年时天津汇文中学的文、理、商三科的高中学生都必须学习《耶稣言行》、《宗教比较》、《宗教学》等课程，另部分选修课也涉及宗教内容。[196]除了必修宗教课外，学生都要进行礼拜，有浓厚的宗教气息。在校学生必须研习《圣经》、参加学校举办的宗教活动如礼拜、主日学等活动，教会学校对学生参加宗教活动有严格规定，一般要求教员和学生每日礼拜两次，星期日则三次。教会学生相遇非研究圣经，即彼此祷告，并以唱基督教的《圣经》代替流行歌曲。除了设置宗教必修课外，学生还被要求参加许多宗教活动：如每天要定时在学校老师的带领下集体进行礼拜，并严格考勤；每周到教堂进行大规模的礼拜，吟唱赞美诗。[197]长期的耳濡目染，非信教学生也会对基督教产生兴趣，甚至加入基督教，因此学校也是布道的重要场所。教会学校更是希望："学生毕业后，乐意再受高等训练，并愿献身教会，为其服务，否则亦必为有供献的平信徒或义务人员。"[198]

---

194 赵紫宸：《三十年来基督教事工平议》，《新坛》1948 年第 5-6 合期，第 16 页。

195 Training for service the Christian Church in China, pp.1-6, *Church Missionary Society Archive*, Section I, East Asia Missions, Part 18, Adam Matthew Publications, 2001, Reel 387.

196 天津私立汇文中学编：《天津私立汇文中学章程》，天津，1929 年，第 23-28 页。

197 陈善颐：《北京汇文学校回忆》，全国政协文史资料委员会编：《文史资料存稿选编》第 24 辑，中国文史出版社，2002 年，第 432 页。

198 《第二组"领袖人才"报告》，《中华全国基督教协进会第七届大会报告》，上海，1929 年，第 24 页。

进入 20 世纪，教会一直关注教会学校是否要向中国政府注册的问题。一些教会人士基于维护教会学校的宗教特性和近代西方教育特点的考虑，反对向中国政府注册。1925 年后，随着非基督教运动在全国的蓬勃发展，国人要求收回教育主权呼声越来越高，北京政府曾要求教会学校立案，但并未真正实施。1927 年，南京国民政府成立后，又颁布相关条例要求教会学校立案。特别是教育部还于 1929 年 8 月颁布的《私立学校规程》第一章第五条规定："私立学校如系宗教团体所设立，不得以宗教科目为必修科，亦不得在课内作宗教宣传。学校内如有宗教仪式，不得强迫或劝诱学生参加。在小学并不得举行宗教仪式"[199]，给教会带来了极大挑战。1929 年 10 月，教育部在答复山东省教育厅厅长何思源的公函时，进一步指出："中学内得设宗教科目为选修科，应限于高级中学。又宗教仪式，不得以任何办法威迫或利诱学生参加，并不得于校内一般的集会时举行。"[200]各地对立案问题执行甚严，如山东省政府教育厅 1930 年发布训令，教会学校无论立案批准与否，凡系教会学校，均由当地教育行政机关随时严查，有无压迫或引诱学生上圣经班及作礼拜等情事。[201]但地方上的严厉举措，也导致部分教会学校出现学生罢学或学校停办等风潮，部分学校对上述规定也是阳奉阴违。为此，教育部 1930 年 2 月又令各省教育厅，对于教会学校应严密考察是否实行党义教育，中等以上学校是否不以宗教科目为必修课，是否强迫学生选修或参加宗教仪式，小学内是否以选修科为名而令儿童修习宗教科目，并要求若发现上述问题，应随时取缔，以重教育而保国性。[202]同年 11 月，教育部又要求各地于各宗教团体所设立之学校宣传教义一端，切实注意，如有违背情事，应即严加取缔[203]，以此来推进上述规程的严格执行。

对立案问题，教会内部也有争论，有的以为教会学校为造就健全的人格，必须授以宗教教育，否则宁可停办；有的以为宗教重精神不重形式，即使不能在课内教授宗教，而课外仍有实施宗教教育之可能。在此形势下，中华圣公会曾以《中华圣公会为教会学校读宗教科事呈国民政府文》于 1929 年上书教育部呈，认为此举有违宗教自由，希望教徒子女可以宗教课程为必修科，并参加

---

199 《私立学校规程》，《总会公报》1929 年第 9 期，第 271 页。
200 《令山东省教育厅长何思源》，《教育公报》1929 年第 1 卷第 11 期，第 59 页。
201 《山东省政府教育厅训令》，《山东教育行政周报》1930 年第 75 期，第 1 页。
202 《训令：第 129 号》，《教育公报》1930 年第 2 卷第 7 期，第 23-24 页。
203 《训令：第 1192 号》，《教育公报》1930 年第 2 卷第 47 期，第 12 页。

宗教仪式，被教育部驳回[204]。山东浸礼会为此还专门致信中华基督会总会长诚静怡，希望其再向教育部请求改变政策，"若宗教科目并选修亦不准列入，恐宗教团体所设之学校，后将不堪设想矣……无论高中初中，均得将宗教科目，列入选修科"[205]，但仍没有改变教育部规定，从而导致山东浸礼会最终决定停办中学。1930 年 6 月，中华基督教会、美国公理会、信义会等 15 个外国在华教会又联名上书教育部，请求教会学校的宗教自由，希望各级学校得设宗教选修科目，小学可举行宗教仪式。[206] 1930 年 7 月 17 日，教育部部长蒋梦麟专门回复该提议，并分四条给予驳斥，认为此举非对基督教一教为然，而且应保护儿童的自由选择宗教权利，去除宗教课程对教会发展并非影响巨大，宗教也非现代科学教育所必需。[207]齐鲁大学校长李天禄 1929 年关于立案问题曾表态："倘在基督教学校内自愿的基础上设置宗教教育，我们能得到更好地效果，则即使我们不能立案，我们亦当如此做的。"[208]但教会学校不在政府立案，学生毕业将不得到社会承认，故当时大部分教会学校都在政府立案，有的学校则根本改变学校性质，使不在部章立案之列，成为专门的神学校。如华东区教会中学 1926 年有学校 109 校，1935 年则下降到 74 校，学生 12000 余人，有 61 校已立案。[209]然而，也有少数学校直接采取停办学校方式以对抗立案，如山东浸礼会认为在现行规定下无法在学生中继续推行宗教教育，而差会总部也不认可学校的宗教目的在实施中有所掩饰，故决定停办所有中学。[210]

在学校立案后，教会学校宗教教育整体减弱，因为小学及初中不准有宗教科目及仪式，高中与大学虽可有宗教科，但必须列为选修，导致宗教传播的空间缩小。而且"现在新课程的标准，科目甚紧，学生终日忙于功课，无

---

204 《中华圣公会为教会学校读宗教科事呈国民政府文》，《真光杂志》1929 年第 28 卷第 6 号，第 48 页。

205 《山东浸礼会致中华教会总会会长函》，《中华基督教教育季刊》1930 年第 6 卷第 1 期，第 81 页。

206 "Petition for Religious Liberty in Education", *The Bulletin of the National Christian Council*, No.36, July, 1930, pp.6-8.

207 "Some Present Day Problems", *The Chinese Recorder*,September 1930, pp.594-599; "China Issues Final Decree Against Religion in Mission Schools", *The Christian Century*, Vol.XLVII, NO.36, September 3, 1930, pp.1051-1052.

208 《齐鲁大学立案的经过》，山东省档案馆藏：私立齐鲁大学档案，档案号：J109-01-331。

209 《华东基督教教育会宗教教育会议记录》，《华东教育》1935 年第 42 期，第 2 页。

210 *Religious Education in the Chinese Church: the Report of a Deputation*, 1931, Shanghai: National Committee for Christian Religious Education in China, 1931, p.169.

暇他顾，因此，以前在学校中的宗教工作，目前遭遇着重大的打击了"[211]。随着非基督徒学生增多及政府的限制，校内的基督徒学生也受到了干扰与影响，部分学生信仰发生了动摇。有些学校礼拜看不到学生踪迹，也因教会学校未立案时，"压迫学生过甚，待取消压迫令，学生当然发生反感，而讨厌教会的。"[212]同时，因在教会学校内出身非基督徒家庭的学生人数增多，他们父母的多种信仰也对其产生了影响。"他们的父母亲戚，素来信佛信儒，做子弟的对于他们，总有些好感，所以那些学生，在不知不觉中，不但不去破除迷信，反来反对基督教。"[213]在学生对宗教态度方面，"因信教自由，学生从前读经礼拜，必恭必敬，今则马马虎虎，信徒子弟，无从获益。"[214]

在政府的高压态势下，教会学校及教会组织针对学校立案规定，纷纷采取应对措施。中华基督教教育会旅行干事也重视各学校宗教生活与教育问题，与各机关密切合作推进。如1929年10月至1930年5月，中华基督教教育会派出缪秋笙、毕范宇（F·W·Price）为代表的小组到辽宁、河北、山西、山东、两湖等地的教会中学，专门调研宗教教育的现状及具体措施，并编纂了《基督教中学校的宗教教育》一书。中华基督教宗教教育促进会也召开会议，研究学生宗教活动需要，预备各种应用教材供学校使用。[215]各校也通过不同的形式，继续在学校中开展宗教教育。如天津汇文中学校长刘馨廷认为，一个学校若没有宗教教育，就不算是一个完美的学校，因为它已经失去了教育真正的目的。[216]如1931年中华基督教教育会通过宗教科目须在课外举行及宗教仪式须自由参加等决定，并要求"在校内另拨房舍，作为宗教事业活动之所；在校外另行设立宗教事业活动场所；团契生活之组织；以教会会堂，作为学校宗教教育事业活动之中心点"[217]，此决议也在各教会学校内所推行。同时，协进会也呼吁

211 缪秋笙：《近年来的宗教教育运动》，《中华基督教会年鉴》第13期，1936年，第111页。

212 《如何解决现教会的青年问题》，《华北公理会月刊》1931年第5卷第6期，第2页。

213 祝宝庆：《近中国教会之情形与困难及如何补救》，《中华归主》1935年第153期，第17页。

214 李培廷：《今日教会学校之我见》，《圣公会报》1936年第29卷第23期，第21页。

215 Earl H.Cressy, "Present Status of Christian Schools", *The Chinese Recorder*, September 1936, p.545.

216 《华北基督教教育会中学宗教教育讨论退修会议报告》，《教育期刊》1930年第35期，第29页。

217 中华基督教教育会：《中华基督教教育会第十三届年会记录》，上海，1931年，第9页。

各教会学校通过宗教教育的开展来参与五年运动，希望教会学校最大限度地确保宗教教育的成功实施[218]，故各校也通过不同的形式，继续在学校中开展宗教教育，也成为五年运动宗教教育的重要组成部分。

五年运动时期，在华教会经常举行中小学宗教教育研究会，并组织了华北基督教教育会、北平中学宗教教育研究会、河北山西基督教教育会等组织，交流各校经验。1930 年 10 月，华北基督教教育会中学宗教教育讨论退修会在燕京大学举行，翌年 5 月，华北基督教教育会中学宗教教育讨论会又在北平举行，河北、山西教会学校校长参加，报告了各校宗教教育开展情况。1931 年 10 月 30 日至 31 日，华东区初级中学宗教教育会议在上海举行，各校代表汇报了各自学校宗教教育情况，重点讨论了如何加强初中的宗教教育，如教员邀请学生多参加礼拜，采用导师制与学生多方接近，并利用机会从事宗教教育，请女传道赴学生家中探望等。[219]1933 年 2 月，中华基督教宗教教育促进会下属的中学组，专门举办的宗教教育会议在上海召开，会上建议：中学宗教教育程方案中须增加团契及崇拜等目，党美瑞（Morie Adams）女士所著《青年灵修》材料能充作崇拜课目；对于中学适用之书籍与教材，当编订书目以供中学工作人员之选择。[220]1935 年 1 月 27 日至 29 日，华东基督教中学宗教教育会议也在上海召开，大会中心问题为五年来宗教教育之成败及今后进展之方针，各中学派代表出席。这些会议的召开，也为各校宗教教育开展谋划了方向。

（二）教会中学的宗教教育

当时大部分教会中学在政府立案后，因国民政府规定只有高中才能开设宗教选修课，教会学校也在选修课程的教授及教材上不断创新，介绍基督教的精神、伦理与教义，并借助基督徒教师及教会书刊的影响，来实施宗教教育。对于宗教教育达到的效果，如北平崇实中学宗教教育目标为介绍耶稣精神与生活：吾人介绍宗教，当然不仅在知识方面，其最要者，乃在生活，故除宗教知识外，更多注重耶稣的生活，及其爱的精神，敬神之精神，以至牺牲

---

218 Chester S.Miao, "Christian Education and the Five Year Movement", *The Chinese Recorder*, January 1930, p.37.

219 《华东区初级中学宗教教育会议记录》，《中华基督教教育季刊》1931 年第 7 卷第 4 期，第 116 页。

220 刘廷芳：《1933 年基督教的宗教教育》，《中华基督教会年鉴》第 12 期，1934 年，第 53 页。

的精神。[221]并且当时的教会学校宗教教育重在影响学生的基督化人格，如有传教士建议：我们应竭力设法使学生的宗教理想成为现实的日常生活。……我们非但要在口头上传说"你要人怎样待你，你也要怎样待人"的那金律，也要领导学生去实行这金律。[222]

1. 课内的宗教教育

在宗教不能设为必修课情况下，当时在教会学校课程上，多开设宗教哲学、宗教历史等选修课，并且适应学生的需要设置，增强学生选读的兴趣。如河北山西基督教教育会也曾建议高初级中学皆可选用的课程，各学校也针对各校实际为学生提供相应的选修课程；北平慕贞女校课程规定初中一年级学习妇女传（包括圣经中之妇女，及世界有名之妇女），初中二年级学习基督传；初中三年级学习宗教比较学（包括实地参观）；高中一、二年级则学习先知的教训；高中三年级学习宗教的仪式、演剧和艺术的研究。[223]当时各教会学校也选用有针对性的宗教教材，如《人格课程》一书，是专供高小和启蒙儿童用的教材；北平慕贞中学编有《中学公共崇拜表演教材》，每季还有表演短剧的编排，而已编成书的有救主诞、复合节、感恩节等，可供青年聚会之需；北平汇文中学则用彭彼得的《人生哲学》及《基督教大纲》等书[224]，以上教材也在其他教会学校使用。而且各校宗教课程以引起学生注意为要，尽量采用传记类教材，除名人传外，耶稣的生平和教训，多为各校所采用。各校对于宗教比较学、基督教要义、学术个人问题、社会问题等科目，也渐加采用。[225]上海沪江大学附中的初中部因教育部规定，不设宗教选科，有愿特别加入研究者，可加入特种小团契及特别查经班；高中方面有选科，高一设宗教（课本《耶稣的生平》）、伦理（课本《实因人生哲学的研究》）二科，高二设宗教（课本《诸教参考》）、社会（课本《社会学及社会问题》）二科，高三设宗教（课本《新旧约辑要》）、

221 北京私立崇实中小学校：《北京私立崇实中小学校一年概况报告书》，北京，1937年，第39页。

222 甘保罗：《基督教中等学校的基督化事工》，《中华基督教教育季刊》1934年第10卷第1期，第45页。

223 缪秋笙、毕范宇编：《基督教中学校宗教教育的研究》，中华基督教教育会，1930年，第145-146页。

224 《全国宗教教育大会美会代表团与委员会之决议案》，上海，1931年，第30-31页，上海市档案馆藏。

225 缪秋笙、毕范宇编：《基督教中学校宗教教育的研究》，中华基督教教育会，1930年，第150页。

哲学（课本《哲学的故事》）二科，学生可自由选修。[226]

对于宗教课程的选修，基督徒还多有讨论。有基督徒相信选修制能减少学生的反对，加增学生的兴趣和自动力，促进宗教教授的改良。此外又能与各项课外活动相互进行，使各个学生皆能多少得着一些宗教教育的益处。[227]还有基督徒认为选修制对教会学校有害无益，"因为在选修制或随意制之下，凡参加宗教活动的学生，在他们的心理上，都有一种乐意的准备。他们求智的欲望必比较的恳切，而爱好的精神亦较为深切。同时一般不乐意加入的学生，学校既不强迫他们，必不发生厌弃或反对的态度了。"[228]还有基督徒认为："选修制后，学习宗教课程学生变少，但不必惊慌，今后所要的是不是量而是质。我们所得少数学生的乐意参加，比较全体学生被动的参加好得多。我们能引导少数的学生敬爱基督，摹仿基督，比较养成多数貌合神离或口是心非的人好得多。"[229]

因选修制推行时间不长，各教会中学多摸索试行。从各校开设的选修课情况看，北平崇实学校的高中有宗教哲学、宗教历史等选修课，"对于基督教之来源，历史，教义以及各种规则仪式，皆相机输于学生，使能明了基督教为世上最重要之宗教。但对其他宗教，亦非永不提及。关于其教义、教主之生活，教统之传流，皆详细讨论。其最重要者，是各宗教之详细比较，以显示基督教之完美，使学生乐于研究及皈依。"[230]而在效果上，据该校1931年报告，除在选课人数较前为逊外，精神方面则有过之无不及。[231]山东即墨信义中学课程方面，1934年秋季改变方针，凡学生不愿上宗教班者，选修伦理学，此与以往学生自由上课方法大异。从该校1935年的选修课程看，中学一年级有耶稣言行三十课，二年级有使徒行传，三年级则有基督教与青年思想，且各班每周授课两小时。[232]北平汇文的高级中学课程有宗教选修有基督教略解、人生哲

---

[226] 《沪大附中宗教教育概况》，《华东教育》1935年第42期，第9页。

[227] 缪秋笙：《基督教中等教育概况》，《中华基督教会年鉴》第11期，1931年，（肆）第72页。

[228] 缪秋笙：《今后宗教教育应有的趋势》，《文社月刊》1929年第3卷第8期，第32页。

[229] 缪秋笙：《今后宗教教育应有的趋势》，第33页。

[230] 北京私立崇实中小学校：《北京私立崇实中小学校一年概况报告书》，北京，1937年，第39页。

[231] 罗遇唐：《北平崇实学校概况》，《教育季刊》1931年第7卷第1期，第66页。

[232] 子修：《即墨信义中学今学期宗教教育概况》，《鲁东信义会刊》1935年第3卷第5-6期，第22页。

学，又加上一些基督徒教师与学生经常谈到关于灵性的生活，所以在高中毕业时，有许多学生领洗。在初级中学没有宗教的选修课，只好以公民课程代替。[233]武汉博文中学开设的选修课程也比较多样，涉及宗教比较学、宗教教育学、基督教哲学、耶稣的人生哲学、基督教伦理学等5门。再如山东北长老会已立案的中学在学生选修一门宗教课程后，学校"希望他能去听课，如果不去，则要标记他旷课。中学高年级或大学专科学校的学生可以把这些宗教选修课程计入学分，所做的课堂作业、参加考试并得到了成绩的课程，可作为他们在其它专科学校的作业。"[234]当时各校的宗教选修课程若是讲授质量较高，教师用心，则选读的学生比较踊跃。除了选修宗教课程外，还有部分对基督教感兴趣的学生在课余或校外自学宗教课。

对于当时各校选修科目比例统计，各校程度不一，从教会中学学生选修宗教科的比例看，据1933年秋季至1934年春季学期报告，除了青岛崇德男校仅有13%选修外，多数教会中学有50%左右会选修宗教科，山东即墨信义中学、胶州瑞华中学、昌黎贵贞女中更有九成以上学生选修宗教科。如北平汇文中学高中部选修宗教科目学生达到41%，北平笃志女中高中部选修率为44%，初中部选修率31%，济南齐鲁中学高中部选修率60%，初中部选修率52%，青岛崇德女中高中、初中部选修率都为13%；山东泰安德贞女中高中部选修率88%，初中部选修率71%。[235]上海沪江大学附中1935年时，高一总人数72人，选宗教科32人；高二72人，选宗教科25人；高三72人，选宗教47人。[236]从此可以看出，有些学校的初中实际仍然在选修宗教课，有违教育部规定。为此，教育部及各地教育机关也加强巡查，经常派出督学或视察员到教会中学视察及时制止各校的违规行为。

尽管宗教成为选修课，但教会中学内还有伦理学、人生哲学、历史科、社会学等其他课程，教师可在这些课程中间接地灌输基督教。如有教会人士认为"初中伦理科中伟人生活一课，可包含基督生活；中学课程中可有哲学，伦理，

---

233 《华北基督教教育会中学宗教教育讨论退修会议报告》，《教育期刊》1930年第35期，第21页。

234 John J.Heeren, *On The Shantung Front: A History of the Shantung Mission of the Presbyterian Church in the U.S.A. 1861-1940*, New York, 1940, p.236.

235 葛德基：《基督教中学最近统计》，《教育季刊》1934年第10卷第4期，第135-142页。

236 《沪大附中宗教教育概况》，《华东教育》1935年第42期，第9页。

文化史等科,叙述基督教对于世界的贡献。"[237]各校还通过音乐选修课来传授宗教歌曲,或在教会学校英文课程中,很多学校即用圣经做教材,而在历史和文学课程中,常含有宗教历史和宗教理想;人生哲学和伦理学中,常论及人生问题;社会科学中常间接地提到重要的道德和宗教问题。[238]而且教会学校开展的各种校外宗教活动,也促使了选修宗教科目学生的增多,如"北平慕贞1932年时选修宗教学生有45人,到1935年选修者已增加到108人。"[239]

　　教会学校立案后,随着行政权向中国人转移,中国人出任校长,且中方教职员日渐多于西方人士,学校世俗化加强,教育传教士数量减少,不信宗教的中国教职员增多,这些教职员没有传教士那般进行宗教教育的热情,故教会学校开展宗教教育存在师资困难。但由于教会学校中仍有一定数量的教师信奉基督教,而通过他们在课堂无形中传播宗教也会对学生产生重要影响,故当时教会学校还注重教师在宗教教育中的作用。为此,中华全国基督教协进会曾鼓励有才干的教师,使他们能有一种新的眼光教导学生,并设法训练一班优秀的教师,以增进此种工作之效率。尽管当时学校经费紧张,学校中正式聘用的中外职员减少,短期雇员增多,但学校仍对教师的基督信仰有所要求。如1930年,山东北长老会开办的学校即曾倡导:"我们最需要的对于学校的基督教性能够起决定作用,保有高度基督教修养和友谊的教师。"[240]美国美以美会甚至还曾要求该会开办中学中"所有教职员包括中国籍教师,都应当是活动积极的基督徒。如果这做不到,也应当至少有80%的教职员达到此目标。"[241]

　　从各校教师的实际情况看,当时教会学校教师中的基督徒也占多数。如1933年第1学期统计,长沙雅礼中学教职员37人,其中基督徒24人;九江儒励女中教职员27人,其中基督徒19人;汉口育贤女中教职员16人,全为

237 《美国平信徒调查团报告书第六章:小学及中学教育》,《中华基督教教育季刊》
　　 1933年第9卷第1期,第50页。

238 缪秋笙、毕范宇编:《基督教中学校宗教教育的研究》第四章,《中华基督教教育
　　 季刊》1929年第5卷第4期,第91页。

239 *China Christian Educational Association Bulletin*, No.32, 1933, p.28; *China Christian
　　 Educational Association Bulletin*, No.36, 1935, p.20.

240 《美国北长老会中国总部第二十一次年会》,山东省档案馆藏:私立齐鲁大学卷
　　 宗,档案号:J109-01-115。

241 Program of Religious Education for the Methodist Episcopal Church In China, 1928-31,
　　 p.25,上海市档案馆藏。

基督徒；益阳信义中学教职员 12 人，基督徒 10 人。[242]且基督徒教师多是中国人，如 1932 年华北公理会的 8 所教会中学的 259 名教职员，其中西教职员仅有 23 名，中西教职员里面非基督徒 78 人，约占 30%。到 1936 年该会的 8 所教会中学有教师 315 名，外籍教师仅 20 名，数量进一步减少，而在所有教师中非基督徒为 111 名，约为 35%。[243]再从 1933 年春统计的 105 校中，基督徒教员人数平均数为 75%，基督教大学出身的中学教员占 50%。[244]可以说当时大部分教会学校中基督徒教师的比例都高于非基督徒，便于他们在学生中传教。故此，各教会学校除了宗教选修课外，还可充分利用基督徒教师在课堂上通过各种手段继续传播基督教，只是不再直接讲授基督教教义，但显然有违教育部《私立学校规程中》不得在课内传播宗教规定。基督徒教员无论在课内或课外常经常对于学生有关灵性的谈话及联络，但因为学生不住宿的很多，这也是组织宗教团体困难的地方。但在拥有认真负责的基督徒职员的学校，每年有很多非基督徒学生成了基督徒，许多人加入了教会。然而，不能否认的是，"教会学校立案以后，白校长以至教员，甚而至于学生，他们对于宗教教育的热忱，确是降低不少。一个西国教员，他虽是从事于教育，但他总不忘记他也是一个被差遣到中国来传福音的，在他教育工作之外，对于宗教事业，亦不肯轻忽了。中国教员则不然了，他以为在他应尽的授课本分以外，实无宗教方面的责任，因为它只认自己是一个教员，各人所有目的不同，在教课方面，也自然有相当的关系。"[245]再如华东区的基督教中学指出教员方面存在的问题有：教职员对宗教事实不大热心参加，教职员对宗教事工欠准备；教职员未能以身作则感化学生；教职员缺少宗教团结；教职员之派别予宗教之阻碍。[246]

因宗教课程已不是学校必修课程，故教会学校内教师对福音的传播，除了少数通过宗教选修课外，更多是通过潜移默化地用基督教的博爱、牺牲及

---

242 《华中区基督教中学校教职员统计一览表》，《中华基督教教育季刊》1934 年第 10 卷第 1 期，第 78 页。

243 《华北基督教公理会促进董事部第二十三届年会报告记录第二十三》，汾阳，1937 年，《董事部各中学》表，上海市档案馆藏，U115-0-13。

244 缪秋笙：《基督教中学最近概况》，《中华基督教教育季刊》1933 年第 7 卷第 3 期，第 49 页。

245 俞恩嗣：《立案学校与宗教教育》，《圣公会报》1937 年第 30 卷第 15 期，第 6 页。

246 《华东基督教教育会二十届年会记录》，《中华基督教教育季刊》1935 年第 11 卷第 2 期，第 82 页。

服务的精神影响学生，使学生耳濡目染，心领神会。如北平育英学校校长李鹤朝指出：学校宗教教育可进行人格感化，应以学校为家庭，以职教员为父母，藉以研究宗教生活，使职教员与学生发生好感。[247]又如华北美以美会曾明确要求学校当局"督促教职员，以耶稣基督为中心，注重宗教之精神，训练青年与本堂牧师共同合作，方能维持教会学校之原意。"[248]当时教会学校内的外国教士多充任宗教指导员，热心宗教教育，也经常组织学生在家中进行团契、聚会等活动。如北平汇文学校的外籍英文老师就经常利用课余时间给学生辅导功课、联络感情，甚至邀请学生们到家中做客，在潜移默化中渗透了基督教的思想。中方基督徒教师也发挥了重要作用，当时通县富育女校教员都是基督徒，每月开讨论会进行宗教训练以便为课堂教学。天津的汇文、中西二校则将职教员分配于中学六年级，每年级有 3 位教员担负宗教教育责任，在感情上与学生发生密切的关系，取得不错的效果；职教员还组织了辅导委员会来负责办奋兴会，吸引学生参加，并与学生合组基督教团契。[249]但也有部分教师因教学压力较大，无暇顾及宗教，故也有学校聘请专门的宗教指导教员或布道员，如华北公理会八校在 1931 年即聘请了专门的布道员。基督徒教员对于培养学生品格异常重要，但部分教员则缺乏宗教修养，其开展的宗教教育不能适应学生的日常生活及辅导他们的道德问题。在宗教科或由其他科目方面，一般教员所通用的教授法，仍注重记忆和背诵，即在礼拜程序之中，也袭用此类方法，因此常把富有意义的礼拜变的毫无意义。[250]浙江嘉兴秀州中学教职员团契每周日晚上举行祈祷会或读经团契，或交换经验，或讨论人生问题，兴趣盎然。该校宗教教育方法除每周有 2 次宗教集会，除令学生自由参加外，平日以小组团契的方法，促进师生问题之友谊，利用各种机会介绍基督徒，而尤注意教师自身之品格，使一切宗教上信仰得与实际生活发生关系。[251]

---

247 《华北基督教教育会中学宗教教育讨论退修会议报告》，《教育期刊》1930 年第 35 期，第 25 页。

248 华北美以美会编：《华北美以美会第四十六届年会议记录》，北京，1939 年，第 44 页。

249 《华北基督教教育会中学宗教教育讨论退修会议报告》，《教育期刊》1930 年第 35 期，第 27 页。

250 缪秋笙、毕范宇编：《基督教中学校宗教教育的研究》第二章，《中华基督教教育季刊》1930 年第 6 卷第 1 期，第 76-77 页。

251 《一年来之宗教教育》，《秀州钟》1936 年第 15 期，第 38 页。

　　值得一提的是，各地教会学校还利用图书馆收藏的宗教书刊，通过陈列各种宗教书报及画片作无形之宣传，供学生阅览使用。为此，1930 年 7 月，教育部又严令教会学校陈列宗教书报，"所有宣传宗教之图画，应予一律禁止陈列或悬挂。其关于宗教之书籍报章及杂志等，除在大学及高级中学，限与选修科目有关及堪备哲理上参考者得酌量陈列外，其余应一律禁止。"[252]此规定也一定程度上影响了教会学校图书馆馆藏的宗教书报数量，但仍屡禁不止，且各校在教室、礼堂还悬挂宗教标语图片。如 1930 年 11 月，山东省教育厅派出督学调查德县博文中学时曾称该校："惟查学生自修室寝室中，仍不少关于宗教书籍，图书馆中，亦间有之。"[253]再如 1931 年 10 月，山东省教育厅派出指导员调查即墨信义中学时，也指出：书报杂志及挂图表册，均系宗教性质，不免有宣传宗教之嫌。[254]当时还有学校专门设立宗教图书馆，1933 年铭贤本校训育部专备各宗教之参考书设立宗教书籍图书馆，平均每月借书者 30 余人。[255]从图书馆的宗教藏书量看，潍县广文中学图书馆的宗教册数比较多，1933 年，该校图书馆藏书总类 1927 册，而宗教即有 1218 册。[256]但更多的教会学校在立案后，宗教书籍比例并不大，当时随着取消宗教必修课，借阅宗教书籍的学生也不多。如 1931 年，山西铭义中学本校图书馆共藏书籍统计表 4469 册，其中宗教仅有 81 册，从秋季本校图书馆出纳书籍统计表看总计 3204 册，宗教仅 2 册，仅占 0.06%。[257]再如北平私立崇实中学图书馆 1934 至 1935 学年统计，宗教方面借书也仅占 5%。[258]特别是因非基督徒学生增多，对宗教兴趣并不大，如在 1936 年 9 月至 12 月，铭贤学校图书馆，仅借出 4 本宗教类图书。[259]这也是教会学校日渐世俗化的体现。

---

252 《教育部严令教会学校陈列宗教书报》，《申报》1930 年 7 月 2 日，第 3 张第 11 版。

253 山东省政府教育厅：《山东省政府教育厅视察报告》第 2 集，济南，1931 年，第 178 页。

254 山东省政府教育厅：《山东省政府教育厅视察报告》第 3 集，济南，1933 年，第 918 页。

255 《铭贤学校基督徒团契事工报告》，《谷声》1933 年第 34-35 合期，第 45 页。

256 《广文中学图书馆藏书分类统计》，《广文校刊》1933 年创刊号，第 15 页。

257 《1931 年秋季本校图书馆出纳书籍统计表》，《铭义季刊》1932 年创刊号，无页码。

258 北平私立崇实中学：《北平私立崇实中学校 70 周年纪念刊》，北平，1935 年，第 126 页。

259 铭贤学校：《铭贤学校校务报告》，太谷，1936 年，第 8 页。

2. 课外宗教活动的间接影响

教会学校立案后，虽然对宗教教育造成了冲击，但校内的基督徒学生仍然多是坚守自己的信仰，坚持礼拜、聚会等宗教活动，校内的各种宗教教育则更多的是对非基督教学生展开，希望以此吸引他们信教。而且教会学校内非基督徒学生人数之增加，也是学校进行宗教工作的良好机会，"但为增加学费，对新生资格把关不严，学生良莠不齐，一方面学生不易训导，但另一方面学生之心门常启，易于接受真理。所以今日之问题乃在于教会学校的宗教生活是否更有效力，而不在于重新创设宗教之力量。"[260]因《私立学校规程》规定不得强迫学生参加宗教仪式，故各校不断丰富宗教教育的形式，从青年学生的心理需求出发开展多样的宗教活动，通过个体活动、友情关系等各种方法接近学生，并将宗教活动与体育、娱乐活动相结合，以吸引学生参加，借机实施宗教教育。而且此时期宗教教育特别重视培育学生基督化人格，希望使基督教倡导的奉献、服务及博爱精神影响到学生。

为了适应教会学校立案后的新形势，各教会学校在宗教教育上也通过各种形式继续实施教育。各教会学校多成立了专门的宗教教育组织，由教职员、外国传教士及教会牧师出任宗教教育干事。如北平育英学校设有宗教指导员，北平崇实中学校在宗教教育方面，设有宗教委员会及青年礼拜委员会，并有宗教干事 1 人负责学校宗教工作；贝满女中则有学生事业指导员；天津究真仰山学校则组织宗教事业联合会，担负指导学生宗教生活之责任，教职员数位亦随时指导，华北公理会宗教教育干事彭锦章，每学期来校 1 次对学生全体及分别讲演与谈话，收效极宏。[261]上海沪江大学附中则设有宗教委员会，在每学年开学之初，由学校当局商请热心基督徒教职员 5 人至 7 人而成，其中 1 人为主席，1 人为纪录，其余分任总务、灵修、组织、布道、社交五股事工，通力合作，为全校宗教教育事工计划及活动中心。[262]

立案学校还加强与教会在宗教教育方面的合作，为吸引学生参加，重新组织宗教活动，与学生实际生活发生密切联系。如华北美以美会及其开办学校合作开一宗教教育会，凡来加入该会的学员，回校后对于宗教事业无不尽

---

260 Earl H.Cressy, "Present Status of Christian Schools", *The Chinese Recorder*, September 1936, p.545.

261 《天津私立仰山究真学校报告书，1937 年》，《教会战后医院报告及公理会文件》，天津市档案馆藏，档案号：401206800-J0252-1-003019。

262 《沪大附中宗教教育概况》，《华东教育》1935 年第 42 期，第 8 页。

力帮忙，并且仍由学校与教会共同担任学生的宗教训练。[263]当时圣公会开办学校皆有一礼拜堂，专为崇拜之用。有些学校则另开一室，以作宗教集会之所。这些场所，不仅可供公共礼拜之用，且可任学生自由作为个人潜修之所。[264]山东北长老会的中学为了消解开展宗教工作和学校教学计划的困难，那些负责学校宗教事务或开办圣经班的同工们，就不得不使用各种方法呼吁、吸引学生特别是那些非基督徒学生参加小教堂或教会宗教仪式，到圣经班学习。并且该校通过友情、团契关系以及开设冗长说教的选修课，向学生发出呼吁，来消解所面临的困难。[265]教会学校立案后，不得举行宗教活动，但教堂一般都离学校不远，多数都在同一大院内，学生可到教堂自由参加礼拜。为了补充这一方面的损失，各教堂每年开 3 至 4 次特别的大布道会，请国内外著名牧师讲道，并吸引学生参加。

当时教会中学各校还多与其附近的教会内加强宗教联系，部分教会人员也到教会学校开展宗教活动。为此部分教会还为教会中学设立专门的布道员，如华北公理会董事部教育股即设立所办中学八校布道员，由彭锦章出任此职，到各校进行举办教徒礼拜、宗教集会、小组讨论以及个人谈话，特别在演讲中注意引入宗教和圣经。[266]但他也感到凭其一人之力精力不足，而且宣讲时间有限，善后工作缺乏。再如上海沪江附中向无专任的宗教工作人员，是以事工之进行全赖基督教师生之自动服务。每学期举行之宗教周，为时一周，校外教会牧师来主领。除公开演讲外、有退修会、讨论会、个人谈话等。[267]

教会学校立案后，不得举行宗教活动，但教堂一般都离学校不远，多数都在一个大院内，学生自由参加礼拜，至少每周 1 次。而且各教堂每年开三至四次特别的大布道会，请国内外著名牧师讲道。布道会是教会学校宗教教育形式，多是联合教会举行或师生合作组织，除公开演讲外，并注重讨论会、小团契的研究会及个人谈话会。如即墨信义中学请孙维德、席士德两位牧师于 1934 年 10 月 24 日到即墨接连开奋兴会 6 天，男女学生对基督教产生兴趣

263 《华北基督教教育会中学宗教教育讨论报告》，《教育期刊》1931 年第 36 期，第 28 页。

264 宜：《教会学校的宗教教育》，《民国日报》1930 年 6 月 15 日，第 3 张第 4 版。

265 John J.Heeren, *On The Shantung Front: A History of the Shantung Mission of the Presbyterian Church in the U.S.A. 1861-1940*, New York, 1940, p.236.

266 Harold S.Matthews, *Seventy-five Years of the North China Mission*, Peking: Sheffield Print Shop, 1942, p.162.

267 《沪大附中宗教教育概况》，《华东教育》1935 年第 42 期，第 11 页。

的有 50 余名，决定入教的有 10 余位。奋兴会后，他们组织了 4 个布道团，每礼拜下午，由同工及男女信徒引领出发布道，女生每日有家庭团契会，男生每天晚饭后有小组祷告团。[268]但奋兴布道往往利用热烈情感来挑动听众，当时效果颇佳，但不能持久。且一般牧师布道，都爱引用神学教义来解释基督教，而与青年的日常生活经验毫不相关，学生兴趣不大。而且学校与教会合作布道会也存在困难，如教师欲使学生与普通信徒，对于他的讲道，都表示满意，这是一件难事；学校如使学生赴教堂礼拜，则必变更校内的授课或自修时间；学校与教会方面，对于宗教观念，往往有新旧之不同，因此反使学生在思想上发生冲突。[269]除了布道会外，各校还常请牧师、名家进行宗教演讲，且内容不限于基督教。

对于圣诞节、复活节、感恩节等基督教重要节日，学校与教会常举行活动，也引起很多非基督徒学生参加，并常举行布道会，请名人演讲宗教问题。如在圣诞节，学生演圣诞剧、唱圣诞歌曲等，不论是否基督徒都可以参加。如当时北平贝满女中每年的圣诞节很热闹，这一天一定要放假，师生共同活动，一派节日气氛。参加的人们各有心思，在这一天有的人会更坚定自己对耶稣基督的信仰，有的人会向"上帝"倾诉衷肠，而相当一部分人则是觉得新奇、有趣，对宗教意义却毫无考虑。[270]节日后，基督徒教员还注重引导感兴趣学生继续深入基督教，组织他们参加退修会等，保持后续效果。而且基督教的节日庆祝举行时，也常常为学生受洗，如天津的新学书院 1930 年则有 19 位在复活节的礼拜受洗。[271]即墨信义中学学生于 1934 年圣诞节领洗入教者，男生 3 名，女生 4 人。[272]

周日的礼拜，为教会学校的常规宗教活动。学校在政府立案后，学生不再被迫参加礼拜，而是自由参加。当时因各地教堂与学校较近，学校礼拜参加者仍然较多，如据 1935 至 1936 学年统计各校主日礼拜的学生人数，昌黎

---

268 子修：《即墨信义中学今学期宗教教育概况》，《鲁东信义会刊》1935 年第 3 卷第 5-6 期，第 22-23 页。

269 缪秋笙、毕范宇编：《基督教中学校宗教教育的研究》，中华基督教教育会，1930 年，第 159 页。

270 李爽麟、蒋雯：《贝满女中》，北京市政协文史资料委员会编：《北京文史资料精选》东城卷，北京出版社，2006 年，第 197 页。

271 伍英贞：《对于中学宗教教育现状之研究》，《教育期刊》1930 年第 35 期，第 7 页。

272 子修：《即墨信义中学今学期宗教教育概况》，《鲁东信义会刊》1935 年第 3 卷第 5-6 期，第 22 页。

汇文中学高中部参加者 71 人，占 75%，初中部 165 人，占 63%；天津中西女中高中部有 58 人，占 70%；初中部学生 70 人，占 50%；山东黄县崇实中学高中部 44 人，占 89%，初中部 120 人，占 91%。当然个别学校参加者较少，如北平崇慈女中高中部学生有 45 人，占 38%，初中部学生有 45 人，占 25%；保定同仁中学高中部有 40 人，占 20%，初中部 72 人，占 10%。[273]在礼拜具体活动上，各校活动大同小异。如北平育英学校是星期日在公理会礼拜堂做礼拜，号召教师学生自愿参加。做礼拜时都坐在椅子上，摘读《圣经》，唱圣诗歌，然后由主持人演讲；利用课外活动的形式，组织圣诗团、圣歌咏队、查经班、五进团等组织。这些组织有时还举行音乐、歌咏的演出会，在公理会正堂旁边的副堂举行。[274]北平崇实中学礼拜名目繁多，除了周日礼拜，还有特殊礼拜、母亲日礼拜、烛光礼拜、圣诞礼拜、耶稣受难礼拜、复活节礼拜等，另每周五上午有高中学生参加的英文礼拜，请校内教员或校外名人讲道。[275]东吴大学吴兴附中有专门的宗教委员会于每星期聚集宗教晨会一次，举行礼拜仪式，演讲圣经，学生自由参加，1933 年时平均约 40 余人，在全校 306 名学生中已属少数。[276]但因部分礼拜仪式固定，宗教气氛较浓，同学们甚少主动参与，所以兴趣也不甚浓厚。因此各校也使礼拜变为活泼，养成学生自动的能力。当然也有学校为让学生参加礼拜，可谓是用尽各种办法。如有北平的教会学校故意的在每星期日上午不准学生出院，同时又停止运动和游戏，青年人的性情又是好动的，不得已都去教堂作礼拜去了。[277]而且各校还注重对礼拜后学生的进一步辅导，以加深其宗教感悟。如遵化汇文中学更在主日礼拜后将试教与望道的学生在另室谈道，以期达到他们领洗作完全信徒的程度，所以学生对于宗教异常深厚。[278]但是教会礼拜在取消学生强制参加后，除了信教学生外，非教学生参加者呈整体减少趋势。也有教会人士对此分析原因称："教会学校未立案时，压迫学生过甚，待取消压迫令，学生当然发

273 葛德基编：《基督教中学校第四届统计年报，1935-1936》，中华基督教教育协会，1936 年，第 60-62、66-67 页。

274 王宝初：《北京育英学校》，北京市政协文史资料委员会选编：《杏坛忆旧》，北京出版社，2000 年，第 355-356 页。

275 北京私立崇实中小学校：《北京私立崇实中小学校一年概况报告书》，北京，1937 年，第 43-45 页。

276 《东吴大学吴兴附中》，《福音光》1934 年第 41 号，第 11 页。

277 一鸣：《北平的教会学校》，《学校评论》1931 年第 1 卷第 3 期，第 58 页。

278 华北美以美会：《华北美以美会四十二次年议会录》，天津，1934 年，第 404 页。

生反感，而讨厌教会的；教会学校难得热心的基督徒教员；比邻学校的教会领袖失掉了领导青年学生的资格。"[279]

教会学校内还组织各种朝会、见证会、祈祷会、勉励会、主日学、宗教研究班等吸引学生参加。每日早晨朝会或灵修也是各校常举行的活动，有时请名人演讲，或有唱诗，校歌，学生都需参加，教员轮流与学生讲些关于品德或宗教生活的讲演，以勉励学生的品格。如山东即墨信义中学早晨灵修，每周三、五、六举行，早7时45分至8时半为灵修时间，在礼拜堂由职教员及学生轮流主领，礼拜人数每日多少不等。[280]主日学也是教会学校星期日主要活动，其内容是听圣经故事，发圣经故事画片，学唱教会圣诗等，目的是培养学生对耶稣的敬仰。如南京汇文女子中学主日学工作情况为：每礼拜日，该校基督徒数教职员及学生均各自愿赴附近堂担任主日学教员，初中学生亦多有入主日学班者。[281]山西铭义中学的主日学，"因规定学生自由加入，但学生反而增加。开办后，每次学生，都是趋之若鹜，积极参加，作为义务领袖者，也更加有了兴趣"。[282]广文中学每周日上午还有勉励会，常到会的有10余人，共同研究圣经，彼此督促勉励。每日早6点至6点半，有祈祷会。[283]另该校有晚祷会，每星期规定一个题目，使圣经知识由浅入深，所有问题印成请求书令大家研究，以经解经，并请教会牧师帮助学生查经解经。[284]而且各校也从学生兴趣出发拓展活动，如北平汇文中学每周二、周四宗教聚会，因学生缺少兴趣，故聚会人数不多，后聚会不单单有篇演讲，而且音乐、歌诗、弹琴等以助兴，所以此令到会的人很踊跃。[285]武昌的博学中学高中部研究宗教比较学，高初中各级分组查经，星期三有宗教名流演讲或幻灯演讲或圣经讲演比赛。[286]再如1935

279 《如何解决现教会的青年问题》，《华北公理会月刊》1931年第5卷第6期，第2页。

280 子修：《即墨信义中学今学期宗教教育概况》，《鲁东信义会刊》1935年第3卷第5-6期，第22页。

281 《南京汇文女子中学校闻》，《中华基督教教育季刊》1930年第6卷第4期，第107页。

282 冯健葊：《五运汾州基督教主日学校的再振》，《华北公理会月刊》1931年第5卷第6期，第24页。

283 于本善：《本校基督徒学生团体概况》，《广文校刊》1936年第2期，第7页。

284 连警斋编：《郭显德牧师行传全集》，第583页。

285 《华北基督教教育会中学宗教教育讨论退修会议报告》，《教育期刊》1930年第35期，第21页。

286 《华中区基督教中学校本期新计划表》，《中华基督教教育季刊》1934年第10卷第1期，第87页。

年，广州真光中学的初高中六个年级每周五晚都举行宗教研究班，学生自愿参加，分别研究耶稣言行、旧约名人故事、基督徒生平、基督教概论、基督教在中国历史及比较宗教学。[287]此外，教会中学的教师也定期进行宗教活动。如南京育群中学教职员有 80%基督徒，每星期一举行晨祷会一次，每月有教职员团契会一次，除有灵修娱乐秩序外，并商讨有关宗教工作之各项问题，非基督徒教员亦被邀参加。[288]

查经班在宗教课改为选修后，为各教会学校经常组织，由学生课外参加，分成多个小组举行，共同研讨圣经，并请教师指导，这也是宗教教育的重要形式。当时教会学校认为，"基督教培养方法，莫要于查经祈祷。从圣经中，可以寻求上帝之意旨，有所遵循，从祈祷中，可以得到上帝直接启示及能力，自能改变生活，非从口头禅语而已。"[289]如陕西圣公会培德学校组织培光查经班，于每周六晚举行，在校的同学或已毕业的校友自由参加。每次参加者有 10 余人，先研究马可福音一章，然后讨论宗教或伦理问题，亦颇饶兴趣。[290]1930 年，嘉兴秀州中学也开设查经班，先将各基督徒教员分高初两组，加入查经之学生自由选择最喜欢之教员进行分组，结果初中分九组，加入学生 168 人，占 60%；高中五班人数 67 人占 50%，每班每周开会一次。[291]天津新学书院在周日的查经班，学生可随意加入。查经班分三段，小学部介绍伟人传纪，初中部主要讲演与解释，而高中部则讨论和解决问题。在参加人数上，1930 年该校有学生 482 人，其中 20%加入查经班。[292]浙江湖州的湖郡女校 1935 年春季学期则实行全校读经周，全体师生一律加入。秋季学期开始后，中学部设宗教研究班 5 班，小学部 4 班，每周于课外抽出一小时为讨论时间。三分之一的学生对宗教圣经有浓厚兴趣，但其余则处于被动地位。[293]因查经班多是由外国教师

---

287 《宗教研究班》，《真光校刊》1935 年第 3 卷第 1 期，第 40 页。

288 邵镜三：《南京中华路基督会堂青年工作概况》，《宗教教育季刊》1937 年第 1 卷第 1 期，第 10 页。

289 北京私立崇实中小学校：《北京私立崇实中小学校一年概况报告书》，北京，1937 年，第 40 页。

290 彭鸿恩：《陕西宗教教育断片》，《圣公会报》1935 年第 28 卷第 15-16 期，第 19 页。

291 《一年来之宗教教育》，《秀州钟》1936 年第 15 期，第 38 页。

292 《华北基督教教育会中学宗教教育讨论退修会议报告》，《教育期刊》1930 年第 35 期，第 28 页。

293 《华东基督教教育协会中等学校协进会第三届年会记录》，《中华基督教教育季刊》1935 年第 11 卷第 4 期，第 28-29 页。

主持，很多学生参加查经班是为了学习英语，练习对话，并不是对基督教感兴趣。曾是贝满校友的 1938 届蒋丽金回忆称："我本人参加过查经班，绝大多数同学参加的目的，只为了有机会多学点英文，特别是口语，通过英语对话，提高我们会话的能力。圣经的故事只当作是神话，很少人认真和自己的人生哲学联系在一起。一切似乎都是比较自然的……我虽参加了一些有关宗教的活动，但始终未有人劝我入教，似乎一切都听其自然。"[294]

教会学校立案后，学校中非基督徒增加，为宗教活动开展提供了契机，当时校内还成立了青年会、基督徒团契及其他宗教团体，成为实施宗教教育的有效力量。各校的青年会因非基督教运动冲击逐渐趋于消沉，活动不能适应学生需要，且被各校学生自治团体所冲击，青年会的宗教功能弱化，社会改良功能更强，故当时教会学校内也出现了许多宗教色彩更浓的基督徒团契，逐步取代青年会成为学校中较为活跃的宗教团体，在师生中组织各类宗教活动。因基督徒团契、青年会等并不强迫学生参加，也就不违背教育部的规定，但同时其又在所开展的服务、友谊及灵修等三大类活动中彰显基督教的精神影响学生，也颇受各学校欢迎。

各校基督徒团契在活动上也是宗教与服务并重，注重个人灵修，培养学生的基督化人格，并根据学生兴趣设计活动。如北平育英团契的工作围绕祈祷、查经及服务展开，主要有常会、乡村服务、查经班、两性讨论班、工友夜校及工友俱乐部、民众学校、学术互助会等。[295]基督徒团契的设立，也为校内研究基督教信仰，开展布道提供了平台，促进全校丰满的团契生活，并实行了个人与团体的生活锻炼。在学校宗教教育受到限制的局势下，各团契通过宗教与社会服务活动，继续在校园内保持了浓厚的宗教气氛，也吸引了部分师生加入，更有少数成员因之入教。此时期，各校团契为突出其现实关怀性，工作又太偏于服务，这虽然体现出教会学校日渐融入社会生活，对于契友们的灵性生活则有所忽视，故也有学生担心："团契之存在，基于契友之健全，契友间如无共同信仰，共同生活，团契之存在恐亦暂矣。"[296]然基督徒团契的宗教色彩太重，又很难激发参加者的兴趣，故不得在社会服务与布

---

294 蒋丽金：《母校在我心中，永远亲切清晰》，《166 中建校 120 周年纪念册》，北京，1984 年，第 22 页。

295 苏汉臣：《一年来的育英团契》，《育英半月刊》1935 年第 3 卷第 4 期，第 189-190 页。

296 何文仁：《要说的几句话》，《燕大团契声》1935 年第 1 卷第 2 期，第 13-14 页。

道之间作中和选择。如北平育英团契契友 1933 年时感到国难日深，"对宗教工作，感到乏味，故精神颇为散漫。"[297]而且还有团契的学生成员在毕业离开学校后，因失去了团契的维持，甚少去参加教会的活动，这也有违团契的初衷。

当时教会学校青年会也是开展宗教活动重要团体，并在此时期加大对非基督教学生的工作，吸引一批学生参加。如从 1935 年各学校青年会人数看，数目也颇为可观，如"长沙雅礼青年会有会员 150 人，金陵大学附中青年会有会员 100 人，上海清心中学青年会有 120 人，济南齐鲁中学青年会有会员 100 人。"[298]教会学校青年会开展各类宗教活动，其宗旨多是本耶稣的精神，养成团契生活，发展青年健全人格，谋求民众幸福之类。青年会开展的活动，除了社会服务外，尤其重视宗教教育。各校青年会宗教活动有宗教崇拜灵修会查经班、朝会、祈祷会等，多是每周定期举行，并且从青年的心理与需求出发，结合邀请名人演讲，各种游艺、比赛、考察等文体活动，以激发会员的参与兴趣。如北平育英中学青年会组织查经班，每周日早集会一次，除查经以外，并用耶稣生活作根据，讨论和解决个人本身的问题，另有灵修会、旅行团、会员同乐会、讨论班及乡间服务等。[299]值得注意的是，当时青年会的会员中，多数学校的非基督徒占多数，如据 1931 至 1932 学年的统计，北平汇文中学青年会会员 120 人，基督徒会员占 42 人；北平育英中学青年会会员人数 250 人，基督徒会员 68 人。但也有宗教氛围浓厚的学校青年会，基督徒会员较多，如昌黎汇文中学青年会会员 63 人，其中基督徒有 49 人；泰安萃英中学青年会会员 80 人，基督徒达到 60 人。[300]当时青年会社会服务成效颇佳，宗教效果却不显著，多数学生对宗教活动不发生兴趣，如昌黎男女学校青年会会员虽有 170 余人，而每次开会时到会者仅占半数。[301]但是从青年会宗教工作效果看，仍然有一批学生入教，受洗学生每年都有增长。如 1933 年，全国各青年会报告受洗校数 64 所，初中受洗学生 328 人，高中受洗学生 139 人，总数 467 人。到 1936 年，

---

297 《育英基督徒团契已过之一年》，《育英年刊》1933 年，北京市档案馆藏，档号：ZQ017-003-00092。

298 中华基督教青年会全国协会：《中华基督教青年会年鉴》，青年协会书局，1935 年，第 90-100 页。

299 《青年会工作概况》，《育英年刊》1930 年，北京市档案馆藏。

300 *Y.M.C.A Year Book*, China, 1932, Shanghai: Association Press, 1932l, pp.42-43.

301 李任公：《唐山昌黎男女学校青年会概况》，《消息》1932 年第 5 卷第 6 期，第 44 页。

全国各青年会报告受洗校数 129 所，初中受洗学生 1651 人，高中受洗学生 711 人，总数 2368 人。[302]

此外，各校还有立志证道团、宗教研究班、义勇布道团、宗教讲演团等，注重团员团契的灵性生活，在学生中确也发挥过较大的传教作用。开展宗教活动。北平公理会学校贝满、育英早在 1927 年联合成立有行健会的组织，按着学生心理与生活的要求，聚合起来，研究与崇拜基督。[303]初、高级学生都可加入，该会每周日晚 7 点开会，多重崇拜仪式，亦请名家演讲今日社会各种问题，也组织学生礼拜。[304]铭贤学校 1929 年 11 月起还组织立志证道团，每周日晨，守晨更礼拜，作全体团员之灵修，筹备圣诞庆祝大会，与本校团外之基督徒同学，及对于宗教觉有所需之同学接谈，共谋淬励品格。[305]广文中学内还有基督徒学生青年团，会员皆自由参加，目的在彼此勉励灵修的前进，同时对于校内的同学，或校外附近的乡村，作点帮助的工作，并组织学生布道团到乡村布道。[306]这些团体的存在，均是学生自愿参加，对宗教教育发挥了一定影响。

对于学校内宗教活动，各校多从增进学生道德观念出发，遵循了自愿原则，不再勉强。从学生参与度看，当时学生自愿参加宗教活动比例仍较高，如北平慕贞学校每天上课前有 15 分钟早祷，参加者 150 人左右，差不多占注册人数一半；汇文学校周日上午与慕贞联合举行礼拜，参加这个活动有男女生大约 200 人，其中男生约 60 人。[307]随着宗教活动熏陶，学生参加人数有所增加，如 1930 年天津汇文中学称，在信教自由原则下，赴早祷会之人数约 80%，甚至到 90%，每人都很乐意加入早祷会，并没人反对什么。[308]在 1933 年时该校高中部有学生 123 人，其中即有 71 人参加了查经班，且参加

302 中华基督教青年会全国协会:《中华基督教青年会年鉴》，青年协会书局，1936 年，第 9 页。

303 全绍武:《学生事业一瞥》，《华北公理会月刊》1931 年第 5 卷第 4 期，21 页。

304 吴榆珍:《一个女子中学的课外生活》，《社会学界》1933 年第 7 卷，第 241-242 页。

305 李选青:《铭贤立志证道团消息略述》，《铭贤校刊》1929 年第 8 卷第 1 期，第 104 页。

306 孔桂英:《基督徒学生团工作报告》，《广文校刊》1936 年第 2 期，第 6 页。

307 *Official Minutes of the North China Annual Conference of the Methodist Episcopal Church*, 1931. pp.109-110.

308 《华北基督教育会中学宗教教育讨论退修会议报告》，《教育期刊》1930 年第 35 期，第 29 页。

周日礼拜的学生也比较踊跃，还常有学生带朋友前来参加。[309]天津中西女中则有 1/3 是基督徒，学校使学生自动的去研究宗教，据该校报告，"宗教工作没有受到干涉，很多学生在急切学习基督真理，早祷持续举行，效果很好。"[310]各校也注重间接引导学生入教，如天津汇文中学，在课外联络校内基督教徒学生组织一会，以自助助人为目的，会员在礼拜日拜访同学，藉谈话之方法引入此会。[311]美国公理会开设的山东临清培真学校在直接传播基督教受限的情况下，"惟于课暇之余，徐引暗示，使之逐渐明瞭耶稣之言行，而启其向道之心。数年以来，所获之效果，较之昔日正式查经聚会，不减功效。"[312]而且当时各校基本不再强制学生参加宗教活动，如贝满女中学生汪溪 1927 至 1933 年读完初中、高中六年，是非基督徒。她对校内宗教活动曾回忆称："在校六年，从没有老师或学伴向我传播宗教信念，更没有人来动员我入教。我自己对信教有点不大以为然的情绪，不大理解信教人的心思。……每逢圣诞节，我们都很快活，至于这个节日的宗教意义，我可不去管它。"[313]当时校内师生基督徒对于宗教活动也参与颇多，但是各校的实际效果却各有不同。

因宗教仪式改为自由参加后，鉴于部分学生的反感，漠视宗教仪式，加之宗教活动本身的刻板，学生参加学校宗教活动大为减少，特别是周日礼拜或朝会参加者更为减少。为此许多学校为防止此现象，乃采用更替的办法，凡不赴主日礼拜或周日宗教朝会的，必须自修，或参加演讲会或讨论会；更有学校则利用报告、布告、教员或同学相邀等方法，以引起学生参加宗教集会的兴趣。[314]为适应宗教活动需要，有些学校在校内设立礼拜堂或开辟一室作为宗教集会之所，北平

---

309 Annual Report of C.H.B.Longman Tientsin for 1933, *Council for World Mission Archives*, North China,1866-1939, Box, No.11, 1933-34, No.795, Switzerland: Inter Documentation Co., 1978.

310 Eddy Lucius Ford, *The History of the Educational Work of the Methodist Episcopal Church in China: a Study of its Development and Present Trends*, Foochow: Christian Herald Mission Press, 1938, p.230.

311 《河北山西基督教教育会》，《中华基督教教育季刊》1929 年第 5 卷第 1 期，第 134-135 页。

312 石峻柱：《临清培真学校概况》，《华北公理会月刊》1930 年第 4 卷第 7 期，第 28 页。

313 汪溪：《已经过了半个世纪》，《166 中建校 120 周年纪念册》，北京，1984 年，第 16-17 页。

314 缪秋笙、毕范宇编：《基督教中学校宗教教育的研究》，中华基督教教育会，1930 年，第 153 页。

慕贞女校则由师生共同筹划周日宗教式朝会程序，以满足学生参加兴趣。对于教会学校的间接宗教影响，有北平教会学校学生称："学校不能强迫学基督教后，只好将圣经改为宗教史，将圣诗亦改为唱歌了，课外则有英文讲经班、宗教讨论会等半强迫半引诱的团体，并且用物质的、或荣誉的奖励，极力的去引诱青年学子。还有东城某有名教会学校的西人教英文以圣经为读本，还有许多宗教仪式上的仪节、习惯，他们亦都想许多巧妙的安抚来维护。"[315]但教会学校内的部分不信教的同学也对宗教活动反感乃至抵制，如北平汇文学校的部分同学曾把美以美会亚斯理堂欢迎王明道布道大会招贴文告的讲题，涂改成极醒目的"毋忘鸦片战争，宗教就是鸦片"，全校轰动，搅得大会黯然失色。[316]而且在学生自愿参加宗教活动的前提下，"基督徒与非基督徒之间都是普通同学关系，彼此不一定相通，各有各的思想天地，也不要求互相理解，反而互相是极为尊重和友好的。这样，学校里的宗教活动虽然一直延续，但已经没有当初的影响了。"[317]还有教会人士指出华东区基督教中学学生存在问题称：走读学生占多数，宗教部不易实施，非基督徒学生占多数影响工作；学生感觉勉强礼拜，多生反感；功课繁重，不愿参加；信仰自由不愿参加；教员人格之阻碍；一般误会之阻碍。[318]这些问题也或多或少在其他地区教会中学中存在。

3. 宗教教育的效果

各教会中学通过课外多样的宗教活动的开展，在校内基督徒已不占多数的形势下，仍吸引了部分学生入教，且学生参加教会活动的人数也较可观。对此，笔名为"宜"的教外人士曾指出："近来教会学校的宗教教育，由呆板的强迫的宗教底灌输，而转换为巧妙的，熏陶渐染的，使人心甘情愿的慢性麻醉……而诱致的温和方策，不惟使人心悦诚服地受其麻醉，而且还能使信者灵性奋发，努力为基督教服务。"[319]如从具体个案看，1935 年，"烟台益文商专学生有 520 人，其中入圣经课者 200 余人，基督徒学生每周聚会 1 次，商量

---

315 一鸣：《北平的教会学校》，《学校评论》1931 年第 1 卷第 3 期，第 58 页。

316 王振乾：《百十周年庆汇文》，北京市政协文史资料委员会选编：《杏坛忆旧》，北京出版社，2000 年，第 292 页。

317 李奂麟、蒋雯：《贝满女中》，北京市政协文史资料委员会编：《北京文史资料精选》东城卷，北京出版社，2006 年，第 197 页。

318 《华东基督教教育会二十届年会记录》，《中华基督教教育季刊》1935 年第 11 卷第 2 期，第 83 页。

319 宜：《教会学校的宗教教育》，《清华周刊》1930 年第 10 期，第 100-101 页。

进行之策。本年加入教会 48 人，大半皆来自非基督徒家庭。"[320]部分学校基督徒人数略有增长，如北平崇德学校师生中的基督徒，"1929 年为 44 人，1930 年为 56 人，到 1933 年增至 90 人。"[321]山西铭义中学的基督徒人数也"从 1931 年的 44 人，到 1933 年发展到 97 人。"[322]而且部分学校的学生参加教会活动比例也较多，如昌黎汇文中学，"每周日主日学会及大礼拜到会学生，可占全数三分之一，通县富育女中主日学，每逢礼拜日守礼拜者则约十分之八九。"[323]天津新学中学在 1934 至 1935 学年，在初、高中的全部 430 名学生中，有 299 人参加圣经班，占 70%。[324]当然亦有部分学校学生参加宗教仪式比例较低，如 1933 至 1934 学年，北平贝满女中参加仪式比例仅有 15%，育英中学学生参加仪式比例有 8%，汾州铭义中学学生参加仪式比例有 20%。[325]更有少数校内的学生基督徒还注重个人布道工作，如 1933 年时，北平教会学校组织了 26 个学生布道队，天津教会学校则组织了 52 队，方便在学生中宣教。[326]从以上也可看出，各地教会中学的宗教教育情况并不一致，这也与校方、学生的具体活动与选择相关。

从此时期教会中学整体受洗人数看，因入学整体人数增加，基督徒人数基本保持增长趋势，只不过基督徒比例在下降。如 1932 至 1933 年，在全国教会学校受洗的学生基督徒数，初中为 328 人，高中为 139 人，共 467 人；1933 至 1934 年，初中为 748 人，高中为 326 人，共 1074 人；1935 至 1936 年，初中为 1652 人，高中为 711 人，共 2363 人。[327]但教会中学基督徒整体比例已低于半数。据 1933 年春季学期统计，全国基督教中学的学生基督徒比例约为

320 连警斋编：《郭显德牧师行传全集》，第 560 页。

321 北平崇德学校编：《崇德年刊》，北平，1933 年，第 61 页。

322 Elmer W.Galt, "Evangelistic Work: Persons and Projects", *Fenchow*, Vol.16, No.3, April 1933, p.12.

323 《华北基督教教育会中学宗教教育讨论退修会议报告》，《教育期刊》1930 年第 35 期，第 30 页。

324 L.M.S Annual Report from C.H.B Longman Station, Tientsin, 1935, 12. *Council for World Mission Archives*, North China, 1866-1939, Box, No.11, 1935, No.201, Switzerland: Inter Documentation Co., 1978.

325 葛德基：《基督教中学最近统计》，《教育季刊》1934 年第 10 卷第 4 期，第 135-177 页。

326 Paul R.Abbott, "Revival Movements", *China Christian Year Book*, 1932-33, Shanghai: Christian Literature Society, 1934, p.178.

327 葛德基：《中国教会学校之现状》，《中华基督教会年鉴》第 13 期，1936 年，第 76 页。

27.5%，其中 64 处高级中学，基督徒学生人数平均数为 35%；103 所初级中学，基督徒学生人数平数为 20%。[328]到 1936 年春时，学校基督徒比例下降较为明显，据 199 所教会中学报告，学生基督徒比例仅为 21%。[329]当时随着教会学校立案，学校受到政府认可，非基督徒学生逐渐增多，学校世俗化倾向明显。如 1935 年，上海中西女子中学学生 1257 人，基督徒仅有 80 人；湖州湖群女子中学学生 257 人，基督徒有 48 人；苏州英华初中学生 490 人，基督徒有 40 人。[330]因基督徒教职员与基督徒学生人数之渐次减少，教会学校之宗教性质有受重大之影响。教会学校学费高，男校基督徒学生份子之减少，转入公私立院校，而非基督徒学生进入教会者增多。[331]但与教会男校基督徒学生减少状况不同，部分专门的教会女校中的基督徒学生人数较为稳定，仍在继续增进中，也在于"女校发达时即能吸引大多数从未听道之世家子女前来肄业，故学校当局对于基督教运动之事工乃有一番新进展"。[332]而在男女合校的学校中，女生的基督徒比例也高于男生。如德县博文中学 1935 年春，"有男生 188 人，女生 52 人，男生中基督徒或父母为基督徒者约 45 人，占男生总数百分之 24 弱。女生基督徒约 40 人，占女生总数之百分之 77 弱。"[333]

从当时选修宗教课、参加礼拜等宗教活动情况看，据 1933 年春统计，高中选读宗教科的学生为 55%，初中学校平均数为 75%。参加校内或校外附近教堂举行的主日礼拜的学生为 40%。[334]1935 年春，中华基督教教育会报告则称：差不多全部的教会中学都已立案，宗教工作在学校里极重视学生的自动，比作为宗教必修课的效能更有进步，参加礼拜的学生约有一半。[335]到 1935 年秋统计时，选修宗教科目比率有所下降，参加主日礼拜人数仍比较可观。当时全国基督教中学报告开设宗教科之学校有 147 校，计高中部有选修学生 4034

328 缪秋笙：《基督教中学最近概况》，《中华基督教教育季刊》1933 年第 7 卷第 3 期，第 49 页。

329 葛德基：《中国教会学校之现状》，第 71 页。

330 《监理公会女子中小学校报告》，《福音光》1937 年第 13 卷第 1 期，第 16 页。

331 葛德基：《中国教会学校之现状》，《中华基督教会年鉴》第 13 期，1936 年，第 68 页。

332 葛德基：《中国教会学校之现状》，第 72 页。

333 《德县私立博文中学报告书（1935 年）》，《教会战后医院报告及公理会文件》，天津市档案馆藏，档案号：401206800-J0252-1-003019。

334 葛德基：《中等学校》，《中华基督教会年鉴》第 12 期，1934 年，第 118 页。

335 《中华基督教教育会报告》，《中华全国基督教协进会第十届大会报告》，上海，1935 年，第 100 页。

人，初中部 9614 人，总数 13648 人，占全体学生的 28%；报告赴主日礼拜之平均学生人数之学校有 170 校，计高中部有学生 4050 人，初中部 9894 人，总数 13944 人。[336]当然也有一些入教学生在宗教活动上比较懈怠，如上海圣约翰中学许多入教的学生也变得有名无实，照圣约翰中学校牧邱励所说，他们"宁可预备物理化学，却不看《圣经》；宁可荒嬉，却不去做礼拜；宁可早些安息，却不去做祷告。"[337]

再从学生家长职业看，教会学校初期多是基督徒子女，而到此时基督徒家庭子女比例也大减，非基督徒家庭出身的学生已经占据绝大比例。如 1932 年时天津中西书院学生 516 人，仅有 31 人来自基督徒家庭[338]，再如 1934 年，"昌黎汇文学校学生 415 人，90%来自非基督教家庭"[339]，这也成为教会学校的常态。且此时期在教会学校学生的宗教信仰构成中，多是信仰儒教与佛教，基督教并不占绝对优势。如据 1935 年天津私立究真仰山学校报告："当时全体学生中信奉佛教的有 411 人，占 64.1%，基督教的只有 139 人，占 21.7%。"[340]从中可以看出，1930 年代的教会学校，基督徒已不占多数。由于教会学校中非基督徒学生增加，当学生在学校中受到宗教气氛熏陶，意图加入教会时，也受到非教徒的父母的阻挠。如 1932 年时，烟台益文商专某学生因想加入教会，遭到父亲强烈反对，甚至停止为其缴纳学费，后由他朋友为其代缴学费才得以维持。[341]

教会学校宗教教育在受限局势下，各校积极拓展新的方式，从以前的强制改为间接教育，而且丰富了宗教教育的形式，并以满足学生的心理与兴趣出发，对学生进行基督化人格的教育，的确取得了一定效果。对于此种新变化，有教会人士指出："所以各教会团体和机关，想尽各种方法，投合青年的心理

336 宗型：《全国基督教中学校 1935 年度统计述要》，《中华基督教教育季刊》1936 年第 12 卷第 4 期，第 51 页。

337 邱励：《教育破产与教育充公》，《圣公会报》1931 年第 24 卷第 21 期，第 9 页。

338 Report of C.H.B Longman, Tientsin Anglo-Chinese College, 1932, *Council for World Mission Archives*, North China, 1866-1939, Box, No.11, 1932, No 789, Switzerland: Inter Documentation Co., 1978.

339 Hsu Wan-liang and E.J.Winass, "Changli Hui Wen Academy", *The China Christian Advocate*, Vol.23, No.9, September, 1934, p.5.

340 《天津私立究真仰山学校报告书，1935 年》，《教会战后医院报告及公理会文件》，天津市档案馆藏，档案号：401206800-J0252-1-003019。

341 "Conversions in Shantung,The Institute at Tsinanfu" *The Missionary Review of the World*, Vol.LV, No.10, October, 1932, p.560.

和志趣，使他们能情甘自愿的参加。布道大会和牧师讲演在各地显然地减小了；而团契、个人谈话会等小团体的组织却如雨后春笋，遍于各地。这因为小团体能促进个人的朋友关系，由此可以引起心智上的共鸣，并且这样团体可以从两性问题，职业问题，家庭问题等一般青年所关心的私人问题入手，无形中注入基督教的精神。"[342]值得注意的是，教会学校虽然在政府立案，但毕竟为外国差会主办，地方政府对其管理相对其他公私立学校较松，官方对学校宗教教育的限制仍然疏于日常的监督，实际使教会学校得以在校内通过各种形式对学生施加宗教影响，进行间接的宗教教育。对于教会学校学生的宗教感受，曾有贝满女中的毕业生称："有一些学生是迷上了宗教，思想及灵魂似乎都已'神化'，但也并不排除有些学生即使是天天上《圣经》课，经常听牧师讲道、听圣经故事、参加查经班，也并不虔诚地信奉耶稣基督，她们参加这些宗教活动，仅仅是由于这是当时学校的规定而已。"[343]值得一提的是，当时教会学校中，还有颇多富家子弟入教，教会人士也感叹："在今日唯物学说及打倒教会声浪颇高的情形之下，而此一般富家子弟在这对于宗教极自由的学校里竟能够有如许的人，毅然决然的皈依基督，这实在是难能可贵的事了。"[344]

（三）教会大学的宗教教育

五年运动时期，在华基督教大学都选择了在政府立案。根据政府规定，在教会大学的宗教教育方面，仍可以开设宗教选修课，但是宗教活动只能让学生自愿参加，故教会大学开展了形式多样的宗教活动以满足学生需求。

当时教会大学内有青年会、基督教团契等宗教团体开展主日学、祈祷会及礼拜日之晚祷会等课外的宗教活动。如1926年设立的燕大基督徒团契为校内宗教活动的组织机关，共设八部：关于工作者，设宗教、经济、服务、总务、交际五部，关于个人者，分工人、学生、教职员三部。如宗教部办理主日崇拜、早会崇拜、儿童主日学、布道、圣道讨论及拜五团契等活动，学生自由参加。如拜五团契1933年秋季学期成立，注重宗教经验之交换，每两周聚会一次，凡团契契友皆可自由加入，其目的在谋求团契精神之促进，契友信仰之深造。

---

342 宜：《教会学校的宗教教育》，《民国日报》1930年6月15日，第3张第4版。

343 李爽麟、蒋雯：《贝满女中》，北京市政协文史资料委员会编：《北京文史资料精选》东城卷，北京出版社，2006年，第196页。

344 中华基督教会全国总会：《中华基督教会全国总会第三届常会议录》，厦门，1933年，第113页。

该团契活动，每次到会人数 20 至 50 人不等，由司徒雷登、赵紫宸、吴雷川等主领演讲。[345]福建协和学院学生青年会与教会特组织宗教委员会合作，促进全校精神与修养生活；1931 年，该会会员额占全体学生 80%以上。[346]齐鲁大学的宗教生活，向由青年会及文、神、医三学院与女同学的各分青年会，负责提倡进行，后在 1935 年，齐大学生生活指导委员会还于 10 月成立康穆堂宗教委员会，及文理医各学院朝会委员会，统一规划宗教工作开展。[347]金陵大学在 1928 年在国民政府立案后，校内仍有金大基督徒团契、基督徒协会、主日礼拜委员会、教职员宗教读书会、大学宗教委员会、真光布道团等宗教团体开展各种宗教活动。金陵女子文理学院学生基督徒在此时期比例达到近三分之二，该校的宗教工作主要有宗教委员会及女青年会组织，除有每周四次的早祷、礼拜日崇拜、夕阳会及祈祷会外，并设有儿童、妇女主日学，还有一至两周一次的团契活动及每周一次的宗教讨论会。[348]沪江大学校内则有一教会，共有学生 205 人，活动包括礼拜、小团契，共有 12 个团共 300 人，开展各项服务工作和布道活动等。该校在 1930 年 7 月至 1931 年 6 月一年内受浸礼者共 23 人。[349]之江文理学院的基督徒团契则是立案后学校的重要宗教活动载体，1935 年时，该校"小团契发展甚速，共有五组，总计契友教员学生 96 人，每星期各团契分别聚会一次，有灵修研究等节目，颇饶兴趣。每月复举行联合团契 1 次，师生间团契之精神充分表现，影响于宗教工作者匪浅。"[350]然而基督教团契显明的宗教性，也受到了校内非基督徒人士的攻击。如 1931 年第 3 期的《燕大周刊》发表的《介绍燕大的团契》一文对燕大团契颇有怨言，称其为："基督教的愚民政策，是用来麻醉一般奴隶性人民，欺骗一般未化的人民，试问一般契友，你除了做礼拜，当洋奴，干自欺欺人的勾当外，还作过什么人所应作的事，请拿成绩给我们看。"[351]

345 徐宝谦：《1933-1934 年燕大宗教生活回顾》，《燕大团契声》1934 年 5 月，第 4 页。

346 《福建协大的宗教生活与新途径》，《总会公报》1932 年第 4 卷第 2 期，第 1033 页。

347 《学生生活指导委员会工作近况》，《齐大旬刊》1935 年第 6 卷第 3 期，第 23 页。

348 张连红主编：《金陵女子大学校史》，江苏人民出版社，2005 年，第 125-126 页。

349 《大学宗教教育组报告》，《中华基督教教育季刊》1931 年第 7 卷第 4 期，第 85 页。

350 李云：《民国时期之江大学宗教教育的历史考察》，杭州师范大学硕士论文，2016 年，第 74 页。

351 失言：《介绍燕大的团契》，《燕大周刊》1931 年第 3 期，第 21 页。

而且在教会大学中的基督徒教师占据多数。1934 年时，"齐鲁大学教员 44 人，基督徒有 36 人，占 82%，燕京大学教员 60 人，基督徒有 50 人，占 83%。"[352]再如 1936 年春，"在 13 所教会大学的 937 名教职员中，基督徒有 581 人，占 62%，其中传教士有 193 人。"[353]这些基督徒教师在课后仍通过团契、查经班等影响学生入教。如燕大教职员多是基督徒，"但他们并不是靠说教来引人与他们归于一种信仰，却在行为上极力基督精神化，希望在这些上头，青年人能同化。"[354]

在教会大学学生的日常宗教生活上，也仍然颇为多样。就具体大学个案看，1930 年秋季，福建协和学院组织宗教研究班，专为研究人生哲学与宗教问题，约该校教授分讲如哲学与宗教、教育与宗教、科学与宗教、社会学与宗教等问题，各期演讲及讨论材料，经由该会发行，特刊分送各处。[355]周日礼拜为各教会大学常规活动。如金陵大学、金陵女子文理学院周日的大礼拜为两大学共同举行，冬季在女大举行，夏季在金大举行，外界人士参加者甚多。讲员皆中外宗教名人，下午并有英文礼拜，很多西人信徒前来参加。[356]东吴大学 1933 年则在上、下两学期各举行退修会一次，讨论宗教事工计划。1933 年春，该校还指定一星期为宗教周，以提倡及唤起诸生研究及注重宗教生活为目标，当年受洗入教者有 9 人。[357]齐鲁大学学生宗教生活除周日礼拜外，在该校志郭楼与医科均有查经班，午后女同学亦有查经班，礼拜三神科则有祈祷会。[358]1931 年立案之后，齐大早祷（朝会）继续保持，但由于不再强迫学生参加，因此人数大为减少，1936 年全校学生 569 人，而在 5 周内的朝会平均到会人数 13.2%。[359]齐鲁大学每年举行春季，秋季退修会各 1 次。1937 年，齐大有查经班 12 处，

352 缪秋笙：《基督教大学最近概况》，《中华基督教教育季刊》1934 年第 10 卷第 4 期，第 55 页。

353 E.H.Cressy, *Christian Colleges in China, Eleventh Annual Statistics*, 1935-1936, Shanghai, 1936, p.21.

354 燕京大学：《燕大生活》，北平，1937 年，第 13 页。

355 《福建协大的宗教生活与新途径》，《总会公报》1932 年第 4 卷第 2 期，第 1033 页。

356 中华基督教会全国总会：《中华基督教会全国总会第四届总议会议录》，青岛，1937 年，第 114 页。

357 《东吴大学总报告》，《福音光》1933 年第 41 号，第 9 页。

358 《本校宗教生活概况》，《鲁铎》1929 年第 1 卷第 1 期，第 109 页。

359 Cheeloo Students Hall From Twenty-Three Provinces, Cheeloo, *Shantung Christian University, Archives of the United Board For Christian Higher Education in Asia*, Box.267, p.125.

教员领导学生查经，或请校外人员领导，并举行春季及秋季布道会，多请全国著名宗教家领导主持，学生因而皈依基督教者颇众。[360]该校还举行宗教问题讨论会及个人布道工作，成绩亦著；各院皆设有朝会，便利学生之每日灵修工作。岭南大学设有专门的宗教委员会，每周日上午会有名家讲道、歌诗班及各种特别音乐秩序，另周日还有晨曦会、夕阳会、退修会及野外宗教聚集等各种特别宗教集会。宗教委员会还举办全校公祷会、教职员退修会、基督徒联欢会、学生团契联谊会及宗教奋兴周等活动。[361]杭州之江文理学院宗教研究会则组织主日布道团，有 20 余人；该团 1930 年时，每周日下午到临近各地广为传道，除沿途宣讲外，并分送书籍画片，每次听众不下四五百人，颇为社会所欢迎。[362]耶稣受难、复活节及圣诞节时，教会大学更举行丰富的纪念活动。如 1936 年为纪念耶稣受难记复活，齐鲁大学曾在当年 4 月先后举行教职员基督教团契会、受难礼拜、复活礼拜，展览耶稣生平的艺术品，尤其还在 4 月 21 日至 26 日举行春季布道奋兴会，每天活动有祈祷会、灵修演讲等。[363]

　　教会大学当时仍然可以开设宗教选修课，且课程较教会中学更为丰富。如 1933 年的金陵大学开设有耶稣言行录、基督徒生活之原则、基督与国家、国际问题之研究、圣经之近代研究法、上帝之观念等 10 多门宗教课程。[364]再如杭州之江文理学院 1933 年也开设有基督教与青年问题、基督教与现代文化、基督教发达史、宗教教育原理、新约历史等多门宗教选修课程。[365]华中大学的哲学系课程中也有很多宗教选修课，如宗教学概论、耶稣之社会教道、基督教教义概论、耶教思想源流概论及宗教哲学等。[366]但东吴大学宗教课程较少，1936 年时仅有宗教教育、宗教哲学两门供学生选修。[367]齐鲁大学医学院在 1931 年前开设有宗教课程，立案后名义上虽不再设宗教课，但许多传教士在教英文时

---

360 中华基督教会全国总会:《中华基督教会全国总会第四届总议会议录》，青岛，1937 年，第 112 页。

361 私立岭南大学：《私立岭南大学概况》，广州，1934 年，第 252-253 页。

362 《之大校闻》，《中华基督教教育季刊》1930 年第 6 卷第 1 期，第 97 页。

363 《促进宗教活动，举行春季布道会》，《齐大旬刊》1936 年第 6 卷第 21 期，第 136-137 页。

364 金陵大学秘书处编：《私立金陵大学一览》，南京，1933 年，第 213-216 页。

365 之江文理学院：《私立之江文理学院一览（1933-1934）》，杭州，1934 年，第 94-96 页。

366 私立武昌华中大学：《私立武昌华中大学一览》，武昌，1931 年，第 74-78 页。

367 私立东吴大学编：《私立东吴大学一览》，苏州，1936 年，第 30 页。

仍公开讲道，另立名目开设"英文圣经"课，帮助学生查经。[368]金陵女子文理学院在宗教生活上，注重人格之训练、灵性之修养课程，宗教学程任学生选修，每生须在宗教伦理哲学各学程中选修八学分。[369]再如金陵大学1937年春季所开宗教学程有7种，由中西教职员七人分授，共有学生139人，其中非基督徒选读者颇多。[370]当时教会大学学生选读宗教课程的比例基本维持在二成左右。东吴大学1930年学生450人中，有学生103人选修宗教课程。[371]之江文理学院1930至1932年选修宗教课程比例则分别为20%，13%及17%。[372]

对于教会大学宗教教育的效果，仍然保持了教会大学浓厚的宗教氛围。1931年，中华基督教教育会曾就教会大学宗教教育情况报告称："一年来星期日在校内或赴礼拜堂作礼拜的人数增加，基督徒学生团体常有改组的事实发生，非正式的团契和演讲团的数目增多，对于学生服务的活动渐见注重。"[373]而且很多教会大学基督教团契成员用自己行动来影响非基督徒学生，"以他们的忠诚的服务精神，良好的工作表现，在同学中起着领导作用，影响和感染了非基督徒，使他们于不知不觉中对宗教气氛生了好感。"[374]在各大学丰富的宗教活动开展下，各校基督徒仍占较大比例。从具体教会大学个案看，据1933年秋季统计，齐鲁大学基督徒327人，占70%；福建协和学院基督徒103人，占59%；金陵女子文理学院基督徒132人，占62%；之江文理学院71人，占18%；华中大学81人，占64%；华南女子文理学院72人，占100%；岭南大学114人，占30%；金陵大学159人，占27%；圣约翰大学147人，占32%；沪江大学205人，占36%；东吴大学155人，占27%；华西协和大学201人，占57%；燕京大学260人，占33%。[375]这也说明各教会大学的基督徒情况仍

---

368 Shantung *Christian University Bulletin*, No.88, p.12，山东省档案馆藏：私立齐鲁大学档案，档案号：J109-01-530。

369 中华基督教会全国总会：《中华基督教会全国总会第四届总议会议录》，青岛，1937年，第116页。

370 中华基督教会全国总会：《中华基督教会全国总会第四届总议会议录》，第114页。

371 《东吴大学与第一中学之消息》，《中华基督教教育季刊》1930年第6卷第4期，第101页。

372 《大中学生选修宗教学程人数比较表》，《之江校刊》1933年第56期，第26页。

373 《大学宗教教育组报告》，《中华基督教教育季刊》1931年第7卷第4期，第84页。

374 李素：《燕京旧梦》，香港纯一出版社，1971年，第89页。

375 缪秋笙：《基督教大学最近概况》，《中华基督教教育季刊》1934年第10卷4期，第55-56页。

不尽相同。再从教会大学整体情况看，据 1932 年秋季学期统计，在华基督教大学来自基督徒家庭中有 1097 人，占学生总数 29%；诸校共有基督徒学生 2527 人，占学生总数 45%。有 11 所学校内基督徒学生占 63%以上，7 所学校在 42%以下。[376]但之后随着非基督徒入学的增多，基督徒比例呈下降趋势。如据 1936 年春统计，全国基督教大学及专门学院学生 5865 人，其中学生基督徒 1794 人，占 31%。[377]再从 1930 年、1936 年的在华基督教大学基督徒学生比例对比看，除之江文理学院从 12%增加到 27%，华中大学从 46%增加到 49%外，其余大学都持下降趋势，只不过减少幅度不同。如圣约翰大学从 26%下降到 24%，燕京大学从 35%下降到 31%，但沪江大学从 77%下降到 33%，齐鲁大学从 81%下降到 56%，岭南大学从 44%下降到 22%。[378]虽然多数教会大学校内基督徒在减少，但仍有一批数量可观的基督徒师生，保证了学校的宗教氛围。而且当时很多教会大学学生基督徒对于宗教与世俗的冲突颇为困惑，如曾任燕大基督教团契主席的徐宝谦曾指出："信仰与行为，本是不应分离的。燕大团契对于两者虽然并重，然有时契友当中对之不免偏重，结果竟至引起外人的批评，或内心的不安。"[379]

（四）教会小学的宗教教育

在教会小学方面，当时大部分学校也选择了在政府立案。教育部在 1929 年的《私立学校规程》中规定不准在教会小学开展宗教活动及宗教课程，又在 1931 年 5 月，针对部分教会小学仍然使用宗教教科书，通令派员及各县教育局到教会学校查办，封存已印书籍，命令全国各小学校，一律禁用。[380]但在此不利形势下，由于儿童是教会未来的希望，从小对儿童进行宗教教育，对其将来入教大有裨益，故教会学校也通过变通的形式对儿童灌输宗教。因政府部门不准教会小学举行宗教仪式，故校中举行的礼拜往往在上课时间以外，且预先告知地方的教育当局，举行礼拜的时间大概在午前八时。[381]

---

376 缪秋笙：《基督教大学最近概况》，《中华基督教教育季刊》1933 年第 9 卷 3 期，第 58 页。

377 E.H.Cressy, *Christian Colleges in China, Eleventh Annual Statistics*, 1935-1936, Shanghai, 1936, p.20.

378 徐以骅：《教育与宗教:作为传教媒介的圣约翰大学》，珠海出版社，1999 年，第 226 页。

379 徐宝谦：《1933-1934 年燕大宗教生活回顾》，《燕大团契声》1934 年 5 月，第 4 页。

380 《禁止采用宗教教科书》，《申报》1931 年 5 月 9 日，第 10 版。

381 萌维康夫人：《初等教育》，《中华基督教会年鉴》第 12 期，1934 年，第 122 页。

当时部分小学也因立案未果被迫关闭，继续开办的学校也是非基督徒学生占多数，学校世俗化倾向明显。如1936年，鲁东信义会初级小学有男女学生591人，其中基督徒学生有80人；高级小学男女学生有189人，其中基督徒学生36人。[382]并且随着教会学校招生规模扩大，基督徒比例继续走低。以北平崇实小学为例来看，"1934年秋，该校学生273人，基督徒36人，到1936年春，该校学生有272人，基督徒人数则降到25人。"[383]

从此时期各教会小学的宗教活动看，虽然取消了强制小学生参加礼拜，但也有主日学、查经等丰富的活动。如陕西培德学校主日礼拜，参与公众礼拜者，为五六年级并三四年级之年龄超过十四岁以上的男女学生，每周一次，主要训练唱诗；每主日讲道者，必先对这些学生作一浅显而合儿童心理的讲道，讲毕则令学生出堂，后再向会众讲道；惜学生尚无坚持学道之心，故到者有始无终，有终者亦寥寥无几。[384]岭南大学附属小学则有团契组织，1934年时参加团契人数一百有奇，分为6班，由各热心教员及几位大学生分别主领，小学生通过团契对基督教道理及基督生平获益匪浅。[385]北京汇文第一小学每礼拜四晚为学生祈祷会，每周日上午，北京神学院派学员任主日学课，课毕在校作小礼拜，并按期分请名流莅会讲演福音；散会即转赴亚斯立堂参加礼拜，并组织歌咏队，每于礼拜日为团体圣诗歌咏之练习；每周二下午放学后则组织查经班，参加查经班之学，异常踊跃；[386]陕西培德小学还进行课外宗教授课，为慎重选择起见，特致函各生家长征求赞同后，再为之分配施行。许多参加宗教的学生，按他们的级别年龄分为授课与生活的两部训练：授课则为每周一次，计有40余分钟，四、五、六三个年级分为两组：甲组教犹太之古英雄，乙组教古教会名人传记。二三年组分为两组：甲组教基督本记，乙组教圣书中的小孩子。一年级与幼年级亦分为甲乙两组，有2位女教士，分任教授宗教画片。[387]北平崇实小学宗教

---

382 鲁东信义会：《基督教鲁东信义会五十周年纪念特刊：1898-1948》，青岛，1948年，第65页。

383 北京私立崇实中小学校：《北京私立崇实中小学校一年概况报告书》，北平，1937年，第76，79页。

384 彭鸿恩：《西安格德学校的宗教教育》，李楚材辑：《帝国主义侵华教育史资料·教会教育》，教育科学出版社，1987年，第271页。

385 私立岭南大学：《私立岭南大学概况》，广州，1934年，第253页。

386 北京汇文第一小学：《北京汇文第一小学70周年纪念刊》，北京，1940年，第40页。

387 彭鸿恩：《西安格德学校的宗教教育》，第271页。

教育开展则有每周三、五、日的朝会，周日上午则有主日学、进德会，多演讲宗教知识。在生活指导课程中，教员亦多用圣经故事进行讲解指导。另在复活节、圣诞节、感恩节等宗教节日，学校亦组织学生唱诗等活动。[388]

受学校宗教活动影响，当时仍有不少教会小学学生自愿参加礼拜。如根据1931 年对北平 8 所教会小学及河北 10 个乡村小学的共 700 个五、六年级的小学生的调查，其中"做礼拜或进主日学的，男五年级有 88 人，女五年级有 80人，男六年级有 68 人，女六年级有 62 人；而对于长大时愿意做的传道人的人数却占少数，其中男五年级有 8 人，女五年级有 13 人；男六年级有 11 人；女六年级有 20 人。"[389]因地方当局多是对教会小学进行抽查，无力做到全面监管，导致其违反教育部规定的很多宗教活动仍然继续组织。就当时教会小学宗教教育整体情况看，1934 年，教会小学学生中来自基督教的家庭的占 21-25%，来自非基督教家庭的占总数 75%以上，赴教堂礼拜的占总数 60-70%，自愿参加校中的礼拜的，其比数亦大略相等。[390]

（五）小结

在华教会学校的本色化，是来华基督教会在华活动的必由之路与重要内容。南京国民政府从反帝与民族主义视角出发，对教会学校加强管理，符合民国时期收回教育权运动、非基督教运动等民族主义运动的走势。南京国民政府在稳定局势后，从维护教育主权的角度，要求教会学校进行立案，并对其最核心的宗教教育进行限制，且在实施力度上远甚之前的北洋政府时期，迫使教会学校的传教体制进行调整，由直接灌输基督教改为间接的人格感化，学校的本色化与世俗化趋势逐渐加强。教会学校宗教教育试图培养学生的基督化人格，传播宗教知识，正如教会人士所言："以宗教的精神与态度，引领学生使与基督博爱、牺牲、服务的精神相接触，使他们多少得着一点为立身处世的基础；教职员以宗教信徒弟兄亲爱之精神，与学生有亲密的往来，不作无谓之应酬，而多相得忘形的团契，在课外各种运动中，与平居的生活中陶冶学生的人格。"[391]此时期，教会学校也在追求更彻底的中国化，更切实的基督化及更有

---

388 北京私立崇实中小学校：《北京私立崇实中小学校一年概况报告书》，北京，1937年，第 77-78 页。

389 《我们中间的小学生》，《教育季刊》1931 年第 7 卷第 3 期，第 30-34 页。

390 萌维廉夫人：《初等教育》，《中华基督教会年鉴》第 12 期，1934 年，第 122 页。

391 刘廷芳：《基督教教育今日之前后观》，《中华基督教教育季刊》1934 年第 10 卷第1 期，第 23 页。

效的教育化。教会学校的宗教教育本着自愿原则，试图将基督教要旨、精神贯穿到学生生活的各个方面，并从学生的实际需要出发，通过基督徒教师的引导及宗教团体的引导与各种丰富的活动，来适应学生的精神需求，这也利于改变国人对教会学校的看法，缓和民教关系。

在全面抗战爆发前，教会学校宗教教育虽然受到了政府的限制，但仍不断变化教育方式，在课外的宗教活动仍然十分活跃，校内信仰基督教的学生仍占相当比例。教会学校宗教教育的目的，本意仍是宣扬基督福音，养成青年学生的基督化生活，丰富其个人宗教经验。从实际效果看，当时多数教会学校内的非基督徒学生已占多数，而教会学校开展的宗教教育，向学生宣传了基督教义倡导的奉献与救世精神，特别是其提倡的自由、民主、平等、奉献、自主、牺牲、服务等这些基督教核心精神贯穿到日常生活中，对学生的价值观念与步入社会后的为人处世产生了潜移默化的影响，这是远比宗教本身更大的收获。正如时人所言："宗教教育使学生的心灵和品格形成深刻而永久的印象，掌握的知识学问圣洁化，以及保证其智慧行为能为真理的利益发挥作用。宗教属于心灵领域，将宗教精神渗透到学生内心，陶冶学生心灵，塑造学生人格起到示范作用。"[392]虽然教会学校内宗教课程减少，课堂内的宗教气氛减弱，但外国传教士、教会人员及信仰基督教的教员仍在教会学校的教学管理中处于重要位置，加之校内各种宗教团体的丰富活动，这使得教会学校仍充满浓厚的宗教氛围，基督教的礼仪及教义必然对学生的日常生活起到了潜移默化的作用。当然各校因基督徒学生人数、宗教活动程序均有重大差别，故活动内容不一。

当然宗教教育在开展过程中，仍然面临政府限制、非基督徒学生增多、基督徒教师缺乏等多重阻力。大多教会学校缺乏专门的宗教教育人员，学校与教会间的关系也不如之前紧密。而且校内宗教教育工作也有值得注意问题，如当时华北公理会的彭锦章曾总结称："学校当局对于宗教之态度，直接影响学生之宗教空气；不适当之宗教工作反足以妨碍学生之向道精神；校中布道为布道事工中之最易而最有希望者。"[393]这也是体现出当时学校宗教教育的实况。宗教教育还面临着教育世俗化的挑战，特别是学校的课程过多也影响了宗教教育开展。有传教士曾感叹："学生忙功课、准备学校和政府的各种考试，没时

---

392 高时良等主编：《中国近代学制史料》第 4 辑，华东师范大学出版社，1993 年，第 96 页。

393 《华北基督教公理会董事部教育股中学八校布道员报告》，《华北公理会月刊》1932 年第 6 卷第 6 期，第 34 页。

间参与学校的宗教生活或圣经学习。这可以说是个荒唐的理由，但事实是课程确实过多，教育日益世俗化，人们认为世俗化教育有利于找工作，这要比宗教生活和事工更有价值。"[394]再如教会学校立案后，多由中国基督徒出任校长，但他们是教师出身，"多有未经特殊宗教之训练，或缺乏相当宗教经验者，且渠等每忙于担当新责任，与政府接洽各项事宜及应付一切艰巨之问题。在此情形之下，宗教活动不能照常进行，固属意中之事。"[395]实际当时校内各种宗教活动的机会仍是很多，宗教教育最主要问题并非外界的限制，乃是学校本身不能充分适应学生宗教上的需要，某些宗教活动太过刻板无趣，无法激发学生的参与热情。而且宗教教育形式的中国化仍有待加强，以满足适应需要。曾有教内人士指出："在西教士的指导下，宗教生活也许太洋化，如今西教士的人数减少，他们的威权影响已有减无增，华信徒当根据中国固有文化，采用西方教会历代的精华，揣度时代的情势，审察时代的需要，发扬光大基督教之精神，以充实工作的力量。"[396]

与教会学校初衷相违背的是，学生虽然受到了基督精神的影响，但大多数学生的宗教观念淡薄，受传统儒家文化影响较深，加之宗教教育开展受限，这些不足导致学生对各种基督宗教活动及基督教义的兴趣不大，并未真正接受基督教的福音进而入教。他们进入教会学校的目的更多的是受其优质的教学质量所吸引，渴望接受正规的现代西方式教育。特别是随着非基督教运动带来的后续影响及在国难加剧情况下，学生民族主义情绪高涨，基督教传播的教义与神学观已经不能满足学生现实的急切需求，学生也因受繁重学业及中国各类现实问题所困扰，有忽视内部宗教生活的倾向。且宗教教育最初依靠外力传播且缺乏存在的深厚底蕴，逐步式微也是历史的必然。正如时人指出："因为宗教教育在中国民族思想上没有根深蒂固的基础，它底发展，全凭着外力的压迫和内政的紊乱；它的性质，原是一片无根的浮萍，所以遇着了民族运动和理性主义的暴风雨，再加以世界潮流和国内政团的推波助澜，便不得不风流云散了。"[397]还有教会学校学生也以贝满女中的宗教教育反思称："贝满女中毕竟

394 John J.Heeren, *On The Shantung Front: A History of the Shantung Mission of the Presbyterian Church in the U.S.A. 1861-1940*, New York, 1940, p.238.

395 葛德基：《中国教会学校之现状》，《中华基督教会年鉴》第13期，1936年，第72页。

396 黄溥：《最近十年之基督教学校》，《教育季刊》1936年第12卷第1期，第39页。

397 舒新城：《近代教育思想概观（五）》，《申报》1933年11月23日，第12版。

是坐落在中华民族的土地上的一所学校，学校的外面，是多灾多难的祖国，是水深火热的中华民族；加上学生们的家庭也在风雨飘摇中难得安定，作为华夏子孙、热血方刚的青年学子，神圣的耶稣基督难以禁锢住她们的精神世界。这也是学校宗教气氛日趋淡薄的必然原因和基础。"[398]这都说明了宗教教育在此时期开展的困难。

三、基督教青年事业

五年运动时期，鉴于作为教会生力军的普通青年对教会日渐疏远，故为争取青年这股骨干力量，教会特将青年事业列为重要事工，开展了一系列青年服务活动。同时，教会还重视青年中的基督徒学生引导，发起了基督徒学生运动，为教会培养青年本土人才。

（一）青年事业缘起

1920 年代，中国社会上种种新思潮流行，青年的思想人生观往往蒙受极大影响，教会工作却未能与青年思想相应，甚至还有部分青年与教会之间发生冲突。在教会内部，青年基督徒也对教会与教会领袖存在不满情绪，当时教会只偏重成年基督徒而轻忽了青年分子，青年人在教会处于无关紧要的位置。"当时在教会出席礼拜者，多年高岁迈之老人，与若干已出嫁之妇女率领幼少儿童。壮年之男子不多，青年之男女更少。"[399]教会内的青年基督徒也不受资格较老的基督徒的欢迎，因为他们不肯相信前辈的信仰，反信他们所视为异端的邪说。同时，"基督教以外的诸兄弟姊妹，又往往因为他们是基督徒的缘故，就当他们是媚外者"。[400]

当时某些青年之所以对教会不满，还在于教会的保守或设施世俗化，偏离了基督的精神。而且教会的领袖多以老成自居，以少不更事的态度看待青年，不能接近青年，容纳他们的意见，所以青年对教会，也只可存漠然的态度；同时，教会先进的基督徒或领袖底行检不正，给与青年不良的印象，所以青年对教会生轻蔑的心理，疏远教会。[401]更为重要的是，在多变的社会形势下，教会也不明白青年的心理，导致礼拜的仪式、讲道的内容及堂中一切

398 李爽麟、蒋雯：《贝满女中》，北京市政协文史资料委员会编：《北京文史资料精选》东城卷，北京出版社，2006 年，第 196 页。

399 刘廷芳：《中国教会与学运》，《真理与生命》1934 年第 8 卷第 5 期，213 页。

400 希真：《青年基督徒的烦闷》，《微音》1928 年第 1 卷第 1 期，19 页。

401 梁元惠：《青年与教会》，《神道学生》1936 年第 1 号，第 3 页。

活动设施，组织，多不合青年的旨趣，所以难得青年的同情，这也就使得教会不能与青年同时并进，而且缺乏合格的教会领袖去吸引他们，应付他们的需要、旨趣、问题和态度，解决青年的问题，如两性问题与择业问题等来满足青年的实际利益。[402]

当然青年本身也有其特点，如青年活泼好动，缺少耐心，喜欢自由活动，不愿受教会的规条所束缚，这也是其不愿与教会合作原因。因青年的欲望过高，有时偏重理想，缺乏经验，或神经敏捷不尚事实[403]，对教会的批评也存在过火的地方。在此形势下，青年基督徒内受障碍，外遭压迫，也导致他们对教会的离心力扩大，一方面与教会日渐疏远，一方面与世俗日相接近，徒然挂名做个基督徒。这种基督徒也缺乏正确的信仰，对宗教存在漠视及厌倦，"因环境关系行动与心愿冲突，故多随波逐流，不能表现基督徒的生活，甚者到教会圈外做事，政界商界教育等另寻出路，退贤让能。"[404]同时，非基督徒青年因受非基督教运动思潮的持续影响，仍然反对宗教或认宗教为迷信，觉得宗教没有用处不能救国，但因苦闷而寻找出路，有倾向宗教的可能。[405]

当时还有青年对教会仍存在误解，有许多的爱国青年，以为中国教会乃是一种舶来品，而基督教也不是中国的产物，所以对教会非常的反对；还有青年对基督教虽然并无极端反对的态度，但他们常感到基督教会对于他们精神上或人格上的渴望，并不能满足其需要，因此，他们对于教会也就渐生厌恶，渐至疏远了。[406]再就社会的整体环境看，自非基督教运动后，"一般青年大反前态，一切唯自己的意志是从，视父兄若途人，而基督徒家庭对于子女的感化力，也就因此锐减了。在学校里，由于政府对宗教教育教育限制，对宗教讨论依然没有多大的机会。民初的基督徒，对于教会的礼拜聚会，尚有多能自动的如期赴会的，但在当时大半的青年信徒在无形中都已被电影院、跳舞场以及其他的社交会场或娱乐场所吸引了。所以教会礼拜聚会等，已经

---

402 梁传琴编：《世界基督教青年大会专集》，中华全国基督教协进会，1939年，第38页。

403 方纯豪：《教会与青年宗教教育》，《金陵神学志》1933年第15卷第5期，第40页。

404 《如何解决现教会的青年问题》，《华北公理会月刊》1931年第5卷第6期，第1页。

405 《太原青年与宗教运动基督徒领袖圆桌会议记录》，《革新月刊》1934年第1卷第10-11合期，第15页。

406 参见中华全国基督教协进会编：《教会与青年事业》，上海，1930年，第4页。

渐渐的少见青年的足迹了。"[407]还有青年对宗教不觉需要,不加以思索研究,并对基督教布道领袖互相歧视发生反感。当然也有少数青年对宗教发生浓厚兴趣,将其视为安心定命之所。一般青年信仰基督教则是由被动而自动,由比较而选择。[408]

因教会学校在政府立案后,宗教教育受到较多限制,故此时期发展青年的责任即落在教会身上。在此形势下,鉴于教会与青年关系密不可分,且青年为教会事业未来发展的关键所在,加之在抗日救亡热潮中,知识分子与青年学生扮演的角色比较重要,故五年运动时期,各教会特别注重青年事业。基督教协进会认为:"应与宗教教育委员会及教会团体合作,研究适当方法,对青年灌输宗教智识,提倡基督化的生活,并考虑现行方法之效率;提倡各种青年集会,使期明了基督原则,身体力行;研究教会如何能为青年提供更大的机会,使他们能用适合自己需要的方法,在礼拜仪式与实地服务中,表现其宗教生活;研究如何能使青年接受教会的使命,以牺牲的精神,从事国内布道、乡村教会与劳工阶级各种服务,并为五年运动物色富有号召青年能力的人才。"[409]基督教协进会为此专门成立青年事业委员会。1931 年,协进会第八届大会还通过议案:"请协进会向各教会严切陈述筹设教会青年部的必要,希望教会能成为青年灵性的家庭,使青年人之精神生活能得其所,复能藉教会团体,表现其服务的中心热忱,以期达到加厚教会实力之最后目的。"[410]同时该决议案还具体规定了青年事工的开展事项,并建议:"协进会在全国各中心地点筹开大会,邀请各教会长牧及平信徒领袖与青年事业工作人员,及青年代表,详细研究教会与青年关系之问题;请本会设法聘请专家数人彻底调查并研究中国青年生活之现状,以期协助教会了解青年问题,使教会能以最有实效的方法,应付青年的需要,并募集青年参加基督化服务工作。"[411]以上决议案也做到了有的放矢,为教会所执行。在协进会的统一规划下,各教会也采取了相应的事工,促进青年事业的开展。

当时中华基督教会的青年工作规划比较出色。如 1933 年,中华基督教会

---

407 中华全国基督教协进会编:《教会与青年事业》,上海,1930 年,第 5 页。

408 《中华基督教会全国总会青年委员会事工委员会讨论案》,《宗教教育季刊》1937 年第 1 卷第 2 期,第 44 页。

409 中华全国基督教协进会编:《教会与青年事业》,上海,1930 年,第 15 页。

410 陈文伦:《青年事业》,《中华基督教会年鉴》第 12 期,1934 年,第 71 页。

411 *The Eighth Meeting of the National Christian Council of China*, Hangchow, April 10-17, 1931, p.22.

全国总会决定各大会（协会）举行青年事工研究会，委派青年事业委员会举行筹备青年修养会，促进青年灵性上的生活，并探讨青年的需要与教会所能给予的帮助，和青年参加基督教运动的实际工作。该会还要求各大会（协会）区会应在该会所属堂会内，"根据地方情形提倡并组织青年团体，使基督徒青年与同情于基督教之青年，在此团契之下，获得最丰富的人生，实现基督的使命。"[412]在具体活动上，中华基督教会做的工作是与基督教学生运动尽量合作，并开展经济人才之协助；举行会议如春令会、夏令会、学生礼拜等；组织基督教的研究如查经等；鼓励并送学生肄业神学院。[413]该会还要求："青年团契需要灵性修养，每契友必有个人的灵修、集团的崇拜，以培养灵性生活；团契生活上则对于道德与物质的生活，彼此共享，彼此互助；寻求真理，培养科学的态度，探讨的精神，服从真理、实用真理；以具体事工表现所求得的真理，服务人群，宣扬基督。"[414]1936 年 1 月，中华基督教会全国总会也要求教会努力青年事业，重视青年团契之组织，各种会议之举行，手册刊物及其他需要之供给，皆需推进。[415]1937 年 2 月 22 日至 24 日，中华基督教会全国总会青年事工研究设计委员会还在江苏松江举行，商讨青年事工现状及此后进行方案，规定青年暂为 13 至 35 岁，并要求学生青年与各基督教机关推动中国基督教学生运动，普通青年则致力于中华基督教会团契运动。[416]

（二）青年事业概况

五年运动前，教会与青年的隔膜甚深，甚至有人以为两者居于敌对的地位，但在协进会努力下，青年与教会已渐能一种合作的精神。1931 年的基督教协进会第八届大会也注重与青年合作的计划。"大会时有学生代表加入，此种合作不过是青年加入教会工作的开端，将来范围扩大。此外，有许多教会也请多数青年男女加入基督教运动。中华基督教会设法使青年与教会合作的新

---

412 中华基督教会全国总会：《中华基督教会全国总会第三届常会议录》，厦门，1933 年，第 10 页。

413 《中华基督教会全国总会青年委员会事工委员会讨论案》，《宗教教育季刊》1937 年第 1 卷 2 期，第 45 页。

414 中华基督教会全国总会：《中华基督教会全国总会第三届常会议录》，厦门，1933 年，第 11 页。

415 《本会重新考虑青年事工》，《中华基督教会全国总会公报》1936 年第 8 卷第 3 期，第 18 页。

416 《中华基督教全国总会青年事工研究设计委员会会议概况》，《中华归主》1937 年第 175 期，第 8-9 页。

精神可作为榜样。"[417]在华各教会在协进会的指导下，根据各自实际开展青年事工，一切措施按着青年的心理和需要办理，尊重青年的意见，尽可能地给与青年服务教会的机会。尤其是在华教会认识到教会事业吸引青年参与，必须注意整个社会问题，他们认为1929年协进会第七届大会所制定的农村工作和基督化经济等决议案，"都很有具体的计划，如果能够好好地实行，必定会有很多青年替我们教会工作的"[418]，这些工作也为教会所推行。对于青年工作，各教会成立的组织有青年团契、基督教青年社团、青年事工委员会等，通过开会工作使由教会逐渐明了青年事工之重要，各级教会中亦有部分专员负责。各种青年集会经常举行，如青年礼拜、主日学、青年修养会、夏令会、布道团、少男团、少女团等。[419]下面具体对教会开展的青年事业进行介绍：

1. 各教会的青年活动

当时各地教会还多次组织青年主题的研究会或退修会，探讨青年工作。如1932年7月16日至25日，辽沈地区基督教青年退修会辽阳举行，宗旨在培养教内青年有深切灵力，及服务社会之常识，而期对将来自立数会实在负起责任，讲演题目基督与人生，讨论总题为青年人对于教会之贡献，分题有:对外布道、社会服务、处事常识；又有灵程修养方法、家庭教育、家庭卫生、基督教的婚姻观等。[420]华北美以美会每年秋季还在北平西山举行青年基督徒退修会，常规活动有灵修、讨论、团契等。如1932年8月29日至9月5日，华北美以美会青年秋令会在北平卧佛寺举行，青年同工一起探讨人生问题，注重个人灵修方法、择业问题以及服务教会的步骤，会上还表演了"爱国青年"剧本，激发青年爱国之情。[421]此种退修会除了参观、游戏外，宗教色彩较重，如每天有半小时的早祷会，讨论宗教问题，编发读经祈祷的册子，晚上则有祈祷会与见证会，周日晚则有"青年与教会"表演，宣传青年对教会的责任。[422]美国监理公会1933年夏在普陀山举办青年夏令会，到会的有200余人。中华基督教会1932至1933年则在关东、闽南、山东、河南等大

---

417 诚静怡：《两年来之全国基督教运动鸟瞰》，《中华基督教会年鉴》第11期，1931年，第4页。

418 丁先诚：《五运声中的青年事业》，《卫理》1932年第4卷第4期，第5页。

419 《中华基督教会全国总会青年委员会事工委员会讨论案》，《宗教教育季刊》1937年第1卷2期，第45页。

420 《辽沈基督教青年退修会》，《总会公报》1932年第4卷第4期，第1125页。

421 韩玉珊：《华北美以美会青年秋令会》，《中华归主》1932年第130期，第17页。

422 《卧佛寺青年退修会》，《宗教教育团契》1935年第5期，第37-38页。

会属下所举办类似大规模的青年修养会计有八次，到会人数达 1800 人。[423]1933 年 2 月 16 日至 19 日，由基督教会、来复会、圣公会、美以美会联合举行之教会青年事业研究会在芜湖举行，协进会青年事业干事韩玉珊参加，并在当地教会学校医院担任演讲，主领世界学生公祷日。同年 2 月 22 日至 3 月 2 日，韩玉珊改赴芜湖卢州基督教会协助教会及学校当局举行的青年退修会，分高中、初中、高小及看护学生数组，讨论青年问题，例如宗教生活与青年、改良社会的态度和责任、青年婚姻问题、青年择业问题等。[424]中华基督教会全国总会青年事工研究会则于 1934 年 7 月 25 日至 8 月 1 日在江苏无锡举行。因该教会认识到青年问题的重要性，特别是关于教会与青年的问题，以为必须加以深刻的研究，所以决定集合青年灵修，对于青年事工，用严肃的精神，客观的态度，共同探讨。[425]1937 年春，基督教青年会还发起青年宗教工作人员分区退修会，分广东、山东、华北、陇海、华中、华东六区，以联合各地领袖互作灵性上之砥砺，并共同研讨青年工作之原则与方法入手，俾青年与宗教运动得普及全国。该会约定总题为"青年与今日中国之基督教运动"，分题为国民革命以后青年与教会关系之鸟瞰；青年在基督教运动中地位之重要性；基督教青年工作人员之责任。[426]这些会议由中外著名的青年工作专家主领，俾能增进当地领袖的灵性能力，讨论青年宗教问题，研究青年工作程序与方法。[427]

在各教会的青年工作上，也是形式多样。南京中华路基督会堂每年举行青年夏令会，召集本会各区青年加以相当训练，建立基督化人格而养成教会及地方领袖人才为宗旨。其中，在资格上，要求初中毕业，年龄在 18 至 25 岁，由该会各区牧师介绍皆得为会员，会期一星期。每日活动有晨更、晨操、各组会议、游戏、比赛、参观、团契会及游戏会等。[428]1932 年，湖北汉口区会设立青年股，以提倡正当娱乐，联络教会青年与宗教生活发生兴趣为宗旨，如花楼

423 陈文伦：《青年事业》，《中华基督教会年鉴》第 12 期，1934 年，第 73 页。

424 《芜湖卢州教会青年事业研究会》，《中华归主》1933 年第 135 期，第 10 页。

425 《中华基教会全国总会青年事工研究会通告第一号》，《中国学运》1934 年第 1 卷第 1 期，第 86 页。

426 梁传琴：《青运工作人员分区退修会程序》，《宗教教育季刊》1937 年第 1 卷第 1 期，第 14 页。

427 梁传琴：《青年与宗教运动》，《中华基督教会年鉴》第 13 期，1936 年，第 118 页。

428 邵镜三：《南京中华路基督会堂青年工作概况》，《宗教教育季刊》1937 年第 1 卷第 1 期，第 11 页。

堂组成青年励志社，以德智体群四育之活动，辅导青年，加入者达百数十人。[429]也有教会设有青年工作委员会或堂会青年部或专任干事，以促进青年事业。据 1934 年调查中华基督教会各堂会青年事业状况，在调查的 44 堂中，39 堂有青年团体的组织，总共 55 团人数达 2721 人，其名称各异。例如青年团契服务团、进德会俱乐部等名称，其宗旨除以基督教为出发点外，其他则差别不大。例如河北有一礼拜堂，每周日早晨先有青年人的礼拜后，再有成年人的礼拜。青年礼拜由青年自己主领，参加礼拜的非常踊跃。[430]广东教会也成立多处青年团体，如 1932 年，佛山的容奇堂成立青年协助会，成立会友 20 人，数月增加到 50 人，会友大半非基督徒，每周一晚聚集讨论德智体群各项问题，培养个人人格，练习演说技能；每周四晚举行公共娱乐，练习表演艺术；堂会之宗教演讲与勉励祈祷会等，会员亦有多有赴会者。广东芳村堂则成立青年服务团，领导青年接近教会，增加五年运动工作；石龙教会则成立青年进德会，并组织救护队进行训练。[431]循道公会浙江温州区会在青年事业上，有男女勉励会各一所，于每周日上午九时开会各教员轮流演讲；男会员约 60 余人，女会员约 80 余人，全区共有分会五十余所；对外，该区会有青年社 1 所，组织仿照青年会，分德智体三部，德育部设有中英文圣经班；智育部组有小图书馆、英文夜校、演讲会、音乐等集会；体育部则有足球队网球队等之组织；社员约 80 余人，非基督徒徒的占 80%，皆各界青年中之优秀份子，自该社而引其入教者亦有其人。[432]再如北平美以美会亚斯立堂曾成立青年部友进团，由汇文、慕贞、妇婴、同仁等学校共举 10 人为委办，按每校各班中之基督徒，分每 10 人为一小团，活动有每晨或晚按时读经祈祷，努力参加青年礼拜与灵修会，各小团每两礼拜开会两次，述说个人近况等。[433]美国监理会则从 1933 年起每年组织一次青年团契大会，如 1936 年夏，该会第四届青年团契大会在无锡举行，活动灵修、研究、听讲、唱歌、游戏及夕阳会等，各教会推荐的 150 多名青年参加。青年们通过集中学习，也使得教会中各团体青年能够熟悉教会的情形，并进行

---

429 《汉口区会五运报告》，《中华归主》1932 年第 128 期，第 61 页。

430 陈文伦：《青年事业》，《中华基督教会年鉴》第 12 期，1934 年，第 73 页。

431 海客：《广东教会之青年团体》，《总会公报》1933 年第 5 卷第 1 期，第 1216-1217 页。

432 《循道公会浙江温州教区五运工作简报》，《中华归主》1934 第 150 期，第 12 页。

433 《北平美以美会亚斯立堂青年部友进团》，《广闻录》1935 年第 2 卷第 3 期，第 12 页。

信仰与宗教经验的交换。[434]此外，每年 11 月 11 日至 17 日为世界青年公祷周，各教会也常组织青年每年在此时举行活动。如 1934 年青年公祷周时，青岛青年会联合其他教会在该会招待室举行，并组织查经班及祈祷会，每日都规定了经文及祈祷的题旨。[435]

五年运动时期教会青年事业的效果也颇佳，如中华基督教会全国总会 1937 年曾提到："现在教会在本堂或本牧区特别注意栽培青年，或特设专部，或特派专人以领导青年学子为教会将来之举行人才。"[436]各种青年事业研究会的举办，为教会青年事业的开展献计献策，更为教会青年提供了活动的平台，也带动了青年事业的振兴。特别是部分青年也增强了对教会活动的兴趣，如曾有青年会员在参加华北青年事业研究会后感叹："我回家时候，当我来到教堂里，我的神情好像是到了我的家庭一般。"[437]从具体成效看，从 1934 年到 1936 年，在华教会曾向 40 万男女青年布道，其中决志皈依基督教或加入宗教研究团契者约 1.4 万余人。[438]当然教会青年工作存在的困难是缺乏具有相当学识且富有同情及经验之领袖与工作人员，经济力量薄弱，无法顾及，农村教会尤为显著；缺乏相当材料，故愿做者亦不知如何着手。[439]

2. 男女青年会与青年事业

因当时男女青年会组织与青年密切相关，五年运动青年事业的开展，自然离不开青年会的工作。在华北、华东、华西、华中等各大城市的男女青年会还也有专门青年服务组织，并召开青年服务研究会。在各教会学校中也有男女青年会，面向青年学生开展工作。

（1）城市青年会的活动

青年会由各教会平信徒自动联合，而并非隶属某一公会，根本宗旨乃欲发

434 谢颂三：《监理公会青年团契大会》，《广闻录》1936 年第 3 卷第 3 期，第 14-16 页。

435 《青年公祷周》，《青岛青年》1934 年第 45 期，第 3 页。

436 中华基督教会全国总会:《中华基督教会全国总会第四届总议会议录》，青岛，1937 年，第 45 页。

437 范爱德：《五年来华北青年事业研究会的工作》，《中华归主》1936 年第 163 期，第 20 页。

438 梁传琴：《青运工作人员分区退修会程序》，《宗教教育季刊》1937 年第 1 卷第 1 期，第 13 页。

439 《中华基督教会全国总会青年委员会事工委员会讨论案》，《宗教教育季刊》1937 年第 1 卷第 2 期，第 45 页。

现并辅助满足青年人之需要。[440]1934 年 1 月，青年会第十二届大会鉴于中国青年精神上需要之切，重新确认下列三项为青年会之根本目标：甲、引领青年归从基督；乙、辅导青年寻求及实践基督化生活；丙、激励青年承受基督徒对于社会应之责任并请全国市校会特别注重下列各项事工：加深个人之灵性生活，研究与时并进的基督教信仰，提倡团契生活，从事基督化的服务。[441]虽然当时城市青年会的会员涉及成年，少年及青年，但青年所占比例较多。此外，青年会进行信仰与使命研究，出版《中国问题的各派思潮》《唯爱主义与社会改造》《社会改造研究》手册共三册。就青年会数量看，1936 年，全国城市青年会包括东京留日青年会在内为 40 所。市会会员人数逐年增加，1933 年为35573 人；1934 年为 37648 人，呈步步向上之势。[442]

各地城市青年会也为青年开展了丰富的活动，除为青年设置各类语言、技术及艺术学习班外，北平青年会还组织有学生国际问题研究班，在各大学组织之宗教班；男女青年会学生部合组大学学生问题讨论会。另有北平青年会组织的青年知行社，原名青年服务团，以促进男青年之团契生活及实际社会服务为宗旨。[443]上海青年会则针对青年需要，设立了同乐会、京剧社、口琴社、游园会、家庭日新联谊社等团体，开办英语研究会、摄影班、口琴班等兴趣班，并组织儿童游戏会、象棋比赛及人生问题讨论会等活动。[444]厦门青年会专门成立了青年团，下设宗教组、魔术组、工艺组、篮球队、乒乓队，分别开展各自活动，各组每月举行同乐会一次，该会还为青年设立了阅览室、游艺室等。[445]青年会在各地普遍设立了四育养成团、业余团等开展青年活动。如据 1933 年统计，全国 30 多处城市青年会设立四育养成团 100 个，团员人数 3297 人，举行1844 次集会；设立业余团 95 处，团员人数 2786 人，进行了 2106 次集会。[446]

---

440 侯感恩：《青年会事业建设》，北洋印刷公司，1930 年，第 7 页。

441 梁小初：《两年来基督教青年会事业》，《中华基督教会年鉴》第 13 期，1936 年，第 133 页。

442 梁小初：《两年来基督教青年会事业》，第 135 页。

443 王同：《北平青年会青年知行社概况》，《消息》1934 年第 7 卷第 9 期，第 11-12页。

444 上海基督教青年会：《上海基督教青年会 1930 年度会务报告》，上海，1930 年，第 23 页。

445 厦门基督教青年会：《厦门基督教青年会二十五周年纪念册》，厦门，1936 年，第52 页。

446 中华基督教青年会全国协会：《中华基督教青年会年鉴》，青年协会书局，1933 年，第 25 页。

在青年会内部还有联青社组织，以联络青年感情，促进文化，服务社会为宗旨。自 1924 年上海联青社成立后，到 1936 年已发展到天津、北平、青岛、济南、南京、上海、芜湖、香港、福州、云南、苏州、重庆、广州等地均已成立联青社。当时联青社的活动有：社员参加青年会的义务工作，设立贫民医药所、设立义务校及职业学校，设立免费的幼稚园，设立学生公寓、贫儿运动场，协助戒除烟毒，帮助国际少年营及其他少年事业，提倡公共卫生等。[447]各地联青社的活动也是各有特色。如 1935 年，北平联青社每周二晚举行演，主办工读学校，学生 80 余人。[448]天津联青社成立于 1927 年，1935 年时有社员 40 余人，每周三上午聚餐 1 次，同时邀请各专家学者演讲。[449]各联青社为联络友谊，交换学识，并讨论一切社务，还于 1936 年 5 月 2 日至 3 日在天津举行华北区大会，北平、青岛、天津等代表 200 余人出席[450]，在香港则于 1936 年 8 月 1 日至 3 日举行了华南区大会，交流了各自活动经验。此外，天津青年会还组织了青年研究会会员团契，参加者为城内升学的学生，学校教师或任其他职务的人员，每月集会 1 次，互相研究讨论基督徒的生活，效果显著。

基督教女青年会则针对青年妇女需要开展了多项工作。女青年会设置各种培训班，增长妇女谋生技能。当时女青年会干事说："我们的教育事业，等于新式的商业广告画，不但能延人注目，且能增加兴趣与交接"[451]女青年会为青年妇女组织各种职业的教育学习班，满足会员兴趣。女青年会当时设有调剂生活作用的绘画班、英语班、手工班、烹饪班及音乐研究班等。如天津女青年会为增长妇女之常识，设立各班补习功课，如英文、弹琴、打字、手工及中西烹饪等，各班延聘热心教育，经验宏富者，特有专门学识者，为之教授，皆为交换智识联络感情。[452]各种学习班，也适当收取学费，作为会务费及聘请师资之用。杭州女青年会则设立补习班，帮助女孩学习钢琴、英文及古文；1932 年

447 中华基督教青年会全国协会:《中华基督教青年会年鉴》，青年协会书局，1936 年，第 28-29 页。

448 《联青社近讯一束》，《北平青年》1935 年第 27 卷第 7 期，第 3 页。

449 天津中华基督教青年会编:《天津中华基督教青年会四十周年纪念册》，天津，1935 年，第 46 页。

450 《联青社举行华北区大会》，《同工》1936 年第 153 期，第 35 页。

451 中华基督教女青年会:《中华基督教女青年会全国会务研究会报告书》，华文印书局，1930 年，第 36 页。

452 《教育部之工作》，《天津基督教女青年会会务季刊》1930 年第 10 期，第 6 页。

时，该班学习者有 31 人，并组织了补习班联谊会。[453]女青年会内部还组织各种华光团等团体，开展各种集体活动，传授实用技能，丰富会员生活。如烟台女青年会成立了学生华光团，1932 年时，该会学生华光团共计三团，团友 80 余人，曾举行春季健康卫生比赛，青年学生礼拜等活动。[454]上海女青年会也组织有华光团，1931 年时有会员 93 人，每周开会一次，除讨论现代少女切身问题外，又有唱歌、游戏、表演、徒手体操等节目，同时组织团员学习公民常识，急救法等。[455]华光团注重发展谋生技能，培养青年基本智识。女青年会通过丰富多彩的活动，也丰富了青年女性的日常生活，也增强了她们对教会的好感。

城市青年会内还有专门的学生部，负责对学生开展宗教、体育及文艺等各类活动。如在宗教活动上，1931 年，有 10 处城市青年会学生部报告组织查经班 94 班，参加人数 1195 人，另有 11 处青年会报告举行宗教集会 325 次，有 18523 人到会参加。[456]再如太原青年会学生部活动较多，"在 1931 年，有查经班 2 班，约 20 人；学生英文礼拜，每次约 15 人，中文礼拜每次约 20 人，主日下午讲演，每次约 115 人；青年团 1 团，约 15 人；讨论班 6 班，约 60 人。"[457]1934 年 5 月 19 日至 27 日，保定青年会也举行学生运动周，内容有名人演说会、国术表演、工厂参观、书法比赛、乒乓球比赛等，参加之青年学生，不下数百，以争取德智体群全面发展。[458]北平青年会学生部工作，则是联络官私立学校中之基督徒学生，使其与教会及学联联络，进而使非基督徒学生与教徒家庭、讲演会及征求会等多所接触而受到感化，并在官私立学校中组织基督徒学生联合会，使此种联合会与范围较大之学联联络，还指导学生实行基督教的服务主义。[459]在具体活动上，北平青年会组织查经班、唱诗班，任学生自由参加，并鼓励学生参加北平学生演讲会、北平学生读书会、大学生问题讨论会及北平青年服务团等活动。[460]该会还于 1936 年 12 月组织北平基督教学

453 《杭州：智育科》，《中华基督教女青年会会务鸟瞰》1932 年第 10 期，第 16-17 页。

454 《烟台：少女部》，《中华基督教女青年会会务鸟瞰》1932 年第 5 期，第 13 页。

455 《少女事工》，《中华基督教女青年会会务鸟瞰》1931 年第 2 期，第 17 页。

456 中华基督教青年会全国协会编：《中华基督教青年会年鉴》，青年协会书局，1932 年，第 30-31 页。

457 《山西太原青年会学生部工作近况》，《消息》1931 年第 4 卷第 5 期，第 46 页。

458 《保定学生运动周委员会宣言》，《消息》1934 年第 7 卷第 5 期，第 16 页。

459 《北平青年会学生部之事工计划》，《消息》1932 年第 5 卷第 2 期，第 52 页。

460 胡籁明：《北平青年会的学生事业（续）》，《同工》1934 年第 134 期，第 5-10 页。

生工作人员会议，讨论了工作开展情况。当时全国各校也组织了多样的基督教学生团体，成为中国基督教学生运动的基本单位。据 1935 年报告，当时河北的基督教学生团体有 45 处，山东有 20 处，山西有 9 处，福建有 54 处，江苏有 43 处，广东有 31 处，浙江有 11 处[461]，都开展了各类学生活动。

（2）学校青年会的活动

除了城市青年会外，学校青年会是校内崇奉基督教之学生与教员，出于自动而组织的团体。凡学校中之教习与学生为教会之正式信徒，得为责任会员；非基督徒之教习或学生，为通常会员。在华最早的学校青年会于 1885 年在河北潞河中学建立，后大部分教会学校都成立了青年会，另在一些公私立学校中也有青年会的组织。1934 年时，全国学校青年会有 111 所。[462]再从女青年会学生部的情况看，1935 年，与女青年会联络的校会有 95 个，其中 17 个大学，78 个中学。[463]

非基督教运动后，学校青年会会务陷入低潮，"差不多各校的青年会，都缺乏生气，半因反教势力的增大，还因青年会所作的工作，近来完全被学生自治团体取代。"[464]学校青年会也多陷入停顿，如就山东地区看，"山东教会学校各校会或已停办，或在沉寂之中，故学运意识，非常薄弱。"[465]而且各大学学生对青年会态度也不一，影响了会务的开展，如清华大学学生都退出青年会，不承认自己为基督徒；北京大学的同学视青年会不过为学习英文的机关；北京汇文中学的同学对青年会的信仰，渐渐移到学生会上；燕京大学的同学对青年会则惟以职员是赖。[466]但当时教会学校的宗教工作也面临契机，学校在政府立案后，把宗教的界限打破，非基督徒入校者也大有其人，而公私立学校的部分学生也对基督教道理感兴趣，但针对他们的布道很少。"教会学校学生自认做基督徒的，或愿意做基督徒的人数，比教会会友的数目多 1/2 至 3/4，他们没机会加入教会团契，离校后失了团体生活；许多在社

---

461 耿元学：《1935 年的中国基督教学生运动》，上海市档案馆藏，档案号：U120-0-66-50。

462 梁小初，《两年来基督教青年会事业》，《中华基督教会年鉴》第 13 期，1936 年，第 135-136 页。

463 夏秀兰：《1935 年的女青年会》，《中华基督教会年鉴》第 13 期，1936 年，第 137 页。

464 伍英贞：《对于中学宗教教育现状之研究》，《教育期刊》1930 年第 35 期，第 7 页。

465 江文汉：《学运扩大会的一瞥》，《消息》1931 年第 7 卷第 6 期，第 9 页。

466 袁柏樵：《中国基督徒学生运动》，《微音》1928 年第 1 卷第 1 期，30 页。

会服务的青年，很愿意得教会的领导。教会如为他们举办退修会，他们多热烈参加。"[467]为此，各学校青年会还要求扩大公立学校中的学生工作，组织学生巡回工作团，供给各地信徒对于宗教研究的材料，提倡关于研究宗教的读书会，以促进信仰与使命之研究。

当时学校青年会事工的注重点，倾向于宗教、社会改造及具体的服务。如青年会校会对于宗教修养一般颇加重视，一部分校会每日有小组灵修会，每周有聚谈会，能注重宗教与生活之关系，注重小组团契；各校会的组织多以小组团契为基本，各团各自集会发展深切之友谊。还有一部分校会注重具体的服务计划，如办理平民义务学校及进行有计划的农村服务。还有青年会对于社会问题及中国问题之症结，作深刻的研讨，一方面亲事劳作，实行生活锻炼，同时对于劳动观念及人生意义，获得健全之认识。[468]

从各教会学校青年会开展的具体活动看，有平民教育、宗教灵修会、小组团契、乡村服务及社会讨论等。如潞河中学青年会曾为失学幼童及学校工友补习上课，设有平民补习班、贫儿义务学校，并有潞河游艺室、工友业余俱乐部、国术研究班及学术讨论会等；在宗教方面，则有宗教崇拜灵修会，另查经班及小灵修会每周举行。[469]山东泰安萃英学校青年会对内有朝会、祈祷会、查经班，对外有平民学校2处，每日下午授课；每周日下午在附近乡村布道，每次听讲者不下二三十人；周末下午则在附近各村庄举行露天平民学校，教以单字，并告以关于卫生、农业改良诸问题，每次识字听讲者，不下 20 名。[470]但学校青年会的宗教工作却因学生兴趣不大而成效不佳。

值得一提的是，青年会本质上仍属基督教团体，故其从事的事业，也受到政府部门尤其各地党部的关注，甚至试图进行限制。如 1929 年时，山东省党务整理委员会等部门曾呈请中央取缔基督教青年会，谓其为帝国主义文化侵略之工具，麻醉青年，嘲讥革命。1930 年，山东及青岛等省市执委会又复制订《防御文化侵略办法》，呈请备案，并施诸实行。[471]1929 年 9 月 21 日，上海特别

---

467 陈文伦：《青年事业》，《中华基督教会年鉴》第 12 期，1934 年，第 71 页。

468 参见梁小初，《两年来基督教青年会事业》，《中华基督教会年鉴》第 13 期，1936 年，第 135-136 页。

469 《潞河中学青年会工作近状》，《消息月刊》1935 年第 8 卷第 4 期，第 31-32 页。

470 张钦章：《泰安萃英青年会近况》，《消息》1933 年第 6 卷第 1 期，第 46-47 页。

471 中国第二历史档案馆编：《中华民国史档案资料汇编》第 5 辑第 1 编：文化，江苏古籍出版社，1994 年，第 1029 页。

市执行委员会也向中央执行委员会提出，在党化政治的背景下，青年会应受党部指导，指出党部指导决非干涉传教，乃维持人生的政治信仰。[472]后中执会转交民众训练部商议，该部 1930 年 1 月 24 日回复中执会秘书处，提出 3 点建议：认为各地青年会之组织，其性质则是以宗教为名，行文化侵略之实，故有呈请各地党部有指导之必要，认为青年会的一切会议应由党部派员指导，或藉此机会宣传党义，青年会须遵照民众团体开会仪式等。后该议案被提交国民党中央常会审核，1 月 27 日的中央常会第 68 次会议决定推孙科、王正廷、孔祥熙三委员研究，并于 1930 年 2 月 5 日召开会议讨论，后于 2 月 10 日回复民众训练部，认为青年会为含有宗教性国际之团体，用于其他一般民众团体的党部指导方法，若用于青年会实有不适宜，应与基督教青年会协商妥定后再由中央常会决定。[473]后经该部与青年会总干事余日章多次协商，最终于 1930 年拟定了《中央民众训练部拟定之指导基督教青年会办法》，要求青年会设置党义研究会，每周举行一次总理纪念周，举行聚会时应通知当地党部，以酌情派员指导。[474]该办法虽然加强了对青年会的党务色彩，但实际上并未受到太多限制。

（3）青年与宗教运动

在当时教会低沉的局面下，在华教会认识到："需要多数之后起青年，此不特为教会之存在加增后续人才，而对基督教事业之发展上实不啻增加一部生力军。"[475]故在 1934 年初，青年会第十二届全国大会举行时，重新申明青年会根本目的在引领青年皈依基督，并通过决议案特别注重向知识界青年进行基督教运动，后决定实行为期两年之青年与宗教运动。该运动注重五点：增进青年会内董事、委员、干事、基本会员等之灵性生活，扩展其社会意识，俾成为更有力之领袖；调查研究当地青年灵性上之需要，以谋适当之应付；协助青年探求及实行基督徒个人生活之全部意义；辅导青年研究及实施基督徒的社会责任之全部意义；促成教会与青年会之更大合作。[476]青年与宗教运动 1934

---

472 《全国青年会应受各地党部指导案》，中国国民党党史馆藏，档案号：3.3-90.9。

473 《关于中央训练部所拟各地党部指导青年会办法案审查报告》，中国国民党党史馆藏：档案号：3.3-93.7。

474 中国第二历史档案馆编：《中华民国史档案资料汇编》第 5 辑第 1 编：文化，江苏古籍出版社，1994 年，第 1026-1027 页。

475 《为青年与宗教运动致同道一封公开的信》，《革新月刊》1934 年第 1 卷第 8 期，第 18 页。

476 《中国基督教青年会最近之事工》，《中华全国基督教协进会第十届大会报告》，上海，1935 年，第 104 页。

年 1 月开始，到 1936 年全国协会委员会开会时结束。该会组织的青运工作也受到蒋介石支持，1934、1935 年连续两年曾拨款 3 千元给予青年会资助。[477]1936 年 4 月，协会又决定将该运动延长两年，目标改为引领青年皈依基督；辅导青年实行基督化生活；辅助青年对于个人及社会发见，并接受基督徒责任的全部意义。[478]但随着抗战的全面爆发，该运动被迫于 1937 年中断。

　　青年会全国协会为配合青年与宗教运动，曾印行青运丛书 6 种及一般最合时代的宗教书籍及小册等数十种通告，而报告建议书及宣传品皆随时因需要而刊印。就地方而言，各地的基督教团体、个人领袖及青年工作人员皆组织青运委员会，内分程序与接触委员会、个人工作委员会、事务与宣传委员会、续行工作委员会四股，以收分工合作之效。[479]青年与宗教运动的开展，涉及范围也比较广泛，如组织研究基督教与青年会运动之使命之小团体；举行退修会，以加深教会董事、干事及义务领袖之灵性经验；与教会合作，提倡青年崇拜；编印青年灵修材料；提倡个人与团体的祈祷，在各地提倡"宗教运动周"，举行宗教的展览与演讲，并散布宗教的文字作品等。[480]1934 年青年与宗教运动的重点，则是美国著名布道家艾迪于当年 9 月至 10 月在中国的 18 个大城市布道，也为各教会所重视。如北平青年会成立的青年与宗教运动委员会在艾迪来北平前，即聘请该市宗教界中西领袖组织大规模之艾迪布道委员会。而且各地在艾迪布道前举行圆桌会议，由青年工作人员，教会机关领袖，青年会干事共同讨论研究当地青年之问题与需要，以及应付的方案。[481]

　　艾迪于 1934 年 9 月 4 日抵达上海，布道自天津开始，继访北平、保定、开封、郑州，后赴成都重庆，武汉、长沙、南昌、上海、杭州、南京、香港、广州、南宁等城，每城作五日至一周之逗留。在艾迪布道期间，都有中国教会领袖陪同，如谢颂羔、艾德敷（D.W.Edwards）、尚爱物（E.H.Munson）、鲍乃德（E.E.Barnett）、傅若愚、骆维廉（W.W.Lockwood）及梁传琴、梁小初等人，

---

477 《梁小初函蒋中正（1935 年 6 月 26 日）》，台北"国史馆"藏：蒋中正总统文物，档案号：002-080200-00233-047；《蒋中正电周骏彦（1935 年 7 月 20 日）》，台北"国史馆"藏：蒋中正总统文物，002-080200-00239-083。

478 梁传琴：《1934 年青年与宗教运动》，《中华基督教青年会年鉴》，青年协会书局，1934 年，第 60 页。

479 梁传琴：《青年与宗教运动》，《中华基督教会年鉴》第 13 期，1936 年，第 115 页。

480 中华基督教青年会全国协会：《中华基督教青年会第十二届大会报告书》，上海，1934 年，第 60 页。

481 梁传琴：《1934 年青年宗教运动纪实》，《同工》1935 年第 139 期，第 14 页。

各团员皆分别担任演讲讨论及个人会谈等工作，历时四月有余。艾迪的布道演讲专讲中国及世界的危机、个人及社会罪恶、上帝与基督及宗教修养。此项系统演讲最能引起人的注意，其他活动为青年工作人员圆桌会议、学校演讲、小团体讨论、个人会谈等，亦均收效匪浅。此次布道，男女青年听众达 18.06 万人，其中有 2476 位已决志归依基督，更有 4144 人签名加入宗教研究团契或查经班。[482]艾迪当时在华演讲，内容涉及青年的出路、基督教的挑战，多根据演讲对象的不同而变换。他在各地轮流举行讲演，宣传基督教，部分青年因之参加教会活动。如 1934 年 9 月，艾迪在保定布道 6 天，"演讲会 13 次，小团体聚会 3 次，听讲的学生及各界人约有 6000 余人，决志的有 390 人，决志者组织 27 个查经班。"[483]艾迪在各地布道时，以成都、广州、上海三地的听众最为庞大，"在天津有听众 1.5 万人，决志归主者 285 人，决志研究者 552 人；北平有听众 1.4 万人，决志归主者 197 人，决志研究者 181 人；广州有听众 1.8 万人，决志归主者 408 人，决志研究者 777 人。"[484]由于艾迪曾多次来华布道，在青年中产生广泛影响，但其布道也被部分教会人士认为宣传片面，利用听众感情宣传，指出"利用青年爱国心理，当时签名定志者，固不乏人，然后来起了反动而非教者，也所在多有。至于重量不重质，铺张统计，尤为人所共见。"[485]对听讲的教外人士所言，因艾迪讲道多宣传基督教救国，他们认为艾氏是为了宣传宗教而演讲，也对此颇为反感。[486]

为了保持艾迪布道的效果，各教会组织后续工作，将愿作基督徒者姓名，按照自愿，分送各教会，请其分别欢迎，联络拜访，并引领其加入教会。在具体活动上，各会还组织查经班、灵修团契、宗教研究会、青年礼拜等宗教团体，以做好布道的善后工作。如当时天津青年会曾为对基督教感兴趣的青年，组织英文演讲会、基督教研究班、宗教研究班、《圣经》认识班及耶稣生活研究班等，他们在参加此类组织后，实际入教者有 26 位，参加讨论者有 44 位。[487]各区为了扩大效果，还作个人拜访调查并扩大范围，在艾迪大会中未签名者，亦去函邀其加入。通过这些工作，"引领决志者前进，进入基督徒的团契，并

---

482 梁传琴：《青年与宗教运动》，《中华基督教会年鉴》第 13 期，1936 年，第 116 页。
483 萧锦铸：《暑假后的保定学生事业》，《消息》1934 年第 7 卷第 8 期，第 27 页。
484 梁传琴：《1934 年青年宗教运动纪实》，《同工》1935 年第 139 期，第 17-18 页。
485 达：《五年运动》，《民国日报》1930 年 6 月 13 日，第 3 张第 3 版。
486 德宣：《评艾迪博士讲演》，《突崛》1936 年第 3 卷 9 期，第 2-3 页。
487 《青年与宗教运动通告（第 8 号）》，《同工》1935 年第 138 期，第 43 页。

使其育化于教会生活之中，为乐意研究基督及其教训者，更要一步一步导其向前，以使在基督及其真理上有更深刻的了解与知识。"[488]

1935 年，青年会又组织了青年与宗教运动巡回工作团，由经验宏富，学有专长之平信徒领袖组织而成，到全国重要城市演讲，"唤起知识界，青年对于宗教的注意，并得以了解宗教对于个人、社会、国家、民众之含义。"[489]青年会总干事梁小初 1935 年 6 月还专门致函蒋介石请求补助经费时，特意提及此巡回团，称该团向学生演讲宗教与人生问题，以唤起青年注重道德与精神之修养。[490]巡回工作团团员为女青年会全国协会学生事业委员长曾宝荪女士、基督教协进会总干事陈文渊、上海沪江大学心理学系主任涂羽卿、基督教协进会的尚爱物、江文汉及梁传琴，他们分区担任执行工作。该团自 1935 年 9 月开始历时四个月，访问了天津、北平、太原、长沙、武汉、南京、杭州、福州、厦门、广州、香港、台山、昆明等 13 个大城市。[491]如 1935 年 9 月 27 日至 10 月 18 日，青运巡回工作团先后在北平、天津及太原工作 1 周，在青年会及各学校进行演讲及讨论，为基督徒与非基督教徒青年举行系统演讲数次；为宗教界、教育界、实业界及其他团体，举行演讲及恳谈会；与各种特别团体举行团体讨论；并进行个人恳谈。[492]因当时在太原全城教会均与青年会努力合作，推广青运，所以获得较平津更大之结果。该团在太原演讲时，在五日之内，"听讲人数达 11000 余人，山西省政府主席阎锡山百忙中接见合影，慕道签名者达 346 人。"[493]青运巡回工作团在访问期间，对现代的挑战、科学与宗教、民族复兴与宗教、基督教与他的十字架等问题进行系统演讲，向公立私立教会学校等学生，社会上一般青年及教育界与教会领袖分别演讲，研究讨论基督教之真谛。其中，该团听讲人数 158995 人，重献心身 2694 人，研究基督教 3518 人，

488 《艾迪致青年工作同道及青年与宗教运动各位委员会》，《革新月刊》1935 年第 2 卷第 1 期，第 1 页。

489 梁传琴：《青年与宗教运动》，《中华基督教会年鉴》第 13 期，1936 年，第 113 页。

490 《梁小初函蒋中正，1935 年 6 月 26 日》，台北"国史馆"藏：蒋中正总统文物，档案号：002-080200-00233-047。

491 梁传琴：《青年与宗教运动》，《中华基督教会年鉴》第 13 期，1936 年，第 116 页。

492 The Tenth Meeting of the National Christian Council of China, Shanghai, April 25-May 2,1935, p.143, *Conference of British Missionary Societies Archives*, Asia Committee, Inter Documentation Co., 1984, N.C.C China, Box.348, 1931-35, No.21.

492 The Tenth Meeting of the National Christian Council of China, Shanghai, April 25-May 2,1935, pp.83-85, *Conference of British Missionary Societies Archives*, Asia Committee, Inter Documentation Co., 1984, N.C.C China, Box.348, 1931-35, No.20.

493 田景福：《青运巡回工作团来太原市之意义》，《同工》1935 年第 149 期，第 72 页。

决志总数 6212 人。[494]当时由青年会全国协会书局、女青年会全国协会书局、圣经书会选定最合时代需要的青年宗教书籍 17 种，计售出 8615 册之多，其中团员陈文渊燮所著的《宗教与人格》，及曾宝荪女士著的《实验宗教学教程》，均售出千册有奇，这也可以反映他们的受欢迎及对青年所留下的影响。[495]

该巡回团的布道也有几点值得注意，当时有教会领袖总结称：第一，团员纯粹是中国平信徒，也是社会上有地位的领袖，无形中就提高了基督教在中国文化上社会上的地位；第二，他们各有学术之专长，其演讲内容俱能引起受教育青年深刻的兴趣与领悟；第三，唤起知识界对于宗教的注意，并得以了解宗教对于个人社会国家民族之含义；第四，青年对于科学与宗教冲突之概念，及基督教与战争之疑难都可消灭；最后工作之造访，促成基督教各团体及个人领袖更密切的合作，并有不少的非基督徒青年被引领而皈依基督。[496]该巡回团在 1936 年的重点是提倡热心基督徒形成一队到某一区域工作，注重非基督徒青年，鼓励基督徒大学生于周末赴附近中学工作；举行青年工作人员之退修会；扩充青年与宗教丛书；注重慕道友之急需工作。各青年会也积极响应巡回团提倡，如天津青年会于 1936 年 5 月 10 日至 16 日举行为期一周的青运布道大会，邀请齐鲁神学院彭彼得、北平美华圣经会干事周扶耕演讲，总题"积极的基督教"，适合一般青年需要，使青年对于宗教信仰有清晰之概念。[497]天津青年会为响应青年与宗教事业，还于 1936 年又相继组织了青年礼拜、耶稣复活节纪念会、耶稣圣诞庆祝大会、映演宗教电影、福音演讲周、基督徒会员谈话会、英汉文查经班等活动，向青年灌输基督精神，决志信道者，颇不乏人。[498]

1936 年秋，基督教协进会还组织华东区巡回演讲团，由范定九、陈文渊等 5 名教会领袖组成，活动时间从 10 月 16 日至 11 月 16 日。造访镇江、宁波、芜湖、苏州四处，总共开会 114 次，其中有圆桌讨论会、演讲会、座谈会和主日讲道，参加的人数达 32067 人。工作的结果则是有基督徒决志重献身心

494 中华基督教青年会全国协会:《中华基督教青年会年鉴》，青年协会书局，1935 年，第 21-22 页。

495 梁传琴:《青年与宗教运动》，《中华基督教会年鉴》第 13 期，1936 年，第 117 页。

496 梁传琴:《青年与宗教运动》，第 117 页。

497 《天津基督教青年会事工报告》，天津，1936 年，第 4 页，上海市档案馆藏，档案号：U120-0-256-69。

498 《天津基督教青年会事工报告》，天津，1936 年，第 30 页，上海市档案馆藏，档案号：U120-0-256-69。

者 363 人，非基督徒决志慕道友者 494 人。关于续行的事工，在巡回团工作完成以前均有详细的规划，许多小团契组织查经班和青年礼拜，在布道完以后就相机成立，后所得到的报告有许多慕道友正式领洗进教。[499]后随着抗战的全面爆发，青运工作被迫中断，但前期工作却为教会培养了一批青年工作人员。

五年运动时期，青年与宗教运动虽非创举，但开了一条向知识界青年布道的先河，激发了各地基督教团体及个人对于青年工作之热心。仅在 1935 至 1936 年，各地教会通过该运动在 33.9 万余位青年中演讲布道，对于青年个人的灵性修养、人格建立、社会与国家的改造，都能产生相当的影响与效力。[500]

（三）基督徒学生运动

在教会宗教教育受到限制情况下，基督徒学生此时期也更加受到教会重视，各教会还专门成立基督徒学生的组织，开展了颇有声势的基督徒学生运动。基督教学生运动的活动涉及社会生活的方方面面，成为五年运动时期较有特色的事工，这也是教会青年事业的重要组成部分。

1. 兴起背景

非基督教运动时期，部分青年学生猛烈批评教会，甚至参加了捣毁教堂的活动，也导致教会与学生之间关系的冲突。青年学生每因不满教会的行为，屡发抨击基督教的言论。"他们对于一般采用恐吓性的布道方式领人信道，未敢暂停，对于那些主张极端的社会福音和极端的个人福音也未能置信。"[501]青年学生还批评教会太偏于唯心派，太注重仪式和信条，而不顾及实际生活，不能适合时代的需要，且学生不肯贸然承认基督教会所代表的制度式宗教，教会的教义也受到学生质疑。特别是学生多趋重科学，受唯物主义的影响较大，对宗教缺少兴趣。总的来看，教会与学生之间有所隔膜："教会听不到学生的呼声，听不到学生的需要，自行其是，学生在教会中既无相当地位，又不能从教会中谋求人生问题的解决，乃另求出路脱离教会。"[502]美国教会史家赖德烈（K.S.Latourette）也曾指出中国基督徒学生对教会有一种普遍的质问精神，"他们就基督信仰提出很多基本的问题，很多人迷失方向，另一些人一定要思

---

[499] 中华基督教青年会全国协会：《中华基督教青年会年鉴》，青年协会书局，1936 年，第 26-27 页。

[500] 梁传琴：《青年与宗教运动》，《中华基督教会年鉴》第 13 期，1936 年，第 118 页。

[501] 中华基督教会全国总会：《中华基督教会全国总会第四届总议会议录》，青岛，1937 年，第 171 页。

[502]《学生事业委员会报告》，《华北公理会月刊》1931 年第 5 卷第 10 期，第 36 页。

考那些由传教士所带来的信条。"[503]

在此不利形势下，尤其教会学校的青年学生在宗教教育受限的情况下，教会开始谋求与学生关系的缓和。针对教会保守的现状，1928 年的耶路撒冷大会上也曾建议对学生工作要考虑学生的兴趣，"有些地方若拿独一无二的基督福音来做起点，也能得到学生最有力的感应。别的地方他们的接触点确是那些学生所认为有深切兴趣和注意价值的社会秩序。对于这样的学生，必须指出如何在这个国家与民族间的生活有连带关系的世界里，布道会乃是拯救社会最有力的分子。"[504]从当时的社会环境看，在政府的高压政策下，学生也感到苦闷。正如时人所言："在华北变态的政治之下，思想自由，完全剥夺殆尽，稍有思想的学生，不是激烈的反抗，便是隐忍不言，入于悲乱沉闷的境地。"[505]在此形势下，不少学生开始寻求宗教寄托，在非教会学校里，一些同学都有接受基督福音的倾向，也为基督徒学生运动兴起提供了有利环境。

2. 运动的筹划

中国基督徒学生运动萌发于 1922 年北京举行的世界基督徒学生同盟会，后于 1926 年男、女青年会及立志证道团在济南举行全国大会，才出现中国基督徒学生运动的名称。1927 年，三会代表于南京集会，组成中国基督徒学生运动筹备委员会。后又经过筹划，1931 年 8 月 18 日至 24 日，在北平西山开基督徒学生运动第二届筹备委员会扩大会议，重点是讨论学运的宗教基础，并强调改造社会使命中生活锻炼的重要。在此次会议后，部分大学代表还在北平成立了全国大学基督徒女生联合会，旨在本基督之精神，团结全国大学基督徒女青年以促进全国基督徒妇女运动之发展，俾造成全国意识，发扬团契精神，服务社会，造福人群。[506]

1933 年 8 月 1 日至 17 日，各地基督徒学生代表于沪江大学又举行团契大会。在此次大会中，同学等深感国难日深，各地学联虽已有相当联络及相当工作，但终难有长足进展，至完成学运"谋民众生活之解放与发展"之最后目标

---

503 K.S.Latourette, *A History of Christian Missions in China*, New York: The Macmillian Company, 1929, p.809.

504 *The World Mission of Christianity: Messages and Recommendations of the Enlarged Meeting of the International Missionary Council held at Jerusalem, March 24-April 8,1928*, New York: International Missionary Council, 1928, p.67.

505 袁柏樵：《中国基督徒学生运动》，《微音》1928 年第 1 卷第 1 期，第 31 页。

506 《中华基督教女青年会全国协会第二次全国大学基督徒女生代表大会记录》，上海，1933 年，第 15 页。

甚远。故由本届赴团契大会之各地方代表自动组成临时中央，定名"中国基督徒学生运动临时总会"。该会职责为："执行团契大会决议案；促进学运意识，整理地方单位；起草学运宪章及组织法；召集全国代表大会。该会仍然坚持之前基督徒学生运动所定的四大原则：学生运动应以学生为自动及负责的主体；学生运动应男女联合；学生运动应谋全国学生事业之合作；学生运动应本耶稣精神，创造青年团契，建立健全人格，谋民众生活之解放与发展。"[507]会上成立了各学联联席代表大会为该会最高机关，下设乡村改进、社会改造问题研究及国货促进委员会。当时所定的学运目标为："本耶稣精神，创造青年团契，建立健全人格，谋求民众生活解放与发展"。在学运第五届筹委会上还通过学运公约，规定了七条要求："每日必须有灵性修养；实行俭朴生活；锻炼体格；遵重两性贞操；言行真诚；严守时刻；养成合作精神。"[508]临时全国总会还成立了干事部和顾问部，为充实学运的构成分子，总会拟定一个在校同学的"学运团契"组织纲要，并且组织了"中国基督徒学生运动毕业同学团契"，把曾参加过学运的已毕业同学和协助学运的领袖们联系起来，以作学运的支柱。[509]在该会的人员方面，原有执委 13 人，从 1935 年度起增至 17 人，其中有 9 个代表各学联，3 个代表毕业同学团契，5 个是特约的代表。执委会还设立信仰使命、社会改造问题研究、经济、人才设计、全国大会筹备、宪章起草、巩固单位、乡村改进、出版、经济等常任委员会。这些委员会中，除了把乡村改进委托于河北联、社会改造委托于上海联，巩固单位委托于全体干事外，其他都特安排专人主理。为联络地方人士，该会还在各地聘讲专员若干人，辅助各该地的学运工作。[510]

中国基督徒学生运动包括一切为青年工作的基督教势力，以学生为中心，其性质则是学生自主，男女联合，不分宗派，大、中学校合一且全国一致的组织。学运的特征则是以耶稣的精神为中心，"以建立基督化的健全人格为基督；以创造基督化的青年团契为工具；以实地的服务和牺牲为手段；以谋新社会的实现为鹄的。"[511]学生运动目标有四要点：以耶稣为中心，为原动

507 陈文伦：《青年事业》，《中华基督教会年鉴》第 12 期，1934 年，第 74 页。

508 《学运公约》，《葡萄树》1933 年第 5 卷第 1 期，第 63 页。

509 吴耀宗：《中国基督徒学生运动的回顾与前瞻》，《天风》1948 年第 5 卷第 7 期，第 101 页。

510 耿元学：《中国基督教学生运动》，《中华基督教会年鉴》第 13 期，1936 年，第 120 页。

511 耿元学：《中国学运的透视》，《中国学运》1935 年第 2 卷第 1 期，第 3 页。

力；健全团契生活的训练；个人精神上灵性上生活的训练；服务的实施，无论在校，或离校，当继续不断实行，以达到全民生活的解放与发展。[512]学运基本成员，则是全国高中以上的男女基督徒学生，最低单位是学生男、女青年会，基督徒学生团契和其他基督徒学生组织团体，到1936年有263个，其中大学程度有40个，中学程度有223个，这里面有很多是多年来和男女青年协会发生关系的。[513]学运是一切基督徒学生事业的中心，学运成员不分种族，派别，与男女青年会等教会方面，也是密切合作。"他们要尽量的参加教会的活动，与整个的基督教运动以新的精神和力量，使学运成为一切基督徒学生事业的中心。"[514]

1937年1月26日至2月1日，为促进教会大学的基督徒学生团体工作，在苏州的东吴大学还举行了全国大学基督徒学生团体职员事工研究会，来自全国16校50余人参加。[515]此次会议的演讲，讨论围绕大学基督徒救亡工作展开，集中讨论了基督教大学校会的工作，围绕在大学校会的国难事工、宗教工作、行政及职员任务、夏令会的筹备、大学校会与基督徒学生同盟关系等六方面的问题。[516]当时南京政府方面因对学生运动的忌惮，也对基督徒学运比较警戒，"以全国学运之组织，为法令所不许，本运动虽系宗教性质，但为学生团体则一，故对之颇为注意。"[517]加之学运内部的人事矛盾，故原定于1936年夏，后改为1937年计划举行的全国学运大会也因此推迟，最终此会因抗战全面爆发而夭折。

为推进基督徒学生运动开展，除了全国机关外，在各地也成立了相应的地方基督徒学生团体联合会的组织，成为指导各地基督徒学生运动的机关。1933年全国基督徒学生团契大会时，只有13个地方学联，到1936年则增加到20个。当时最初成立的学联是北平、天津、济南、南京、上海、福州、古

---

512 萧肃：《再接再厉的"学运"前进之声》，《总会公报》1933年第5卷第1期，第1194页。

513 耿元学：《中国基督教学生运动》，《中华基督教会年鉴》第13期，1936年，第119页。

514 耿元学：《站在学运的立场上，来庆祝青年会运动的五十周年》，《中国学运》1935年第2卷第1期，第12页。

515 墨客：《团契学生契友联合会略记》，《燕大团契声》1937年第2期，第19-20页。

516 朱抚松：《全国基督徒学生团体职员事工研究会纪略》，《角声》1937年第23期，第17页。

517 梁祖尧：《为大会延期举行的一封公开信》，《中国学运》1937年第3卷第4期，第3页。

田、兴化、厦门、漳州、广东、武汉和成都，后来组建的是津东、保定、苏州、杭州、西京和太谷、长沙联。[518]区联则是界于学联和全国总会之间的事工单位，到 1936 年有闽北联（含福州联，兴化联，古田联）、闽南联（厦门联、漳州联）、河北联（北平联、天津联）、山东联等区联。现以河北联为例说明其活动。

河北联来源于 1927 年夏在燕京大学成立的京直联，翌年改为河北联。1928年，河北部分教会学校成立了河北省基督徒学生团体联合会，简称"河北联"。1929 年 8 月 30 日，又通过《河北省基督徒学生团体联合会试行约章》，其中规定："本会本耶稣之精神，联合河北省内各城高中以上学校基督徒学生团体，共谋团契生活之增进暨社会环境之改造以建立健全人格；凡高中以上男女学校基督徒学生之团体，赞成本会之宗旨，填具愿书，经本会认可注册者，皆得为本会会员。"[519]河北联最初下设北平联、天津联、保定联，后又增加津东联，最初由 26 校参加，后扩大到 60 余所教会学校参加。河北联的组织机关则下设宣传委员会，出版委员会，夏令会设计委员会，经济委员会，并于每年春夏秋开会三次。[520]河北联成立后，也开展多项活动，集中在促进小团契、退修会、乡村服务及储蓄运动等内容。如 1931 年 6 月 30 日至 7 月 10 日，在北平西山举行了夏令会，以服务为总题，组织基督徒学生系统学习城市与农村服务，并邀请胡适、谢冰心、梁漱溟、赵紫宸等讲演，还有分组讨论及灵修、晚祷、夕阳会等宗教活动。[521]1932 年 8 月 24 日至 29 日，河北联又在北平西山举行学生领袖训练会，上午有早祷、查经，下午有自修、游览、谈话会或交谊会。[522]河北联巩固单位委员会由干事负责，其多担任顾问的角色，主领学生讨论班，帮忙组织学生团契，并在每校设宗教指导员。该会在工作上也主张"三不谈"，即不谈男女，不谈中学或大学，不谈顾问或学生[523]，以求活动达到实

---

518 耿元学：《中国基督教学生运动》，《中华基督教会年鉴》第 13 期，1936 年，第 119页。

519 《河北省基督徒学生团体联合会试行约章》，《夏令会特刊》，1929 年 7 月，第 101页。

520 《中国基督徒学生运动筹备委员会扩大会议特刊》，1931 年 9 月，第 22 页；The Hopei Christian Student Association, December 19, 1930, pp.1-2, *Yenching University*, Archives of the United Board For Christian Higher Education in Asia.

521 河北省基督徒学生联合会编：《服务：河北联二十年度夏令会》，1931 年，上海市档案馆藏，档案号：U102-0-189。

522 良模：《河北学生领袖训练会》，《消息》1932 年第 5 卷第 7 期，第 10 页。

523 《河北联》，《中国基督教学生运动特刊》1933 年 12 期，第 61 页。

效。此外，为促进学运意识，记载河北联学运事实，河北联1929年还创办会刊《葡萄树》。河北联在经济来源上主要来自会内各学生团体及社会各界捐款，在经济上实行自谋、自求、自己支配的独立政策。[524]

作为基督教组织的学生运动，各区联、学联也将宗教灵修定为重要任务，定期举行团契研习圣经。如美国北长老会、公理会牧师被聘为保定联的顾问，团契每两周举行学生礼拜一次，专为供给学生宗教灵性上的修养，与生活上的解决。[525]天津联也注重团体灵修及研究基督教义，并介绍现代思想与智识，提倡适当的男女社交生活以建立高尚的友谊。该联两周集会一次，由会员轮流演说，或作阅读报告。[526]四川成都则设有基督教学生运动促进社，有来自华西大学、华西协和中学、华美女学等教会学校学生组成，组织的宗教活动有每周日的晨祷会，平均有20人参加；查经班在1933年则有5班，每周举行一次，讨论材料则用"文献里的耶稣"。[527]各教会也通过多样的宗教活动，配合区联的工作，吸引了学生入教。如1936年，太原中华基督教会日常为学生组织学道，查经，祈祷，唱诗等活动，是年有山西大学、太原女中、尊德女中等20余名青年学生受洗。[528]教会组织的基督徒学生的活动，也常有非信徒参加，部分参加者也因之入教。如潍县长老会地处学生荟萃之地，"学生7百余人，1934年秋，有50多人记名，其中20人已经受洗。"[529]正是在各基督徒学联的筹划下，基督徒学生运动蓬勃发展，但也因抗战的全面爆发而中断。

基督徒学生还多次组织春令会、夏令会、秋令会等集会，组织演讲讨论，作为男女青年谈经论道之所。每届夏令青年会是工作重点，必在全国分区召集学生大会，聘请名人演讲策励赴会学生之精神，历年均有美满成绩。在男女青年协会指导之下，每年有10余处举行学生夏令会，到会人数在千余人，还有各地基督教学生运动团体，如学联所主办各时令会。[530]如1933年的学生夏令会共分河北、山东、华东、山西、华中、四川、闽北、广东、云南、湖南、河

---

524 潘玉释：《河北省基督徒学生团体联合会报告》，《中国基督教学生运动筹备委员会扩大会议特刊》，上海，1931年9月，第25-26页，上海市档案馆藏，档案号：U120-0-302。

525 《保定学运之面面观》，《保定青年》1930年第16卷第1期，第3页。

526 《天津学联近讯》，《消息》1931年第4卷第6期，第41页。

527 《成都基督教学生运动促进社报告》，《中国学运》1934年第1期，第102页。

528 陈樱：《太原念馀青年受浸》，《通问报》1936年第21号，第15页。

529 连警斋编：《郭显德牧师行传全集》，第579页。

530 陈文伦：《青年事业》，《中华基督教会年鉴》第12期，1934年，第73页。

南、陕西十二区，赴会男女青年共 900 余人。[531]1934 至 1936 年夏令会的总题则分别是干、干和认识、认识与行动，并编印通告和应用的参考材料以及推进的事项。[532]在学生集会讨论内容上，关于宗教人生、科学文化、培德育智及健身利群之道，皆能畅论玩味，也为学生联谊创造条件。每次各地学生集会也是围绕一主题展开，如 1933 年山东夏令会主题为基督徒学生与国难；山西夏令会主题为寻求实在；华中夏令会主题是青年到那里去；四川夏令会主题是青年会出路；河北夏令会主题为民族复兴；云南青年会主题是到民间去。[533]出席此类集会的学生，则来自中学及大学中的基督徒学生，也有少数非信徒学生参加。因此类集会的宗教性质，当时出席学生集会的数量不一，如 1934 年的基督徒学生夏令会，从出席人数上看，华东夏令会 55 人，华中夏令会 68 人，河南夏令会 40 人，山西夏令会有 60 人，山东夏令会有 35 人，河北夏令会较多，有 136 人，广东夏令会 107 人，陕西夏令会 100 人。[534]各类学生集会更希望通过对学生训练，为布道提供便利，而集会上的宗教活动，也利于学生灵修的加深。如 1930 年夏，"天津全城赴夏令会的学员约有 60 余人，会毕之后，均已签名立志永作基督耶稣之门生。"[535]但当时集会因学生干事缺乏，初中学生与大学生混在一起，程度相差较远，不易管理教授，且学生来源分散，集会的后续工作也难于开展。

当时各教会在定期开会时，也通过决议支持学生事业。如 1931 年，中华基督教会学生事业委员会苏州年会举行时，也专门讨论教会学生事业，提出了具体的方案。因青年会与学生事业密切相关，故青年会也十分重视学生事业，1932 年，青年会第六届全国干事大会也通过决议，规定："各市会宜立就各地之需要及机会，考察学生事业之工区，研究学生事业之政策，人才，经济及组织，以期改善或重建学生事业。当实施时，应尽力请当地之基督团体与之合作。"[536]然而青年会作为与学运事工颇多重合的组织，两者之间的联合关系还

531 梁小初：《国难中之青年会》，《中华基督教会年鉴》第 12 期，1934 年，第 176 页。

532 梁小初，《两年来基督教青年会事业》，《中华基督教会年鉴》第 13 期，1936 年，第 123 页。

533 刘良模：《1933 年的夏令会》，《同工》1933 年第 123 期，第 26 页。

534 刘良模：《1934 年的学生夏令会》，《中华基督教青年会年鉴》，青年协会书局，1934 年，第 54 页。

535 饶斌森：《天津学生事业》，《华北公理会月刊》1930 年第 4 卷第 8 期，第 30 页。

536 中华基督教青年会：《中华基督教青年会第六届全国干事大会报告书》，北平，1932 年，第 49 页。

存在隔阂，"学生方面，他们是惧怕这个联系限制了他们的自主自动；在青年会方面，他们是惧怕学运的成立，会使彼此的关系日趋淡泊"。[537]最终随抗战的全面爆发，两者始终未达成合适的合作方案。在其他教会组织方面，1933 年，中华基督教会全国总会第三届常会也承认学运临时总会，要求各教会："与之尽力合作，辅助学运对于全国学生事业作统筹全局之计划；各大会区会当根据总会及学运临时总会之计划，会同本地学联发展其工作，健全其团体，或提倡新组织单位；堂会当与当地学联合作，引领同学受洗。"[538]1937 年，中华基督教会第四届全国总会召开时，还将学生事工目标定为："领导学生认识基督，并与他所表显的上帝发生密切关系，并且加入基督的教会，服务人群，实现天国。"[539]教会也常举办专门的基督徒学生会议，讨论工作的开展。如 1933 年 12 月 7 日，北平教会召开了基督徒学生工作小组会议，会上讨论了如何在学生中灌输基督教，讨论的问题涉及基督教对社会贡献、基督教信息、基督教对农村问题、基督教共产主义、中学生与宗教思想、农村重建问题及向非基督徒传播宗教的方法。[540]1936 年 12 月 4 日，齐大校长刘世传还邀请青年会全国协会干事蔡昭修，华北基督教教育会干事沈希贤，全国基督教总会干事力劳士及齐大本校教师等 20 余人开会，讨论学校中的宗教教育开展，以促进山东省基督徒学生宗教事业。[541]正是因为各教会对基督徒学生事业的支持，才使得基督徒学生运动在五年运动时期开展地颇为兴盛。

具体到此时期各地教会活动而言，也颇为重视学生事业。如华北公理会顾及学生的需要，组织学生事业委员会辅助学生事业，当时该会主张："教会应与青年学生合作；教会应征求学生意见，举行教会领袖及学生领袖联合退修会；教会应有坚深信仰的基础；教会应聘请饱学高德的人负责宣传事业。"[542]该会在具体工作上也十分详细，如有筹款赈灾及其他慈善事业，乡

---

537 吴耀宗：《中国基督徒学生运动的回顾与前瞻》，《天风》1948 年第 5 卷第 7 期，第 102 页。

538 刘廷芳：《教令与学诲》，北平，1935 年，第 19 页。

539 中华基督教会全国总会：《中华基督教会全国总会第四届总议会议录》，青岛，1937 年，第 171 页。

540 Peiping Student Workers Group，北京大学档案馆藏：私立燕京大学档案，档案号：YJ1933010。

541 《促进基督徒学生事业，刘校长召集会议》，《齐大旬刊》1936 年第 7 卷第 11 期，第 94 页。

542 《学生事业委员会报告》，《华北公理会月刊》1931 年第 5 卷第 10 期，第 38 页。

村服务，布道，帮助地方礼拜堂；举行学生退修会、学生领袖训练会及学生礼拜；组织学生领袖团契，调查基督徒学生的学校生活等。1929 年，北平中华基督教会还设立进思堂，学生到此，或读新书，或结好友，可赛网球，可习武术。该堂曾举办宗教与择业演讲、查经班、英文班、交际会等活动，学生来此者，日多一日。[543]南京中华路基督会堂则在教会开办的育群中学开展学生工作，组织励德团，分崇拜、研究、团契及服务四部。该校每星期举行晨更一次，由教员、学生轮流担任；各级在课外时间上宗教研讨班一次，一年级所用教材系研究基督教会对于中国之贡献，二年级研究旧约人物，三年级研究基督生平；学生于周日参加主日学，每月举行全体团契会一次，秩序有灵修、名人演讲、委员会报告及其他娱乐节目，对于服务工作提倡尤力。[544]该堂对于毕业生还设立青年励志团，联络育群中学毕业生参加，凡初中毕业或有相当程度者都可加入。该团分总务、宗教、学术、娱乐及服务五部。如宗教部聘请名人演讲宗教问题，主领开会时领袖及星期日圣经班等；学术部专司有关学术演讲，文字介绍；娱乐部办理音乐会、旅行、游艺会等；服务部办理有关教会及社会服务。[545]还有一些教会到国立学校学生中开展工作，但总体效果不理想。

此外，值得一提的是中国笃信福音学生联合会的成立。笃信福音学生联合会 1925 年在美国成立，"宗旨为联络同志，在基督的真道上，共同勉励，笃信不疑，作宣扬福音的圣工。"[546]中国笃信福音学生联合会则于 1933 年 7 月，由华北的部分教会学校师生在山东滕县华北神学院开会筹备成立，并选出第一届职员，通过会章，聘请干事。[547]该会追求信仰纯正，在入会资格上要求初级中学以上肄业者为正式会员，会员必须信仰《圣经》，并诚心接受基督教基本的原理。[548]该会于 1934 年 8 月于滕县开第一届年会，后于 1935 年 6 月在泰安萃英学校开第二届灵修大会，到会有燕大、协和医学院、齐大、齐鲁中学、

543 《北平中华基督教会学生事业沿革略述》，《总会公报》1930 年第 2 卷第 7-8 合期，第 600 页。

544 邵镜三：《南京中华路基督会堂青年工作概况》，《宗教教育季刊》1937 年第 1 卷第 1 期，第 10 页。

545 邵镜三：《南京中华路基督会堂青年工作概况》，《宗教教育季刊》1937 年第 1 卷第 1 期，第 11 页。

546 《滕县笃信福音会成立》，《兴华周刊》1933 年第 30 卷第 34 期，第 26 页。

547 《中国笃信福音学生联合会成立的经过》，《生命》1934 年创刊号，第 58 页。

548 《笃信福音学生联合会会章》，《晨光》1933 年第 2 卷第 6 期，第 74 页。

潍县广文中学，华北神学院等学校代表参加，有专人讲道。[549]1937 年 6 月，又在济南召开第三届灵修大会，成为当时基督徒学生的重要组织。

3. 小结

五年运动时期的基督徒学生运动，并不是单纯的宗教行动，而是密切关注现实生活。因之前有人批评："现在基督徒学生组织所以失却同学的信仰，是因为不能有切实的工作，予人以生活上的挑战。没有生活上的具体试验，基督徒学生的动是空中楼阁的动。"[550]故此时期，基督徒学生运动也积极适应中国社会需求，当时国难日趋严重，学生对救亡运动与社会改造之事业，极为关心，"且同时感觉宗教基础之微薄，故对信仰与使命之研究非常注意。"[551]当新生活运动发动后，基督徒学生运动也紧密配合，教会即建议应当提倡使用国货，从事乡村服务工作，举办义务教育，改进劳工生活和改良校风等。在此时期，基督徒学生运动也认识到社会改造的重要性，基督徒学生运动不再单纯重视宗教工作，而是与社会密切联系，更加关怀社会现实与民众，活动也涉及乡村建设，参与救国等多方面活动，积极融入当地社会服务中。

基督徒学生运动为教会青年事业注入了新鲜的血液，但作为新兴的运动，也存在诸多不足。当时的学生组织太过分散，不利于工作的开展，有教会人士坦承："试将学生的组织来解剖看看，一个学校的团契或青年会里有中学生有高等小学生；有男女分组的，有合组的；此外自然还有大学中学高小学生单独组成的。这样在一个市联区联或是全国'学运'里，就会有自十岁儿童以至二十五三十岁的男女契友。"[552]学运组织分散的直接后果是教会只拿学生工作当作求名求利、谋农谋食的工具，各派怀着各派的私见，营谋自己的福利。而且学运事工偏重于零碎的、因循的活动，如各种异名而同性质的交际会、退修会及事务方面的会议，乡村服务也是片面且无系统的工作，且部分活动多是停留在口号宣传，而未脚踏实地去解决问题。同时，基督徒学生也因受繁重学业及中国各类现实问题所困扰，有忽视内部宗教生活的倾向，"很少有人看到基督教生活与基督教信仰的关系，或者自由精神与教会经验，

---

549 《中国笃信福音学生联合会第二届灵修大会》，《通问报》1935 年第 30 号，第 7 页。

550 吴耀宗：《基督徒学生动了》，《学联会年刊》1931 年 2 月 28 日，第 30 页。

551 《学生事业之决议案》，《消息》1936 年第 9 卷第 4 期，第 24 页。

552 叶楚生：《"学运"进展中的几块暗礁》，《真理与生命》1934 年第 8 卷第 4 期，第 169-170 页。

才智之间的关系。"[553]此外，当时教会内也缺乏专门从事学运的人才，导致活动的影响范围有限，未能与中国的学生运动有紧密联系。

四、结语

五年运动时期，在传统的宗教教育受到极大挑战的情势下，华北各教会积极调整策略，开辟新路径，刷新教育内容，面向新阶层，因应新变化。此间的宗教教育仍坚持以基督为中心，以青年为主体，以培养基督化品格为目标，以教徒自觉为关键。在该运动中，教中人士愈发认识到："宗教教育的主要目的不在单纯拉人入教，不重在数量而在质量，在使人长久地虔信上帝的存在，自然而然地崇拜耶稣的人格。"[554]基督教本色化也是此间教育运动的主旨，教会也愈发重视对原有教会人员的训练，各种宗教训练班的举办，各类神学院校的活动，都是为了培养中国本土的布道人员乃至产生教会领袖，并使其在五年运动的实践中增长才干，加强灵性，进而挑起各地教会发展的大梁，推动教会自治的实施，加快教会本色化的进程。在教会宗教教育受限的时局下，各教会试图通过更灵活的工作方式（特别是迎合青年学生的应时需要），凭借宗教色彩更显淡漠的组织形式（诸如青年会、团契、夏令营、学联等）来继续施行宗旨如一的教育。应该说，宗教教育的进行某种程度上带动了传教事业的发展，它不仅打破了以往教会相对封闭的状态，使教会与社会的接触面大大拓宽，而且开辟了与非教阶层通话的多样渠道，这对于改变教会形象，扩大教会影响无疑起了某些作用。

在宗教教育受到挑战的情况下，各教会不断变化教育形式，布道大会和牧师讲演等直接宣教，在各地显然地减少，"而团契，个人谈话会等小团体的组织却如雨后春笋，遍于各地，从关注一般青年关心的两性、家庭、职业问题入手，无形中注入基督教精神。"[555]教会学校通过多样的宗教活动，改变了学生的宗教态度，部分学生都参加了教会活动，如华北公理会 1936 年报告称："刻下特毫无反教之声浪及用意，且对宗教一踅而变为研究之态度亦日益多。除各学校学生有自动组织之基督徒学生团契会外，复又学生自组之查经班及其他

---

553 L.M.S Annual Report from Myfanwy Wood Station Peiping, Aug 17th, 1936, *Council for World Mission Archives*, North China, 1866-1939, Box, No.11, 1935, No.201, Switzerland: Inter Documentation Co., 1978.

554 师覃理：《学校教育：神学》，《中华基督教会年鉴》第 12 期，1934 年，第 105 页。

555 宣：《教会学校的宗教教育》，《清华周刊》1930 年第 33 卷第 10 期，第 100 页。

宗教之结合团体。近来潞河中学学生之加入查经班者不下 200 人，约居全校 1/3。"[556]但教会学校内宗教仪式多用英语进行，因学生英语能力不足，无法很好阅读宗教书籍，也导致效果不甚理想。而且教会学校宗教教育，多是各自为政，缺乏与当地教会配合，正如时人称"现今教会学校及教会，尚未达到合作之地步，各人自扫门前雪，各走己路，所以宗教教育亦不能顺利地进行。"[557]同时，在政府限制宗教教育及教会学校世俗化趋势加强情况下，各教会学校也缺少热心的师生实施宗教教育。

在此时期，中国基督教会充分认识到了青年事业的重要性，认为基督教在中国发展的基础必须建筑在青年的身上，故此时期各教会特别注重青年事业。各教会团体和机关，尽力投合青年的心理和志趣，使他们能情甘自愿的参加，更发动了青年与宗教运动与基督徒学生运动，拉近了青年与教会的距离。青年事业的推行，缓和了教外青年与教会的冲突，使得部分青年改变了对教会态度，部分青年也加入了教会。更为重要的是，教会通过青年事业的开展，为教会的未来发展储备了年青有为的本土传教人员，本身也利于教会自治的推进。从实际效果看，此时期中国青年对于基督教的态度及偏见，也有所减弱，部分青年也对基督教产生兴趣。更有部分反对基督教的青年加入基督教，如 1935 年北平远东宣教会在和平门帐篷布道时，曾有一青年为苏联某大学毕业，以前非常厌恶宗教，尤其是基督教，而听道受感后，即在开会时亦帮助教会打鼓布道，并最终信教。[558]还有教会人士称："从前对于反基督教的口号，标语和言论，近来一律不见不闻，就是在国立学校里，青年对于基督教的偏见也减少了。反之，在另一方面，不但没有这种很深的偏见和疑惑，却有许多青年要来研究基督教，要来认识基督教，要看看基督教到底有没有采取的地方。"[559]从当时教会青年事业重心看，则是注重学校青年甚于离校青年，城市青年甚于农村青年，这也是其不足之处。同时，基督教青年事业在各项社会服务上贡献较大，但在宗教事业上虽然着力颇多，入教的青年却在少数，这也有违其初衷。

556 张横秋：《华北公理会两年中特殊之发展》，《中华基督教会年鉴》第 13 期，1936 年，第 52 页。

557 黄素贞：《中国宗教教育的特殊问题》，《金陵神学志》1933 年第 15 卷第 9 期，第 36 页。

558 潘仰贵：《和平门内帐棚布道志盛》，《通问报》1935 年第 39 号，第 22 页。

559 涂羽卿：《中国青年与基督教》，《中华基督教青年会全国协会委员会民国二十五年常会记录》，上海，1936 年，第 56 页。